U0067152

社會個案工作

潘淑滿 著

作者簡介

潘淑滿

學　　歷：美國德州大學奧斯汀校區社會工作博士
現　　職：國立臺灣師範大學社會工作學研究所教授
　　　　　兼社會科學學院院長（2012.8～　）
曾　　任：國立臺灣師範大學社會教育學系（社工組）副教授
　　　　　高雄醫學大學醫學社會學系副教授
研究領域：親密關係暴力、多元文化、移民與移工、質性研究
著　　作：《社會個案工作》
　　　　　《質性研究：理論與實務》
　　　　　《親密暴力：多重身分與權力流動》

作者序

這本書的誕生對我有多重的意義。這本書的寫作期間，剛好橫跨了一九九八年北、高市長選舉，到二○○○年的台灣總統大選。這期間，無論是對我個人的體力、心力或定力，都是極大的考驗。往往在極端忙碌或混亂的社會人際關係中，讓自己獨處一室、聆聽音樂、與書本及電腦對話，就成爲日常生活中最大的快樂。

書寫是一種奇妙的感覺。回顧多少個黃昏、週末、假日夜晚，獨處於研究室中，「書寫」竟然成爲抗拒外在選戰喧囂與複雜社會關係，證明自我存在價值的唯一方式。透過這種對體力與定力的馬拉松考驗，反覆辯證思考自己與社會工作、自己與非社會工作的關係，是艱辛漫長的一條路。不過，至少幫助自己釐清了自我定位與極限。

生命總是有些轉折。一九九六年完成了社會工作博士學位，回國任教，生命的角色頓然由學生轉爲老師的身份；也將自己由「取用」的角色，帶進「給予」的角色，這的確對自己造成相當大的衝擊。教學過程開始思考應該要透過何種方式傳遞知識，及哪些知識內涵需要傳遞等問題。對一位新老師而言，市面上工具書的不足，是教學過程面臨最大的困難，因而萌生撰寫本書的動機。感謝心理出版社吳（道愉）總編給予新人機會，讓我能將近兩年閱讀、實務經驗、思考與教學做一整理，完成本書。

本書約有十五餘萬言，分爲十一章。主要以傳統社會個案工作之內涵爲架構，融入新的理論思考、發展新趨勢、重要議題、及家庭評估相關之技巧與工具。希望初學者經由本書，能對社會個案工作相關理論知識、價值與倫理、個案工作過程、評估工具、與會談技巧，有一初步了解，進而靈活運用於個案服務過程。

這本書得以順利完成，首先要感謝心理出版社吳道愉總編輯與張毓如小姐的協助；其次，要感謝兩位助理林怡欣與盧盈予，協助整理參考資料、目錄與初稿打字等工作，讓我減輕不少壓力。但願這本書是我個人對專業回饋的開端，未來的路正長，讓自己在這條專業的道路當個不缺席的人。

潘淑滿

于高雄醫學大學醫學社會學系

二〇〇〇年四月二十三日

目錄

表次

圖次

第一章

社會個案工作的意義與特性

在現代多元社會變遷過程中，做爲一位社會工作者，往往需要面對各式各樣的案主，被要求在各種不同情境之下提供專業服務，社會工作者可能在殘障福利機構中，協助發展遲緩兒童進行健康維護工作，並對其家屬提供教育與諮商服務；社會工作者也可能在犯罪矯治機構或學校輔導中心，提供相關之諮詢服務與協助；當然，社會工作者可能在家庭暴力防治中心扮演增強案主自我功能的心理諮商師，同時也需要對受暴虐婦女進行醫療、安置、就業與法律相關工作之安排；社工員更可能於醫療機構中帶領病友支持性團體，或對其家屬提供衛生教育及相關醫療諮詢工作。身爲一位社會工作者，可能對案主提供社會心理相關服務，扮演倡導者協助社會弱勢爭取公平待遇，也可能因應時代變遷之需要，開創新的工作領域如：工業社會工作、女性主義社會工作等。這些發展都說明社會工作在社會變遷過程，其多樣化的角色與多元化功能。

社會工作專業在助人過程中，無論其所採用的價值觀、遵守的倫理守則或觀點，都具有共通性，實踐人性尊嚴與人類價值可說是社會工作助人專業最高的指導原則。在社會工作專業化的發展過程中，社會個案工作是社會工作實務三大主要方法之一，也是最早發展的社會工作方法，然而「社會個案工作」（social casework）一詞在一九二〇年以前，極少被專業人士所提及。時至二十世紀末的今日，社會個案工作卻是社會工作實務三大方法中，最被廣泛運用於各專業領域與機構中之方法，可以說是社會工作專業的基本方法。

雖然社會個案工作所運用的知識與技術，與其他方法之間具有共通性，但是不可否認的，在社會變遷過程中，社會個案工作仍具有不可取代的功能。由於各種社會問題形成的情境不同，面對這些因個人、家庭或社會因素所導致的各種問題，社會工作需要考量個別差異，並透過面對面方式，提供直接而有效的服務，以滿足個人或家庭的需求，發揮社會生活的功能，這就是所謂的「社會個案工作」。近年來，不少人認爲「社會個案工作」一詞已過時，應該採用一些更爲進步的名詞如：「臨床社會工作」（clinical social work）或「個人與家庭社會工作」（social work with individuals and family）等代替，但仍有許多學者與專業人士主張用社會個案工作一詞。

第一節 社會個案工作的定義

在日常生活中，我們經常會面對一些問題如：家庭互動不良、學校適應不良、人際關係不良、工作問題、婚姻問題、健康問題或意外事故等困擾。當面對這些問題時，可能因爲個人動機缺乏、能力不足、或缺乏適當資源，使得這些問題無法有效的解決，因此就需要專家的協助。可是因爲問題形成情境不同，面對這些個人或家庭的問題，社會工作者需要考量個別差異，並透過面對面方式，提供直接而有效的服務，以滿足個人或家庭的需求，發揮社會生活的功能。

自一九六〇年代以後，**「人在情境中**（person-in-environment

perspective, PIE; person-and-situation, PAS）」的觀念，是社會工作專業所關注的焦點。「人在情境中」的觀點**強調人與情境是不斷變遷的過程，任何社會問題的形成都是源自於個體內在自我功能與外在環境交互互動的結果**。即然社會工作者認為人與環境是持續不斷的變遷，因此，假設案主的問題也可以透過三個層次來達到有計畫的改變，包括：(1)小系統（micro-system）：以面對面的互動關係，有效的改善個人、家庭或小團體所面對的困境；(2)中系統（mezzo-system）：以較大的系統如：鄰里關係為主體，透過有效的方式改善其所面對的困難；(3)大系統（macro-system）：以整個社會或特定之社會制度為改變主體，運用有效的方式來達到社會變遷的目的（Dorfman, 1996:13）。社會個案工作主要著重於個人與家庭層面，透過社會工作人員與案主面對面的互動方式，經由良好的專業關係，並充分運用專業知識與技術，給予案主情緒的支持，幫助案主認識自己，增強自我功能，並能有效的整合各種社會資源和機會，幫助案主解決問題，增強案主之社會適應能力。換句話說，社會個案工作不僅期望能達到滿足案主個人的需求、解決其問題，更期望能進一步增強案主的社會適應能力（Zastrow, 1993:15）。

那麼何謂「**社會個案工作**」呢？社會工作專業的創始人之一芮奇孟（Mary Richmond）指出：「**社會個案工作是以個人為著手點，透過個人與其所處之社會環境做有效的調適，以促使人格成長的一連串工作過程**」（Richmond, 1922，引自Skimond, Thackeray & Farley, 1994:49）。芮奇孟提出的定義充分代表早期社會個案工作的典型觀點，強調社會個案工作者主要的目標是在協助案主人格功能的發展。在當時，假設案主人格的發展是受到外在社會環境因素的影響，因此案主人格的改變，是需要經由工作者對案主在互動過程中，由內在意識交流的過程產生影響。

各學者專家對社會個案工作的定義

自芮奇孟至今，社會個案工作已經歷經幾個發展階段，雖然學者與專家對社會個案工作的看法大同小異，但每個階段仍有其著重點。以下就不同發展時期社會工作專家與學者對社會個案工作之定義提出說明：

一、芮奇孟（Mary Richmond, 1922:98-99）

社會個案工作是一連串過程，以個人爲著手點，透過對個人及其所處社會環境，做有效的調整，以促進其人格成長。

二、芮金絲堡（Regensburg, 1938:4）

社會個案工作是一種方法，估量案主處理自己的問題或部分問題的實際能力，一方面由社會工作者協助澄清問題，並且能使案主用不同手段解決問題。

三、鮑威（Swithum Bowers, 1949:126）

社會個案工作是一種藝術，它運用人類關係之科學化的知識與技巧，以激發個人潛能及社區資源，使案主與其周遭環境有更佳的適應。個案工作不僅要協助案主適應環境，也揭示了科學化人際關係知識及技巧是服務之基石。由此可知社會個案工作包含了專業的知識與技巧，是一種具有科學方法和藝術特質的專業工作，爲失調的個人提供個別化服務（呂民睿，民八五：103）。

四、漢彌爾頓（Gordon Hamilton, 1951：34）

社會個案工作之特質在於客觀地處理實務，並提供諮詢，用以激發和保持案主心理能力的一種方式；也就是說在服務進行時，必須主動地讓案主參與解決其所面臨的困境。換句話說，激發與保持案主之心理功能是社會個案工作主要之目的。

五、史梅莉（Ruth E. Smalley, 1967:29）

社會個案工作是以個別的方式，透過專業關係的過程，促使案主運用社會服務，以增進案主或社會福利的一種方法。

六、葉楚生（民五六）

社會個案工作是一種由個人入手的社會工作方法，運用有關人類關係與個人發展的各種科學知識與專業技術，以了解失調的個人，激發潛能並協助個人調整其社會關係、社會資源，以改善個人的生活及增進個人與社會的福利。

七、哈里絲（Florence Hollis, 1972:29）

社會個案工作是一種社會暨心理的調處方法，問題的形成是由於個人內在心理因素和外在的社會環境因素引起功能上的失常；因此，社會個案工作在於致力於個人內在需要的更充分滿足和社會關係有更適當的功能表現。

八、布萊爾（Scott Briar, 1977）

社會個案工作乃是專業的社會工作者用來協助個人暨其家人，促使他們對其本身力量所不能解決的社會適應有關問題的一項有效解決途徑。

九、廖榮利（民七三：2）

社會個案工作是社會工作者以待助者和其家人爲入手的一

種助人方法，其目的在於協助個人或其家庭處理問題和困難的產生，以及協助個人和其家庭潛能的充分發展，以促進個人家庭團體和社會的福利。任何一個社會工作者使用個案工作方法時，必須先對社會工作這一專業的基本精神擁有深切的體認。並且，需對上述定義所含的幾個原則和要點具有必要的準備，包括有關理論的認知與修養，以及有關方法和技術的熟悉與修養，始能使個案工作得以運用順利。

十、林孟秋（民八七：91）

社會個案工作是一個助人自助的歷程，是以個人或個別家庭作爲服務對象，幫助他們解決一些本身能力和資源無法解決的問題。在社會個案工作服務過程，工作員採取單對單的方式，透過與受助者建立良好工作關係，給予支持和心理輔導，提供社會資源，改善或協調其周遭的人士與環境；以協助受助者抒發內心感受，認識面對的問題，充分發揮自己能力，善用各種社會資源和機會，從而解決問題，並恢復或增強其適應力，更進一步提高受助者自我信心和生活素質。因此，社會個案工作不但具有處遇性的性質，同時也有預防性和發展性的功能。

十一、丁碧雲、沙依仁（民八五：427）

社會個案工作是基於了解技術的知識和熟練運用技術，以幫助人們解決問題的一種助人的方法。雖然社會個案工作是科學的，但也是個別化的。也就是說，社會個案工作是從科學的訓練中導出方法，但同時也是一種藝術的成果。雖然社會個案工作注重個人，以個人爲研究的重心，但不可否認，社會個案工作不僅幫助個人處理外在的、環境的和個人本身內在的事務，也重視社會環境因素的影響。換句話說，社會個案工作是混合心理的和社會因素，是社會與心理並重的途徑。

十二、呂民睿（民八五：102-103）

社會個案工作在服務的過程中必須與案主維持面對面或是一對一的專業關係，並運用專業知識及技巧協助社會適應有困難的個人從事至少三方面之改變：㈠改善環境，增進實際生活適應；㈡調適社會關係，建立良性互動網絡；㈢調適自我功能，促進人格發展。

簡言之，社會個案工作是社會工作直接服務三大方法之一，個案工作人員運用專業知識、理論、方法與技巧，以個人與家庭爲服務之主體，透過面對面的服務方式，了解案主與其環境之互動關係，協助案主發揮潛能、解決問題，進而滿足案主的需求，並重新調整其人際關係與增進社會適應之功能。

第二節　社會個案工作的特質

社會個案工作是社會工作實務三大方法之一，它是一種自助助人的歷程，以個人或個別家庭爲服務對象，運用專業知識與技術協助一些個人暨其家庭，尋找有效之途徑，以解決他們本身能力或資源所不能處理的社會適應問題。這些問題的來源，可能是個人人格、家庭或人與環境之互動問題。圖娜（Francis J. Turner, 1978）認爲個案工作者用以提供協助之資源，大致上包括：工作者與案主間之專業關係、工作者自身整個服務網絡如：服務之機構與服務之時、地、環境資源、物質資源、或其他相關之服務等，而貫穿其間的則爲專業關係（徐震、林萬億，民八五：114）。

黃維憲等人（民七四）在《社會個案工作》一書中歸納社會個案工作的特性如下：

壹、以專業知識和技巧爲基礎

以專業知識和技巧爲基礎的社會工作方法之一，非憑個人經驗或主觀想法來協助他人，而是透過有關人類行爲與人際關係的各種行爲科學知識，做爲社會個案工作之知識和技術的基礎，用來了解個人內在心裡和外在環境各種問題成因。

貳、注重個人的獨特性

個別化是尊重個人的價值。在提供專業服務過程，個案工作者必須有藝術化的靈活，運用專業知識和技巧來協助他人，並且從實際工作中，不斷的磨練，才能達到尊重個別差異的目標。

參、以人在情境觀點爲基礎

重視並了解個人發生問題的內在與外在因素。強調個人的行爲反應受其內在心理與生理的力量，和外在情境所有的社會文化與物理環境特性之相互影響。當一個人處在壓力情境下，面臨生活適應困難而前來機構尋求協助時，個案工作基於此點認識，特別重視探求個人與社會因素影響問題各種可能因素，以便能致力於滿足個人內在需求，促使個人社會關係的充分發展。

肆、強調案主的參與及自決爲助人的前提

社會個案工作強調「與案主一起工作」（do with clients）、而不是「爲案主工作」（do for clients）。只有在充分發揮案主

個人的潛能，使案主積極參與問題解決的過程，不依賴他人的情形下，個人的尊嚴與價值才能獲得。因此，社會個案工作的助人原則不是個人解決問題、直接和主觀的替案主解決問題，而是一起和個人尋求各種可能解決問題的方法，並由案主自己決定和採取積極行動去解決問題。

伍、重視專業關係的建立

工作員在解決案主問題時，不僅要在理性上客觀的了解問題，避免涉入不適當的道德成見與價值觀，並應避免一味同情，受感情支配，而影響對案主問題的了解。

陸、整合社會資源

個案工作者在提供專業服務過程中，案主的問題往往是複雜的，需求也是多重的，單一機構資源往往很難有效解決案主問題。因此，個案工作者如何有效的整合相關可用之社會資源，提供具體、有效的服務，是社會個案工作特質之一。

第三節 社會個案工作的目的

社會個案工作是一種助人自助的歷程，以個人或個別家庭爲服務對象，透過專業關係的建立，在專業服務過程中，有效的整合相關資源，以協助案主解決問題，並增進其適應力。因此社會個案工作不僅具有**治療性的功能**，同時也具有**預防與發展的功能**。從微觀的個人和家庭層面而言，社會個案工作人員有責任提供更多預防性和發展性的服務，讓人們除了有途徑解決迫切的生活適應問題外，也有機會接受一些並非以問題和困難爲重點的個案工作服務，提升生活的素質。

基本上，**社會個案工作的目的**可由社會和個人兩個層面探討。在**個人層面，社會個案工作的目的是在幫助案主了解和接納本身的長處和限制，促進問題解決的能力和決心，有效的適應社會環境，滿足自己的期望。從而進一步發揮其潛能、建立信心，過著有意義和有滿足的生活**。在**社會層面**包括：積極與消極目的，**積極的目的是在社會公平與正義的前提下，保障每一個社會個體的尊嚴與權利，享有應有之尊重。同時，也有機會滿足個人的需求，過幸福的生活，使社會更趨**公義平等；至於消極的目的，**著重在減輕或遏止因個人或家庭功能失調而引起的社會問題，維持社會的安定和發展**（林孟秋，民八七：92）。

近年來，台灣社會急遽變遷過程，隨著現代化與都市化腳步到來，所帶來對日常生活、人際關係的衝擊，並衍生出許多適應問題，致使對社會個案工作服務的需求也愈來愈多。面對如此龐大又多元的服務需求，社會個案工作人員往往是在人力不足、外在資源又非常有限的情境下，提供各種專業服務。面對內、外在資源的限制，又為了應付日益龐雜的服務需求，個案工作人員所提供之服務，就逐漸朝向所謂的事後補救性和社會控制性的工作，忽視了所謂預防性和發展性的工作。

社會個案工作是一種助人自助的歷程，以個人或個別家庭為服務對象，幫助他們解決一些本身能力和資源無法解決的問題。在社會個案工作的過程中，工作員採取一對一的方式，透過與案主建立良好工作關係，在專業服務過程中，給予支持和心理輔導，提供社會資源，改善或協調其周遭的人士與環境；並協助案主抒發內心的感受，認識其所面對的問題，充分發揮自己的能力，善用各種社會資源和機會，從而解決問題。在恢復或增強其適應力的同時，更進一步提高受助者自我信心和生活素質。因此，社會個案工作不僅有治療功能，同時也有預防性和發展性的功能（林孟秋，民八七）。

第四節　社會個案工作專業化的發展過程

社會個案工作發展至今，已經被肯定為一項專業化的工作。

雖然社會個案工作以人道精神與民主社會理想爲基礎，運用「人在情境中」之觀點，提供社會弱勢者相關之專業服務的本質不變，可是隨著時代變遷，傳統社會個案工作所強調的理論基礎、專業知識與技術，也不斷面臨新的挑戰。近年來，隨著人文社會科學發展的腳步，社會個案工作無論是理論、知識或技術層次，都朝向多元面向發展的趨勢。

社會個案工作源自於英國，當時以物質救濟貧民爲主。雖然制度式的貧民救濟工作源起於一六〇一年的英國濟貧法案（The Poor Law），當時濟貧法將窮人分爲能工作、不能工作與失依兒童三種，分別了解其生活狀況，並配合各種不同的助貧計畫，來改善其生活，不過因爲濟貧計畫並未了解問題成因，也未對症下藥，所以無法確切解決貧窮問題。直至一八一九年查爾梅牧師（Rev. Thomas Chalmer）建立程序指導（Directory of Procedure）的救濟理論，透過了解工作能力高低，有無親友支援等，做爲濟貧的基礎，並以了解和激勵爲原則，這時才有所謂個案工作的雛形出現（蔡漢賢，民六八：4-5）。

美國於一八四三年也成立「改善貧民環境協會」（The Association for Improving the Conditions of the poor, AICP），這個協會主要是運用個別化原則，針對貧窮問題逐一調查與了解其需求，主要的目標是親自到貧戶訪視，了解實際情況之後，給予窮人具體的建議，並協助尋找適合的工作，激勵窮人獲得自尊、自持，並教導窮人節儉、勤勞和自制的習慣（丁碧雲、沙依仁譯，民八五：428）。

由於當時英國對於濟貧法並未妥善辦理，加上工業化社會所導致的失業與貧窮問題日益嚴重，於是各種慈善團體紛紛成立。各個慈善團體工作人員以自願服務者自居，以友善的訪問者的身份進入社區，對於社區中不幸的人如：貧病、犯罪或孤兒等提供個別的幫助。原本這些慈善團體是本著慈悲的精神，爲社會上不幸的人伸出援手給予協助，可是後來卻逐漸朝向由個人道德行爲缺陷的觀點來解釋貧窮問題，由於這些友善的訪問者大多來自中上社會階層，認爲中上階層的人是無道德缺失的，所以這些友善訪問者在助人過程，有形無形的以自我道德標準來評量受助者，並試圖改變受助者的價值觀，稱之爲「道德提升」（Reamer, 1998；Zukerman, 1998；潘淑滿，民八八；鄭麗珍，民八七）。

由於當時各慈善團體組織與組織之間缺乏聯繫協調，步驟不一，不僅案主經常重複使用資源，且機構也常有重複提供服務的現象發生。直至一八六九年英國首先成立**慈善組織協會**（The Charity Organization Society, C.O.S.），隨後於一八七七年在美國紐約州的水牛城（Buffalo）也成立慈善組織會社，到了一八九二年，全美先後有十二個類似的機構。慈善組織會社成立的主要目的除了達到有效的濟貧之外，也力求避免機構與機構之間工作的重疊與浪費。雖然慈善組織會社的濟貧工作仍含有濃厚的慈善色彩與道德判斷，然而其所強調針對每個個案深入社區進行調查訪問，評估之後再給適當協助，對社會個案工作專業化過程，扮演極重要角色（Dorfman, 1996）。

下列僅就社會個案工作專業化發展過程中，重要之社會個案工作學者與專家逐一介紹（Dorfman, 1996）。

壹、社會個案工作理論學家

本文對傳統社會個案工作理論學家之界定，主要以芮奇孟以降，到六〇年代末期波爾曼（H. H. Perlman）爲止，之間所提出的社會個案工作理論觀點之重要人物爲主。

一、瑪麗・芮奇孟（Mary Richmond）

在一九一七年芮奇孟出版《社會診斷》（Social Diagnosis）一書以前，由於社會工作仍未有明確的技術與方法，因此其專業地位仍備受質疑。芮奇孟根據她在慈善組織會社工作的經驗與心得，寫成《社會診斷》一書，更於一九二二年出版《何謂社會個案工作》（What is Social Casework），**有系統的運用社會觀點說明社會環境如何影響個人人格的發展，並闡釋社會個案工作的原則、方法與步驟，包括：調查（investigation）、診斷（diagnosis）與處遇（treatment）三個步驟**，至此奠定了社會個案工作專業化的基礎，因而芮奇孟被稱爲社會個案工作的鼻祖。芮奇孟對社會個案工作專業化過程最主要的貢獻有下列四點（曾華源，民八四：8）

1. 尊重並了解個人的差異性，並能爲自己負責。

2. 重視個人、家庭與社會間的互動關係。

3. 重視與案主一起做（do with），而非傳統爲案主而做（do

for）的概念。

4. 講求科學化、系統步驟收集資料，以組織方式了解問題，並找出問題的主要核心。

第一世界大戰後，佛洛依德（S. Freud）的精神分析理論（Psychoanalysis）盛行，使得許多社會個案工作者紛紛放棄傳統個案工作的理論觀點，開始大量運用佛洛依德的心理分析觀點，主張對案主問題的診斷應建立在對案主的過去生活史及早年創傷經驗的了解，並強調由潛意識（unconscious）、抗拒（resistence）和精神決定論（psychic determinism）等觀點來詮釋案主問題，稱之爲**「診斷學派」**（diagnostic school）**或「心理分析學派」**（Freudian approach）。至此，社會個案工作的焦點從重視社會因素的解釋，轉而重視個人內在心理因素。

在一九三〇年代，賓州大學以**蘭克教授**（Prof. Otto Rank）爲首的一群教授如：**塔非**（Jessie Taft）和**羅賓森**（Virginia Robinson），非常不同意「診斷學派」以潛意識做爲解釋個人行爲的主因，**主張個人「意志力」**（will）**才是決定個人行爲的主要關鍵，並且主張以「助人過程」**（helping process）**取代診斷學派的「處遇」**（treatment）**的概念，認爲個人行爲改變過程是一連串的過程，在整個處遇關係中個案的參與是影響行爲改變主要成效的關鍵**。此種觀點被稱爲**「功能學派」**（functional approach）。直至一九五〇年代，強調「人在情境中」的「社會心理學派」出現之後，功能學派與診斷學派的論辯方歇。

二、漢彌爾頓（Gordon Hamilton, 1892-1967）

漢彌爾頓在診斷學派中最具有影響力，她曾經在一九四○年以診斷學派的觀點書寫《社會個案工作之理論與實務》（Theory and Practice of Social Case Work）一書。這本書後來也成為社會工作主要的教科書之一，並且歷經二十年而不衰。漢彌爾頓是第一位引用**社會心理**（psychosocial）一詞的人，**強調所有問題形成都是由個體內在情緒與外在社會環境互動的結果。除此之外，漢彌爾頓也非常重視在助人過程中，社會工作者應重視案主的感受**（feelings）**，並進一步積極協助案主參與整個助人過程**。

三、陶樂（Charlotte Towle, 1896-1966）

陶樂任教於芝加哥大學社會行政學院（the School of Social Service Administration at the University of Chicago），同時也是一位精神醫療社會個案工作師。陶樂根據她在臨床工作並參酌教學的經驗，提出所謂「**人在情境中**」的概念，認為社會個案工作應發展出一套普同原則、知識與技巧，可普遍運用於所有個案類型，她稱之為「**綜融性個案工作**」（generic casework）。

四、哈里絲（Florence Hollis, 1907-1987）

哈里絲最主要的貢獻是發展出個案工作步驟的類型，後來成爲許多研究者在研究案主與社會工作員溝通及個案工作過程的主要依據。哈里絲更進一步運用漢彌爾頓所提出的「社會心理」一詞，做爲她一九六四年出版《個案工作：一種社會心理治療》（Casework: A Psychosocial Therapy）一書的主題，本書出版後也進一步使得社會暨心理學派大爲盛行。

五、波爾曼（Helen Harris Perlman）

波爾曼對社會個案工作理論的發展最大的貢獻是提出「**問題解決派**」（problem-solving approach）。**波爾曼**認爲**生命是一連串問題解決的過程**。她在一九五七年出版《社會個案工作：一種問題解決的途徑》（Social Casework: A Problem-Solving Approach）一書，奠定了社會個案工作中問題解決派的理論基礎。

貳、當代臨床社會工作理論學家

一九六〇年代之後「**個案工作**」（casework）一詞已經逐漸過時了，取而代之的是「**臨床社會工作**」（clinical social work）。所謂「**臨床社會工作**」是指：「**案主與社會工作者有**

直接的接觸關係」（direct contact between the worker and the client）。雖然臨床社會工作都是以個人、家庭或小團體爲主要服務對象，可是由於各種理論觀點不同，最後發展臨床理論的多元理論取向或工作模式。

美國自七〇年代開始，許多社會工作實務工作者已經漸漸朝向以「臨床社會工作」或「社會工作實務」（social work practice）一詞，取代傳統的「個案工作」。主張以「社會工作實務」替代「個案工作」一詞，認爲社會工作根據干預措施與工作任務，應區分爲直接服務與間接服務兩種。主張**「社會工作實務」**者反對「臨床社會工作」一詞，認爲**臨床社會工作只是著重於從事以個別、團體、或家族治療爲主之服務**。至八〇年代，無論是社會工作實務或學術界，對於「社會工作實務」或「臨床社會工作」均有明確的界定與區分。雖然我國自八〇年代起，開始大力推行社會工作專業制度，可是社會工作學術界直至目前仍沿用「社會個案工作」一詞（呂民睿，民八五）。

下列介紹當代臨床社會工作理論的九位代表人物（Dorfman, 1996）：

一、梅葉（Carol Meyer）

梅葉是哥倫比亞社會工作學院的教授，在一九七〇年寫了《社會工作實務》（Social Work Practice）一書。梅葉對臨床社會工作最大的貢獻有三方面：⑴運用**生態系統的觀點**（the ecosystems perspective）於臨床社會工作對案主問題的評估與分析，認爲案主問題的了解必須建立在全方位（holistic）的概念，因爲問題形成是因爲個體與環境互動的結果；⑵運用**生態圖**（ecomap）來說明個案與其所處社會脈絡之關聯；⑶以**探討**（exploration）、**評估**（assessment）**與干預**（intervention）等**概念**，取代傳統個案工作所強調的研究（study）、診斷（diagnosis）與處遇（treatment）的概念。

二、雷德（William Reid）

雷德來自軍隊社會工作。在一九七〇年代，美國臨床社會工作界籠罩在以長期心理動力導向的處遇模式（long-term psychodynamically oriented treatment），雷德提出**以結構式、特定職（任）務爲處遇核心之短期處遇導向之模式**。

三、圖娜（Francis J. Turner）

圖娜主要工作於兒童福利、家庭服務與心理衛生等機構。他對臨床社會工作最大的貢獻是陸陸續續出版了相關書籍如：《社會工作專業中的不同診斷與處遇》（Differential Diagnosis and Treatment in Social Work, 1983）、《成人心理病理學》（Adult Psychopathology, 1984）、《社會工作處遇》（Social Work treatment, 1986）及《社會心理治療》（Psychosocial Therapy, 1978）等。近年來，圖娜已經將他研究的重點與關懷焦點，逐漸由兒童、家庭與心理衛生領域，轉移至泛文化（cross-culture）

或國際社會工作（international social work）的研究。

四、沙提爾（Virginia Satir, 1916-1988）

沙提爾來自精神病理社會工作背景，她獨樹一格的**家族治療**技術與風格，廣泛被運用於世界各地之家族處遇工作。沙提爾認爲精神科治療模式是由許多不同專業團隊組合而成，儘管成員來自不同專業背景，可是她相信應該有一套核心概念。雖然沙提爾來自動力心理學派，但是她**主張在進行家族治療過程中，工作員應將重點擺在家庭成員的優點，而不是過份強調家庭成員的病態部分**。

五、麥克葛理克（Monica McGoldrick）

麥克葛理克來自愛爾蘭裔的家庭，原本就讀於耶魯大學蘇俄研究所，後來轉讀臨床社會工作，並於一九六九年獲得耶魯大學社會工作碩士學位，之後投身於家族治療領域，並創設紐澤西家庭研究中心（the Family Institute of New Jersey）。麥克葛理克根據其教學與臨床工作經驗，寫成許多專論包括：《變遷中的家庭生活型態：家族治療的理論架構》（The Changing Family Lifestype: A Framework for Family Therapy, 1988）、《家庭評估的家系譜》（Gerograms in Family Assessment, 1985）、及《族群與家族治療》（Ethnicity and Family Therapy, 1982）等書，特別是《族群與家族治療》一書更是廣泛被運用於臨床社會工作之中。

六、西柏齡（Max Siporin）

西柏齡來自臨床社會工作的背景。他是第一位將**社會系統觀點**（social systems perspective）**如何運用於家庭和婚姻治療撰寫成書**的學者。近年來，西柏齡更將關注焦點轉移至有關社**會工作專業倫理與道德相關議題**，並呼籲社會工作實務工作者應進一步評估在助人過程，可能遭遇或面臨與專業倫理或道德有關的議題（Siporin, 1982, 1983, 1985, 1989）。最近，他更致力於討論社會工作實務的美學經驗，**視臨床社會工作爲一種藝術形式**（Siporin, 1989, 1993）。所以社會工作界尊稱西柏齡爲社會工作界的哲思者（philosopher）。

七、喬麥（Carel B. Germain, 1916-1995）

近年來，臨床社會工作廣泛運用之概念架構與理論，如：**生態理論**（ecological perspective）與**生命模式**（life model approach）等，皆由喬麥所提出。生態理論強調社會工作實務工作者，在從事實務工作過程應了解人與社會環境系統互動之關係（Germain & Gitterman, 1986）。

第五節 社會個案工作專業化過程的爭論

社會個案工作是一門新興的專業，在過去百年專業發展過程中，隨著工業社會的發展、科技文明的進步與人文社會思潮的變遷，也歷經了數次變遷。費雪兒（Joel Fisher）在一九七七年撰寫《有效的社會個案工作：綜融理論觀點》（Effective Casework Practice: An Eclectic Approach）一書，對於社會個案工作在專業化過程遭受的批評，做系統性的歸納與整理如下：

1. 社會個案工作被識爲是一種無效率的專業方法，不僅社會工作人員在專業服務過程中花了許多時間，也有某種程度的相當涉入，可是服務的成效卻非常有限。
2. 雖然社會個案工作重視環境對個體的影響，然而對於環境如何影響個人的行爲與社會適應，卻缺乏明確論證的知識。
3. 社會個案工作的成效如何，的確也引發許多爭論。
4. 社會個案工作太重視案主心理動力過程，以至於影響對案主問題與需求的診斷與評估，由於過度強調個案的內在心理動力觀點，反而忽視發展有效改變案主行爲的策略。
5. 雖然社會個案工作強調個別差異性，可是大多數社會個案工作者都以「會談」（interview）做爲專業服務的主要工具，這種單一方法完全無視於個案問題的多樣性與需求的差異性，所以許多研究資料顯示社會個案工作的成效不彰。

6. 由於社會個案工作過份強調案主的自我洞察（insight）與自我了解是行爲改變主要關鍵，反而忽視外在社會環境改善對案主適應的重要性。

7. 在個案工作專業服務過程，案主往往是扮演被動者，很少被要求積極參與整個處遇過程；因此，無法達到社會工作所強調的充權（empowerment）功能。

8. 社會工作者與案主對於服務目標往往無法達到共識，或是對於服務目標不夠明確，致使專業服務過程流於形式，而影響成效。

9. 專業化過程往往也帶來科層體制對專業服務的干預，由於專業科層增加許多規則和規定，干擾了專業發展的革新。

10. 社會個案工作仍是一門發展中的專業，許多社會工作教育者不斷的追求科學的、經驗的、兼具教育的基礎。

11. 社會個案工作的方法與技巧仍有其侷限性，長期以來多著重於低社經的案主，對於中上或高社經階層的案主反而忽略了。

第二章

社會個案工作的哲理

在邁入二十一世紀的今日，面對科技化、資訊化與全球化的發展趨勢，社會工作專業無可避免的也面臨相當大的衝擊與挑戰。專業的發展除了本身應具有的專業知識與技巧之外，同時也需因應社會變遷之需要，不斷調整專業之價值與信念，形成一套約束、規範成員之行爲準則。社會工作專業源起於人道關懷（humanism）與追求社會平等（social equality）。由於社會工作專業服務的確與「人」有關，其使命也在維護人的尊嚴、開發人性潛能、及爲實踐社會正義的目標而努力。可是誠如**比斯堤克**（Biestek 1976:11）在〈社會工作基本價值〉一文中所言：「**社會工作是一種藝術，它不是一門科學，也不是一種哲學；但是社會工作的藝術，則必須以科學和哲學爲基礎。因而，一位社會工作者，雖然是一個實施者，而不是一位哲學家，但他必須有相當的哲學取向**」（引自黃維憲等，民八四：19），社會工作是否能實踐它的專業使命，有賴於建立專業服務過程中，工作者是否能有效地整合各種資源，提供適切的服務內涵，以滿足案主的需求，達到社會公平、正義的目標。由於社會工作實務的運作絕非在一個真空情境，因此，社會脈動、社會價值觀的轉化、社會的變遷，無形中也會對專業價值與倫理原則產生不同程度的衝擊。因此，本章除了針對社會工作價值信念的來源、哲學內涵與倫理做一說明之外，更進一步說明社會工作哲理發展的新趨勢。

第一節 社會工作專業價值

社會工作是一種社會價值信念具體的表現。基本上，社會工作助人專業相信社會在進步過程，同時也需要不斷滿足人類的需要，協助個人解決日常生活遭遇之問題，達到成爲有價值的個體與實踐社會正義的目標。那麼，社會工作的價值信念源自何處？這些價值信念又如何形塑社會工作專業的價值信念與發展呢？

壹、社會工作價值信念的起源

社會工作專業價值信念源自於十九世紀工業革命興起之後，對社會產生的遽變與影響，而社會服務因應而生。當時，在歐美國家有許多志願工作或傳教士投入社會服務的工作，這些人士將經驗不斷累積、整理，最後成爲所謂的社會工作者的專業價值與倫理守則。換句話說，社會工作價值信念的形成，是來自一群默默耕耘的社會工作者，經由長時間的實際工作經驗不斷累積而成，所以工作者所處的社會環境、價值觀與其表現之信念，是有密切關聯的。

既然社會工作專業是源自歐美社會，且早期社會工作者又大都以教徒居多，所以在提供社會服務過程，工作者的助人價值觀必然深受基督教教義之影響。因此，社會工作專業相信每個人是生而平等，個體的尊嚴是必須獲得尊重的，每個人都是獨特的個體。這種人文思想深深影響當時社會主流價值觀，同時，民主思潮也開始席捲歐美國家，民主政治體制相繼在西方國家紛紛成立之後，開始讓人思考個人與社會之間的權利與義務關係（周永新，民八七）。所以**社會工作專業價值的發展，是受到十九世紀末二十世紀初，人文思想與民主政治運動興起的影響，逐漸發展出一套對「人」與「社會環境」互動的看法**。

貳、何謂價值

何謂「**價值**」（value）？其實「價值」是一個多元、複雜的概念。一般而言，「價值」是指一種可慾（desirable）的概念，這種可慾的概念可以是透過外在行爲表現出來，也可以只是一種心理動力的過程而已。價值和行爲之間是有連帶關係的，通常我們可由個體外在行爲的表現，來推論其內在價值信念（belief）（Shardlow, 1989：2）。

巴揑特（Bartlett）指出「**價值」是指一種好的、美的事物，所以價值是一種主觀感受，建立在個人主觀的判斷，無法用具體或客觀的標準來衡量**。西柏齡（Siporin）則更進一步指出：價值是一種可慾的目標，可以滿足個人之需求，並達到人類社會最佳狀況。鐵秀（Teiches）則將價值定義爲某一特定群體或個體所共享的文化傳承，這些文化傳承可進一步做爲個人或團體成員行爲的指引與約束（黃維憲等，民八四；Barker, 1991）。

皮卡斯（Pincus）和米娜漢（Minahan）認爲價值是一種信念（beliefs）、偏好（preferences）或可慾事物的假設（assumptions）（引自 Zastrow, 1985:34）。譬如：我們常說大多數人認爲社會有義務要幫助每個成員發揮最大的潛能，這是一種社會大多數人接受的信念，也就是社會的價值觀。可是這種信念不只是在說明社會大眾可接受的特定社會型態，同時也說明可被接受的特定社會型態應該是如何。所以價值本身是有對、錯之分，可是這種是非、對錯僅適用於特定的信念系統。

價值不僅被視爲是一個人對事物或對人類特質的一種偏好或讚許而已，同時也是一個人或一特定群體之世界觀（*world view*）。一個人的價值取向（value orientation）往往是處於一種穩定狀態，所以我們可以由外在的行爲表現，來推定內在的價值取向。日常生活中所言「社會規範」（social norm）其實就是價值制度化的一種具體表現，做爲一特定團體成員行爲的參考架構，引導成員之間互動關係（徐震、林萬億，民八五）。

從上述所言，可知「價值」具有普同特性，同一特定團體的成員，都必須遵循這種共同的行爲準則。可是，因爲價值是源自於特定成員所屬之特定社會，因此在某種程度而言，「價值信念」是受到當地文化、價值、信念、政治與經濟發展等因素所影響，也就是說價值在某種程度是具有地域色彩的限制，價值的特質往往進一步限制了其推論性。從實務的觀點而言，當「價值」所指涉的概念愈模糊或籠統時，並無法幫助特定團體成員去辨識何者當為、何者不當為；反之，當「價值」指涉的概念愈明確、清晰時，就愈能夠成為團體成員具體行為的指導方針，可是相對的也就降低了價值概念在實務運用的可行性與效率（潘淑滿，民八七）。

價值的層次

基本上，價值可依其特質區分為三個層次：（徐震等，民八五）

㈠**終極價值或抽象價值**（ultimate or abstract values）

一種抽象的信念如：公平、正義、和平、自我實現或個人潛能等。

㈡**中介價值**（intermediate values）

好的生活環境、好的家庭關係或理想的社區環境等。

㈢**工具價值或操作價值**（instrumental or operational values）

達到終極價值的手段如：社會服務機構、政府機能或專業人士等。

參、社會工作專業價值

社會工作一直都被視爲是一種「利他主義」的助人專業工作，就其本質而言，社會工作的討論就不可忽視所謂「專業價值」（professional value）的探討（Shardlow, 1989）。所謂利他主義強調的是不以個人利益爲觀點，是建立在對他人福祉的關懷，且不求回報的過程（Jayaratne, Croxton & Mattison, 1997）。那麼社會工作的專業價值到底是以何爲基礎？讓我們先來釐清何謂「專業價值」（professional values）。所謂**「專業價值」是指一套有關解釋人類的本質的信念，這些信念會反應在日常專業實施的活動中，進而影響專業實施的方向和準則**（黃維憲等，民八四）。

甚麼是社會工作專業社群共同接受的價值信念呢？戈登（Gordon, 1965）指出社會工作專業普遍接受的價值可區分爲六大項：（引自黃維憲等，民八四：34）

1. 個人應受到社會的關懷。
2. 個人與社會是相互依賴的。
3. 每個人對他人負有社會責任。
4. 每個人除具有人類共同的需要外，也有個人獨特的需求。
5. 理想的社會是可以提供機會，讓每個人發揮潛能，解決問題，達到充分的自我實現。
6. 社會有責任提供去除妨礙個人自我實現的方法，使個人自

我實現得以完成。

根據全美社工專業人員協會（National Association of Social Workers, NASW）規定，社會工作專業的價值應包括十大項（Barker, 1991:246）：

1. 承諾個人對社會的重要性。
2. 尊重案主之隱私權。
3. 承諾改變社會以滿足個人需求。
4. 不以私人慾望與情感干擾專業關係之運作。
5. 願意散播相關之知識與技巧。
6. 尊重個別差異性。
7. 協助案主發揮潛能。
8. 持之以恆的協助案主改善不利之情境。
9. 承諾追求人類最大的福祉。
10. 承諾實踐人類和專業行爲之規範。

海夫納等人（Heffernan et al., 1991）指出：社會工作專業的價值首先需尊重個人之尊嚴，視每個個體爲有價值之獨特個體，並以追求人類最大福祉（the best interests of human beings）爲目標。社會工作在提供案主專業服務過程，必須站在不評斷的態度（nonjudgemental attitudes），且案主有自主權（autonomy）決定是否接受與其有關的任何專業服務活動（p.10）。

根據上列對社會工作專業價值的定義，發展出一套完整的社會工作價值體系，包括：對人、對社會與對社會工作專業三大向度：

一、對人的價值偏好

相信每一個人都有其獨特之價值與尊嚴，每個人都有能力與動機去追求更美滿的生活，每個人都有其歸屬，有其共同需求、也有獨特需求，每個人都需對他人負責任。

二、對社會的價值偏好

主張社會必須提供公平機會與資源給每個個體，使其能充分發揮潛能，達到自我實現的目標，追求公平正義的社會。

三、社會工作的工具價值

堅持社會互動關係中，每個個體都是獨特的，應尊重個人尊嚴，每個人都應該有機會決定自己的生活方向。

肆、社會個案工作的價值觀

社會個案工作是以個人爲導向的直接服務工作，因此，專業價值必然受到整體社會工作專業的價值體系所影響。戈登將社會工作六大項專業價值，轉化爲個案工作者在提供專業服務過程，所應遵守之價值原則包括：（黃維憲等，民八四：35-36；

潘淑滿，民八七）

1. **尊嚴的個體**：每一個人，都需被視爲有尊嚴和價值的個體。
2. **自我抉擇**：每一個人都享有權利參與決定和其自身有關的決定。
3. **公平機會**：每一個人應該享有公平的機會去使用物質和服務。
4. **有價值的個體**：每一個人都應受到尊重和適切的服務。
5. **權力**：每個人都能充分、且自由地獲取爲達理性、美滿生活所需之資源。
6. **每個人都能自由和充分地發展其能力與天賦**。
7. **每一個個人應能享有有關健康和福祉的知識與好處**。
8. **每一個個人應有充分的機會，去體驗情愛和友情**。所以個案工作者必須將社會價值轉化爲清晰、具體、可行的價值導向，引導工作者透過專業服務過程，實踐個人的價值、尊嚴與獨特性。

史基摩（Skidmore et al., 1997）清楚指出，將社會工作專業價值轉化爲個案工作者在提供專業服務過程中，所必須遵循的方向可分爲三個向度（dimensions）：

1. **建立在個人價値與個人能力的假設**（value assumption on individual worth and capacity）

所謂個人價值的假設是指每個人都有能力去引導個人的行爲，每個人都有能力決定個人成就的目標。

2. **尊重個人獨特價值的假設**（uniqueness value）

從重視個人獨特性的價值衍生出個案工作重視案主個別差

異性的假設，強調每個個案都是不同的，問題形成過程也有其獨特差異。

3. **支持案主決定的價值假設**（the value postulate of self-determination）

在個案工作服務過程中，工作者必須提供其他可行的替代方案，仔細陳述，並讓案主了解，以便做出有利的抉擇。

個案工作者在面對案主提供專業服務過程，經常會面臨進退兩難（ethical dilemmas）、難以判斷（judgement）的情境。不過這裡要澄清的是做爲一位社會工作者在面對任何倫理兩難（ethical dilemmas）的情境時，應先思考到底是案主的兩難（client's dilemmas）或工作者的兩難（worker's dilemmas）。

❦案主兩難

案例一：

社會工作者所服務的案主因爲未成年懷孕，正處於不知應該要墮胎（abortion），或是先生下小孩、再將小孩送給他人收養（adoption）的矛盾。

案例二：

社會工作者正在協助家庭暴力的受害婦女，而這位長期受虐的婦女，正在掙扎到底是要爲了照顧她的小孩，而繼續留在家中接受這種暴力對待的命運，或是要遠離這種暴力關係，尋求自己獨立的生活的選擇。

案例一和案例二的情境，明顯的是屬於「案主的兩難」而非「社會工作者的兩難」，在這種情況下，社會工作者最好保持客觀、中立的態度，才能夠進一步幫助案主解決難題。

社會工作者兩難

案例三：

針對案例一的情境，假如當案主最後選擇墮胎的決定時，工作者卻強烈的感到「墮胎」是一種非常沒有倫理、道德的行爲（immoral and unethical behavior）。

在案例三的情境，社會工作者明顯的面對倫理兩難的矛盾，因爲在這種情境之下，工作者實難再以一種中立、客觀的態度，來了解案主、協助案主提供適當服務。工作者如何降低倫理兩難對專業服務的影響？首先，工作者應具有高度敏感力，將專業服務過程所面臨之專業價值兩難，記錄、並反省。其次，評估這種困擾是否會影響專業關係的建立，如果工作者因而無法建立良好的專業關係，那麼最好將案主轉給另一位社會工作師處理，避免倫理兩難的干擾（Zastrow, 1985）。

第二節 社會工作的哲學

壹、何謂哲學？

比斯堤克（Biestek）認爲「社會工作是一種藝術，它不是一門科學，也不是一種哲學」，雖然社會工作者不是一位哲學家，但在提供專業服務過程，也必須要有相當的哲學取向，才能提供適切的服務。那麼「哲學」（philosophy）是甚麼呢？**哲學源自於希臘文** philosophy，由 philien（愛）與 sophia（智）兩個字合成，所以**哲學意謂者「愛智」，也就是追求眞理之意**。在古希臘時代的哲學，偏重於理論，所以哲學對當時的人而言，是追求眞知之學；中古時期，哲學演變爲教義之學；近代哲學則以認識論爲中心，著重於知識批判之學。所以說，哲學的性質往往隨著不同時代而有不同。整體而言，哲學是指：「一組信念、態度、理想、報復、目標、價值和倫理法則，讓每個人了解個體與社會、個體與世界的關係，並賦予意義」，哲學也是一種對人與人性、理智和觀念反省的哲學（黃維憲等，民八四：22）。

哲學到底提供人類社會何種功能呢？法國社會學者哥德曼

（Goldmann）指出：「如果哲學能成功地爲我們解釋一些關於人性本質的問題，任何消滅哲學的想法只會妨礙我們對人現況的理解。因此，人文科學要達到科學的標準，便必須帶點哲學的味道」（周永新，民八七：8）。從功能論而言，哲學具有兩種價值：理論價值與實際價值。哲學的理論價值在於對於各學科提供根本原理，闡明其本質，說明概念與概念之關係；而哲學之實際價值，則在闡明人類社會生活之意義及價值，並樹立理想生活之典範（黃維憲等，民八四）。由於東、西方文化不同，所以哲學所偏重之重點也不同。西方哲學所探究的是外在的知識，所著重的都是概念、方法等問題；而東方哲學則較重視道德心性的智慧，重視人際關係、探討人生問題活用的智慧。社會工作者如何善用西方重視學問探究與探究之方法，並結合東方重視頓悟與心性的理念，從事個案工作之服務，是值得思考與努力的方向。

基本上，「哲學」的探究範圍，可區分爲三大類：（黃維憲等，民八四：22）

1. **強調宇宙論**（cosmology）**與本體論**（ontology）：對於實在問題的探討，重視宇宙論與本體論。
2. **對生命本質之研究**：探究生命的本質、生命的意義、與人生問題相關之人生哲學，著重於人生道德、道德之價值的研究。
3. **對認識問題的研究**：對認識問題之研究，探究問題的起源、本質、真僞和結果。

貳、社會工作專業哲學

當某一特定專業能具有一套哲學觀點（perspectives）和信念，並能以集體行動（collective action）來實踐這些信念，稱之爲「**專業哲學**」（professional philosophy）。**專業哲學不僅提供同一專業社群成員理念和理想，同時也提供具體的行爲模式和道德判定標準**。專業哲學提供社會工作專業人員基本的評估與判斷標準，並成爲實務工作者在執行助人活動過程中基本信念與方法的指導原則。

社會工作專業哲學源自於民主社會、重視個人尊嚴和人權至上的哲學。社會工作哲學是受到當時社會文化環境與道德價值觀所影響，所以它不是靜態的、也不是一成不變的概念，而是受到不同時代、不同社會環境與文化價值、及不同科技發展水準而影響，而有所變遷。

一、社會工作專業哲學的精神支柱

綜合論之，社會工作專業哲學主要來自三大精神支柱：（潘淑滿，民八七；蔡淑芳，民七二：58-60；Hugman & Smith, 1995; Hollis. 1985）

㈠人道主義

強調人的價值、尊嚴、自我實現、自律、世俗理性等，必須運作於社會參與及正義和平過程中。人道主義主要由七個信念組合而成：⑴人生而平等；⑵每個個體都是生物、心理和社會組合而成的有機體；⑶人類生而自由；⑷人與人之間是互依互賴的關係；⑸改進社會現況、建立公平正義的社會；⑹人類尊嚴受到尊重；⑺人有追求自由平等、自我發展與自我抉擇追求幸福生活的權利（黃維憲等，民八四:25）。

㈡實證主義

運用客觀和科學的知識與方法，考察社會事實，以求發現現象的因果關係。在社會個案發展過程，不斷尋求科學知識，並以科學化技巧和方法，來建立有效的助人過程。

㈢烏托邦思想

社會工作最終目的在追求美好的社會，並爲未來勾畫一幅值得奮鬥的藍圖。這種實現真、善、美社會的理想，是促進社會改革的原動力。

既然哲學信念對社會工作助人專業的發展是不可或缺的要素，那麼哲學基礎如何影響社會工作專業的發展。哲學提供社會工作助人專業的功能，可分爲四方面：

1. 哲學提供了人類生存意志的解釋。
2. 哲學提供了人世間生活目標的方式。

3.哲學規畫出對個人、他人和社會責任的準則。

4.哲學提示了人類理想生活的遵循方向。

換言之，社會工作者的專業活動，不論其處理困難、解決問題、預防問題、發展潛能，或為增強社會功能，都時時刻刻會與哲學思想和精神相關聯。因此，社會工作與哲學可說是有密切的關係（廖榮利，民七九；黃維憲等，民八四）。個案工作自芮奇孟於一九二一年撰寫《何謂社會個案工作》一書，企圖引進科學知識和方法，從事個案服務，就開始引發了所謂的科學知識與技術及哲學倫理道德之間的危機爭議（Saloman, 1976: 127）。在社會工作專業百年的發展過程，社會工作對此一議題也陸陸續續有不同的回應。此一爭議到了一九五八年全美社工專業人員協會出版《社會工作實施的運作定義》一書之後，**價值**（value）、**目標**（purpose）、**認可**（sanction）、**知識**（knowledge）**和方法**（method），才被正式定義為**社會工作實施的五大要素**，其中價值（或哲學）和知識，更被視為是兩個優先的基石。

二、社會工作的實踐準則

畢仁（Z. T. Butrym）在《社會工作本質》（The Nature of Social Work）一書中指出，社會工作的哲學思想主要源自對人性的三種假設，分別是：㈠**對人的尊重**；㈡**相信人有獨特的個性**；和㈢**堅守人有自我改變、成長和不斷進步的能力**（周永新，民八七：5）。社會工作者如何將此三種哲理假設運用於實務工作中呢？畢仁根據這三項哲學假設，發展出五項實踐的道德準則，做為工作者在提供專業服務過程之指引：（周永新，民八七：9-10）

㈠接納他人

所謂「接納」（acceptance）他人，並非只是消極的不去排擠他人，而是積極的了解別人獨特之處，設身處地考慮別人的需要。

㈡不持批判的態度

批判是當他人與自己意見相左時，即加以抗拒或排斥，凡事以自己的意見為唯一標準。不批判他人並非代表道德觀念模擬兩可，而是盡力理解他人行為的理由。

㈢個人化

著重每個人的差異處，重視個人的獨特性，因此就不能只以一種方式去解決問題。

㈣保守秘密的原則

社會工作是一項助人工作，保密工作的重要性不言而喻，可是在實踐過程卻不那麼容易，有時候為了保障案主的利益，常會需要違反保密原則。

㈤讓當事人自決

社會工作強調個人的成長與改進，所以鼓勵案主自決，而鼓勵案主自決，就是鼓勵案主為自己承擔責任。

第三節 社會工作專業倫理

壹、倫理

倫理者，人倫之道理也。倫理學則是研究人倫之常道與人類道德規範之學科。英文之倫理（ethics）一詞源自希臘字根Ethos，是指一種風俗、習俗或習慣。但是現代社會中，倫理已經不再單純指涉一種社會風俗與習慣而已。《辭海》（民六八:397）將倫理定義為是人類道德的原理，一種規範人類的思考、言行和社會的道德標準，目的是為了使人類都能夠達到真、善、美的境界。**倫理也可稱為一種哲學思想和道德標準**，道德辨認個人內心行為之善與惡，倫理則辨認個人外在行為之對與錯。

倫理與價值兩個概念經常被視為同一名詞，事實上，倫理與價值的概念並不全然相同。**「價值」**（value）**是一般社會大眾渴望做某種特定事物的意念或是社會大眾比較喜歡做那些特**

定事物的理由。所以價值可能是一種抽象的概念，也可能是一種行爲的法則，最終的目的都是在促使某一特定團體的成員都能在一定的社會化過程，感受到強烈的情感束縛，並對成員行爲形成約束力（Bartlett, 1970）。

倫理也是一種價值觀，這種價值觀具有一定的是非判定能力，並透過具體的行爲表現出來。所以說倫理的具體內容是一種社會價值的觀念，因爲價值觀念是人類行爲之指引，也是促使社會團體成員感到一種強烈之情緒與採取必要之行動去追求團體目標之標準。倫理是人類道德的原理，是一種規範人類的思考、言行與社會關係的道德理想標準，其目的是在使人類社會都能夠達到真、善、美的境界（李宗派，民八八：48-49）。

許多學者與專家指出：倫理一詞是從價值演繹而來，不過兩者所指涉的略有差別。價值較偏重於關切何者當爲及美、善的判斷；而倫理則較關注何者是正當、是對的問題；換句話說，倫理可以提供人們行爲檢定的依據（巫明哲，民八二；牛格正，民八〇；Reamer,1982）。涂爾幹（E. Durkheim）將倫理區分爲兩類：⑴對所有人的倫理，使我們每個人能界定自己的言行，並適當地維持與他人的關係，如五倫；⑵適用於特定團體的倫理，例如：社會工作專業倫理。

「倫理」本來是指人倫關係，可進而引申爲人與人相對待之道德準則。既然倫理是一種價值觀，具有一定的是非判斷標準，需透過具體的行爲表現出來，根據此一價值觀限定人和人間之互動關係與行爲（巫明哲，民八二）。**那麼倫理具有哪些特性呢**？（李宗派，民八八：2-4）

1. 倫理標準與道德行為含有一種內在義務之觀念。
2. 倫理標準與道德行為含有向善之意義。
3. 倫理標準與道德行為，是由社會文化所決定。
4. 倫理標準與道德行為是社會互動之常道。
5. 倫理標準與道德行為包括社會價值與個人義務之判斷，前者分別善惡之標準，後者分別正確與錯誤之行為原則。
6. 倫理在理論上可分為絕對之倫理與相對之倫理（relative ethics）。

貳、社會工作專業倫理

在探討社會工作專業倫理之前，應先探討何謂「專業」（professional）？**「專業」是指一門具有專門知識和技術的職業，這種職業有別於一般體力或手藝活動。**古力烏（*E. Greenwood*）認為**專業需要具備五項要件：理論系統、社區認可、專業權威、倫理守則和專業文化**（Kumabe, 1984; Wilding, 1982），這五項專業特質是專業化發展過程必備的要件。社會工作倫理是社會工作依據其哲學信念與價值取向，發展而得的一套倫理實施原則，以做為引導與限制助人活動的依據。呈現出工作者在助人關係中對案主、對同僚、對機構、對專業的義務與職責，以確保充分發揮社會工作之服務功效（蔡淑芳，民七九：58）。

「專業倫理」（professional ethics）**是指將一般性的倫理原則應用至某一特殊專業領域，藉以協助其從業人員釐清並解決**

實際工作中所面臨的許多具體道德問題。也就是指**專業團體或專業實務者之社會價值觀念與行爲準則，專業倫理是專業實務者之集體次文化**（collective subculture）**，爲了達到某一專業目的，形成某一專業行爲之標準**（李宗派，民八八：49）。專業倫理是哲學的一支，關心從事社會工作專業工作者的操守與品德，同時也做爲指引專業工作人員，在從事各項專業活動過程中行爲的準據（徐震等，民八一；鍾美育，民八一）。雖然專業倫理來自一般倫理，兩者卻存有很大差異，一般倫理強調人與人互動關係是建立在「平等」的原則，可是專業倫理卻是建立在以案主的興趣與福祉爲優先考量的立場。往往在提供專業服務的過程，工作人員本身的興趣與偏好必須被忽略。因此，要了解社會工作專業倫理，就必須探討社會工作價值體系的內涵。

社會工作專業倫理，是社會工作依其助人的哲學信念和價值取向，發展而成的一套具體實施原則，以做爲引導與限制助人活動時社會工作人員應遵守的行爲依據，也可以說是社會工作員用來表現專業行爲和指揮助人行爲的一套道德準則或標準。價值與倫理之不同，在於前者只是贊同的、可欲的，是一種偏好；而後者則是要求具體落實助人行爲、遵循該有的行爲規範和堅持信念（潘淑滿，民八七）。專業倫理對專業的發展有其必要性，其存在的必要性在於它不僅能夠保證社會工作專業服務品質、提升專業服務的水準，更能避開一些非專業的控制（李宗派，民八八）。

全美社會工作專業人員協會（NASW）根據社會工作專業價值，發展出一套社會工作者在提供專業服務過程之倫理原則，包括（萬育維，民八六：51）：

1. 社會工作專業關係是建立在人性尊嚴的基礎。
2. 鼓勵案主積極參與、接納、保密、誠實與負責的態度處理人生危機與衝突。
3. 尊重案主獨立判斷。
4. 達到自助人助之目的。
5. 積極連結相關之資源。
6. 倡導社會制度回歸人性化的需求。
7. 對不同族群的尊重和接納。
8. 爲自己的判斷負責。
9. 不斷追求新知和專業成長。

參、社會工作專業倫理守則

社會工作專業倫理守則是專業人員根據其助人哲學信念及專業價值，發展出一套具體的理論知識與實施原則。爲了建立專業的權威，及防止專業人員爲了個人私利，濫用專業專利，所以對專業人員的行爲就必須進一步加以約束與限制（陶蕃瀛，民八〇）。**這種將社會工作專業的哲學與信念，轉化爲對實務工作者具體的規定，說明何者當爲、何者不當爲的條文，用來規範社會工作人員專業行爲，稱爲「社會工作專業倫理守則」**（professional code of ethics in social work）（陸光，民八〇）。

對社會工作專業的發展而言，倫理守則不僅是專業化的必要條件之一，同時也是社會工作在朝向專業發展過程中最根本、也最常面對的困境。從專業的發展史來看，「排他性」與「權威性」往往是專業的一體兩面，我們如何取得專業之利、又能避免專業之害，使社會工作能在積極奉獻社會、服務人群的同時，又能避免社會工作成爲「專業霸權」，失掉助人專業的本質與使命，就必須要有一套清楚的倫理守則規範社會工作人員的行爲（潘淑滿，民八七）。

一、專業倫理守則的功能

到底專業倫理守則具有何種**功能**？（李宗派，民八八：49-50）

1. 提供給專業實務者遇到專業倫理之矛盾問題時決策之參考。
2. 提供給案主或尋求服務的人們以評估專業服務者之操行品行、專業才能，並防止冒充專業者來欺騙案主及無知之社會人士。
3. 提供專業者與案主、同僚之間或與其他專業之實務者一套規範，可維護專業者與其雇主或有關人士一種和諧之互動關係。
4. 提供給專業督導、顧問或其他專業實務者一套行爲標準來作爲評估、評鑑或考核專業實務操作之基礎。
5. 提供給社會大眾或政府機關一種公益性與專業性之社會服務公約。

簡春安（民七二）指出**專業倫理守則**主要具有下列**兩種功**

能：⑴一種專業的指針，使該專業人員的言行與服務性有所規範，使專業人員在完成專業服務的功能時，能夠藉由倫理守則來維護專業原則；⑵倫理守則是一種標準，用來評斷專業的實施有無瑕疵。**柏林娜**（Berliner, 1989）也指出專業倫理守則對助人專業而言，具有**六大功能**：⑴讓案主和外行人能了解專業的行事標準；⑵幫助初學者做好內化工作；⑶澄清社會工作和其他專業之分野；⑷清楚界定社會工作者和案主之關係；⑸維護案主權益；⑹做爲判定行爲是否違反倫理的依據。

卞卡斯（S.Banks）在〈社會工作專業倫理：甚麼樣的未來？〉（Professional ethics in social work: What future?）一文中（1998）指出專業倫理守則至少具有**四種功能**：

1. 引導實務工作者專業服務行動。

2. 避免實務工作者濫用專業權威。

3. 建立專業地位。

4. 建立與維護專業認同。

卞卡斯認爲隨著社會變遷，第一項與第二項專業倫理，已經逐漸爲社會福利機構與政府本身所制訂的倫理守則所取代；而目前專業倫理最大的功用則是著重於第三項與第四項功能，也就是建立專業地位與增強同業之間的認同。

二、全美社會工作專業人員協會修訂之專業倫理守則

全美社會工作專業人員協會（NASW）在一九九四年修訂

的社會工作專業倫理守則，內容對社會工作員在提供專業服務過程的行為和責任均有詳盡規定。全美社會工作專業人員協會新修訂之專業倫理守則主要包括四個層次、十六項原則：

(一)社會工作師應有之行為舉動

1. 正當性或適當性：社會工作師應該維持高水準之個人行為，符合社會工作師之身分地位與專業資格。
2. 能力才華與專業發展：社會工作師應努力熟練專業操作，實踐服務與執行專業功能。
3. 服務：社會工作師應該以社會工作專業之服務為首要之職責。
4. 操守：要正直廉潔，社會工作師應遵守最高之專業操守標準。
5. 學識與研究：從事於進修研究的社會工作師應接受學術調查研究公約指引。

(二)社會工作師對案主之倫理責任

6. 案主之利益為首要：社會工作師之首要責任是對其案主提供服務。
7. 案主之權利與特權：社會工作師應盡最大努力，輔導、教育案主之自我決定。
8. 保守信用與尊重隱私：社會工作師應尊重案主之隱私權，以及將在專業服務過程中所獲得之資訊保守秘密。
9. 服務費用：當設定社會工作服務費用時，社會工作師應保證這些費用是公平的、合理的、考慮周到的，以及所提供之服務與案主之付費能力相稱。

㈢社會工作師對同事之倫理責任

10. 敬重、公平、禮貌：社會工作師對同事要敬重、禮貌、與公平善意，不搶同事之案主。
11. 處理同事之案主：社會工作師有責任對待同事所服務之案主，提供服務。

㈣對待雇主或被雇用之組織

12. 對被雇用之組織需忠誠盡職，對被雇用組織機關所做之承諾應忠誠信守。
13. 維護專業之完整：社會工作師應維護促進社會工作專業之價值觀念、倫理守則、知識發展與專業使命。
14. 社區服務：社會工作師應協助社會工作專業，對於社會大眾提供社會服務。
15. 知識開發：社會工作師應盡責來識別開發，並充分利用知識技能於服務。
16. 促進一般福利：社會工作師應促進社會之一般福利。

三、台灣修訂之社會工作倫理守則

台灣省省政府於民國七十八年頒訂「台灣省社會工作員工作守則」，共有十條，包括：社會工作人員的職責、公平服務大眾、尊重案主權益、保守案主秘密、鼓勵案主自決、充實專業知能、提升服務品質、重視同僚合作、增進社會福利、協調相關專業人員、及恪守公私分際等要項。台北市政府亦訂有「台北市政府社會局社會工作員守則」，內列有強調社會工作人員應以身爲社工員爲榮等十條條文（陸光，民八〇：11-2）。

在專家、學者、民間團體與社會人士多方共同努力之下，終於催生了「**社會工作師法**」，並於**民國八十六年四月二日公布施行**，也就是說目前社會工作專業體制在台灣已經有了法律基礎，社會工作師就像醫師、律師、會計師、建築師一樣，具有合法專業地位。根據**社會工作師法第十八條規定：「社會工作師之行爲必須遵守社會工作倫理守則之規定」**，且明確指出社會工作師倫理守則是由社會工作師公會聯合會訂定，提請會員大會通過，報請中央主管機構核備。在全國社會工作師公會聯合會未設定前，由中央主管機構召集省市、縣市主管機關會商訂定。因目前全國社會工作師公會聯合會尚未成立，所以社會工作倫理守則由中央主管機關召集省市、縣市主管機關先行會商訂定。

社會工作倫理守則經內政部委託中華民國社會工作專業人員協會，先行研議後，並於民國八十七年七月二十七日訂定頒布。中華民國社會工作專業人員協會所頒訂的社會工作專業倫理守則包括十一項要點（鄭文義，民八八：9-10）：

㈠闡明社會工作者服務案主應有的基本態度與方法

秉持愛心、耐心及專業之知能爲案主服務。

㈡闡明社會工作者服務的中立原則

不分性別、年齡、宗教、種族等，本著平等精神，服務案主。

㈢闡明社會工作的保密原則

應尊重案主隱私權，對在專業關係中獲得的資料，克盡保密責任。

㈣闡明社會工作者尊重案主的原則

應尊重並培養案主自我決定的能力，以維護案主權利。

㈤闡明社會工作者協助案主的最佳利益原則

應以案主最佳利益爲優先考量。

㈥闡明社會工作者信守專業關係原則

絕不與案主產生非專業的關係，不圖利私人或以私事請託。

㈦闡明社會工作者對待同仁的原則

應以尊重、禮貌、誠懇的態度對待同仁。應信守同仁的合作，維護同仁的權益。應在必要時協助同仁服務案主。

㈧闡明社會工作者對待其他專業人員的原則

應以誠懇態度與其他專業人員溝通協調，共同致力於服務工作。

㈨闡明社會工作者對機構的信約

應信守服務機構的規則，履行機構賦予的權責。應公私分明，不以私人言行代表機構。應致力於機構政策、服務程序及服務效能的改善。

㈩闡明社會工作者對專業的責任

應嚴格約束自己及同仁之行為，以維護專業形象。應持續充實專業知能，以提升服務品質。應積極發揮專業功能，致力提升社會工作專業地位。

⑾闡明社會工作者對社會的責任

應將專業的服務擴大普及於社會大眾，造福社會。應以負責態度，維護社會正義、改善社會環境、增進整體社會福利。

第四節　專業倫理兩難與判斷

由於社會工作師所面對的是一個多元、多變的情境，在此一社會情境中提供對於助人的專業服務，不僅需要運用理論知識，也需要實際工作累積之經驗與智慧，更需要個人經驗與直覺判斷。工作者在提供專業服務過程的每個階段，所做的每一個判斷都需要符合專業倫理的要求。對社會工作助人專業而言，專業倫理的考量應優於方法與技巧之考量。可是由於工作者所面對的環境，經常是曖昧不明，而所處理的個案問題與案主特質，往往差異性也很大；因此，工作者要在短時間之內，做出正確的判斷，經常會陷入進退兩難的情境。本節針對社會工作專業兩難、經常面對的兩難情境與專業判斷，做一完整說明。

壹、專業倫理兩難

所謂**「專業倫理兩難」**（professional ethical dilemmas）是指工作者必須**由兩個相近的選擇，或是相等價值之間選擇一個所造成的抉擇困境**。社會工作的倫理兩難也就是指：一種問題的情境或是問題無法獲得滿意解決的困境，因此，社會工作專業人員必須面臨由兩個相近的選擇或在相等的價值之間擇一的困境（陳耀昆，民八六；鐘美育譯，民八一；Rhodes, 1986）。**佛羅哈利曲**（T. J. Froehhlich）提出以自我（self）、組織（organization）及環境（environment）三要素為主的**倫理「三角模式」**（Triangular Model），說明三者互動關係（引自黃碧霞，民八八：16-17）：

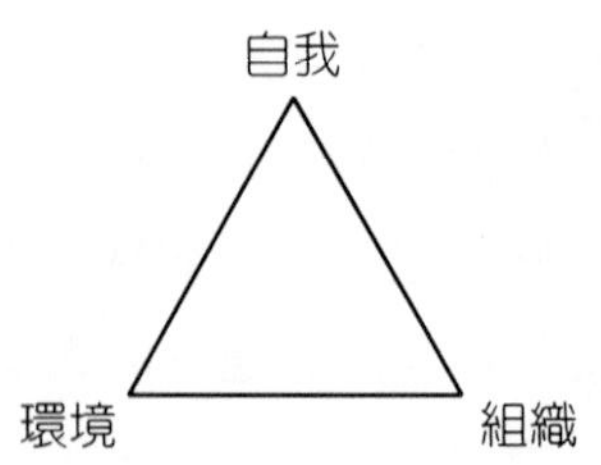

在佛羅哈利曲的倫理三要素之架構中，「自我」代表主動、獨特的道德體，當自我面臨道德兩難時，自我是道德的主體，自我必須做出抉擇與行動。可是在當前專業環境之下，專業人員所要面對的專業倫理兩難，主要是來自「組織關係」與「環境關係」兩個層面（潘淑滿，民八七，民八八 a），譬如：社會工作師在提供服務過程，往往會面對專業立場與組織之政策與經營目標之理念不合，導致衝突。在這種情況之下，社會工作人員往往會涉及公（機構組織目標與政策）、私（專業考量）的倫理兩難問題（黃碧霞，民八八；潘淑滿，民八八）。另一方面，在目前社會環境之下，社會工作師也常面對工作者與案主互動之矛盾關係；例如：處理性侵害個案時，社會工作師往往在應遵守誠信說真話的原則、或應替案主保守秘密原則，兩者之間徘徊矛盾。

社會工作者在從事助人活動過程中，經常面對的專業倫理兩難的情境，可將其經常面對之**倫理兩難情境**歸納爲九大項（鍾美育，民八一：31）：

㈠意義含糊和不確定性

社工員不實際了解問題特性就遽然下專業判斷。

㈡職責和期望的衝突

社工員同時扮演各種角色，包括：案主、同事、督導、雇主與其他職責和期望，而這些角色相互衝突。

㈢專業知識對案主權益

社工員根據專業知識和經驗做專業判斷，可是又須尊重案主選擇的權益。

㈣徵求同意

社工員的決定必須徵求案主的同意，可是當案主對可能面對選擇的涵意和結果不很清楚時，貿然要案主做決定。

㈤分享有限的資源

社工員必須以公平分享有限社會福利資源爲原則，可是常常面對特殊個案，這些個案往往需要享有更多資源。

㈥案主興趣 vs.工作員興趣優先

社會工作員必須以案主興趣與福祉爲優先考慮，即使工作內涵會使社會工作員面臨生命危險。

㈦有效調適方法的選擇

雖然社工員專業方法與技巧不熟練，不能有效協助案主解決問題，仍能以個人專長做爲專業判斷基礎。

㈧專業關係的有限性

雖然案主需要多方面服務，但社工員必須要基於專業關係的有限性，做爲專業判斷的基礎。

㈨不做價值判斷

社工員不可以自己的價值觀來做為專業行為之判斷。

專業倫理守則不論其表現形式為何，本質上乃是一組信念系統、行為標準、道德標準或社群規範，因而即使能清晰地操作每一條守則條文或熟練每一條守則條文，也不足以保證有理想的專業行為，因為行為的抉擇權，最重要的仍是每個工作員的權利。雷蒙（Reamer, 1983）認為**社會工作者在實務中經常遭遇到的倫理難題和情境有三大類**：（黃維憲等，民八四：43-44）

㈠對個人和家庭等，做直接服務時的倫理難題

1. 告訴案主真實的話。

2. 法律、規則、政策和處遇目標之間的衝突。

3. 介於雇主和案主之間的社會工作員之責任衝突。

4. 保密和特權的溝通。

5. 提供服務違反了案主的意願。

6. 結束服務違反了案主的意願。

㈡設計和執行社會福利政策和計畫時的倫理難題

1. 分配稀有或有限資源之標準為何。

2. 福利是權利抑或特權。

3. 社會福利條款中，國家（State）應居於何種角色地位。

㈢專業同事間的關係的倫理難題

1. 對於同事的無能和犯法，是否乃屬於應報告的責任範圍的問題。
2. 同事間的欺騙問題。

羅溫堡和道格夫（Loewenberg & Dolgoff）更進一步詳盡的整理歸納社會工作專業人員經常面臨的倫理兩難的問題類型，包括十一項：

1. 專業知識對案主權利。
2. 群眾和期望的衝突。
3. 徵求同意。
4. 意義含糊和不確定。
5. 保密和隱私權的重視。
6. 有限資源的分配。
7. 案主的利益或工作人員的利益。
8. 不作判斷。
9. 專業關係的有限性。
10. 有效調適方法的選擇。
11. 同事關係。

黃碧霞（民八八）在〈台灣省各縣市社會工作專業體制與社會工作倫理〉一文中指出，目前各縣市政府社工員經常面臨的專業倫理兩難的情境，包括下列五大項（pp.17-8）：

㈠處置目標與法律、規則或政策有所衝突的問題

此種利益衝突隨著科層制組織之日益龐大日漸增多，誠然更凸顯社工員與機關倫理的關係。

㈡社工員面對案主之誠信或保密問題

在社工員提供直接服務過程中，特別是性侵害案例，始終困擾內心的衝突，例如：是否將案主受創的真實情形讓案主關係人了解或如何處理案主善意的說謊等問題。

㈢與同仁關係方面的問題

同事包括：專業人員與行政人員。對於相關業務之行政人員，以其半專業的角度，從中介入之不當行為，是否採取視而不見的策略或公義原則；對於行政人員的行為，將使社工員陷入發揮正義與通融之兩難。

㈣有限資源的分配問題

當接到需要被安置的個案時，最困擾社會工作者的是要將案主安置在哪一個機構？因機構資源如：人力、床位及設備不敷使用，而讓社工員陷入兩難困境中。

㈤與法律訴訟有關之問題

由於專業倫理的教育未普及，部分社工員缺乏成熟的專業倫理意識及專業價值判斷能力，致無法預測專業行為之後果。

因此，社工員面對消費者意識增強及訴訟案件日益增加的時代中，在執行保護個案的過程，極可能因判斷上的錯誤，而觸犯了倫理規範或當事人權益爭議，引發法律訴訟案件。

潘淑滿（民八七）針對全國七十九位精神醫療院所工作之專任社會工作師，進行一項有關工作者在助人專業服務過程，實際經驗到的倫理兩難之情境的研究。研究報告指出精神醫療社會工作師在提供病人與家屬專業服務過程中，最常面對之倫理兩難情境與壓力來源有二：⑴機構政策干擾：目前醫療機構在「成本—效益」的經營方針主導之下，強調組織營利與工作效率兩大方針，而這兩大方針往往與社會工作助人專業背道而馳，形成對專業自主性的干擾；⑵醫療團隊角色認知與期許：在精神醫療領域非常強調科技整合的觀點，可是也由於醫療團隊因角色不同、功能有異，導致權力分配不平均，長期以來醫療團隊以醫師爲主導的情形，往往導致對其他專業的干擾，造成其他專業自主性降低。

貳、專業倫理判斷

何謂**「倫理判斷」**？對社會工作專業而言，倫理判斷意味著四種層次：⑴了解一個身爲專業助人者的法定義務；⑵理解並領悟社會工作倫理守則的價值與意涵；⑶熟悉對於某些案主特有的倫理考量；以及⑷將上述的了解運用到服務的過程中（萬育維，民八六：46-50；萬育維、王文娟，民八八：123-124）。

一、了解法定義務

社會工作人員在助人的專業領域中根據專業人員標準制訂相關法律和規定，並在熟悉規定之下，按個案的情況適度運用，達到保障案主權益的目的。

工作者的法定義務包括下列六項：

㈠照顧的義務

個案有權利期待一個有品質、符合標準的照顧服務。此外，社工員有義務告知案主當他需要社工員的時候如何聯繫的上，如果情況緊急的時候該如何聯絡？如果社工員休假，案主該如何找職務代理人繼續聯絡。更重要的是要確定案主的安全，包括案主對他人的傷害、對自己的傷害，以及對別人的加害。

㈡尊重隱私的義務

隱私包括個案的物理空間（如住家），以及案主告訴社工員的生活事件，除非社工員有足夠的理由，否則不應介入或洩漏。

㈢保密的義務

由於案主和社工員之間的溝通是屬於一種優勢溝通（privileged communication），在這種不對等的情況下獲得的個人資料，除非有案主允許，否則不得告知第三者。

㈣告知的義務

社工員有必要告知案主他可以接受到的服務內容、時間的長短、可能有的危險和成功的可能性，以及費用和機構相關政策。

㈤報告的義務

社會工作者對於某些政府指定的個案類型，基於人身安全和人性保護的立場有報告的義務。

㈥提出警告的義務

在會談的過程中，案主可能會與社工員討論到一些報復或企圖傷害他人的事情。此時，社工員可能採取的方式有三：⑴安排案主在保護性的監督之下暫時性的住院或隔離；⑵告知可能被施暴的對象；⑶請求司法單位的處理。在爭取第二項措施時，與前述保密的義務相違，此時社工員要視案主的憤怒狀況來判定有沒有必要提出警告。因此，在個案記錄中，針對談話內容，引述個案的用語、手勢……等，都是很重要的佐證，協助社工員和督導共同判斷，同時也是保護社工員不至於被指責違反基本的義務。

二、了解社會工作的基本價值與倫理

在社會工作專業發展的過程中，最先提出的是對專業倫理與價值的釐清與界定。雖然社會工作專業已經歷百年發展，在這百年發展過程，專業倫理與價值的適用性已被多方討論，可是其基本價值與倫理是不變的。

三、界定倫理與法律的運用

除了熟悉專業倫理條文之外，更重要的是要能將這些原則靈活運用到實際不同的助人情境中，運用是需要歸納的訓練與學習，將原則性的規定和法定義務運用到實務中。

四、倫理判斷

雖然有許多專業倫理原則，可做爲工作者在提供實務工作過程之參考，可是往往工作者在運用這些倫理原則與價值觀時，會遇到難以決定的兩難或衝突情境。

然而，由於實際情況的多元、複雜與曖昧不明，使得社會工作者在進行倫理判斷（ethical judgement）時往往發生進退兩難或衝突（ethical dilemmas or ethical conflicts）的情形。「倫理兩難」是指當社工者在執行專業服務過程，因無法遵守專業價值、或當遵守某一個價值就會違反另一個專業的價值（Proctor et al., 1993）。羅溫堡和道格夫（Lowenberg & Dolgoff, 1992；萬育維，民八六）提出一套**專業倫理判斷的原則順序表**，讓實務工作者在從事助人服務過程，做爲臨床服務倫理判斷之參考準據（圖 2-1）。

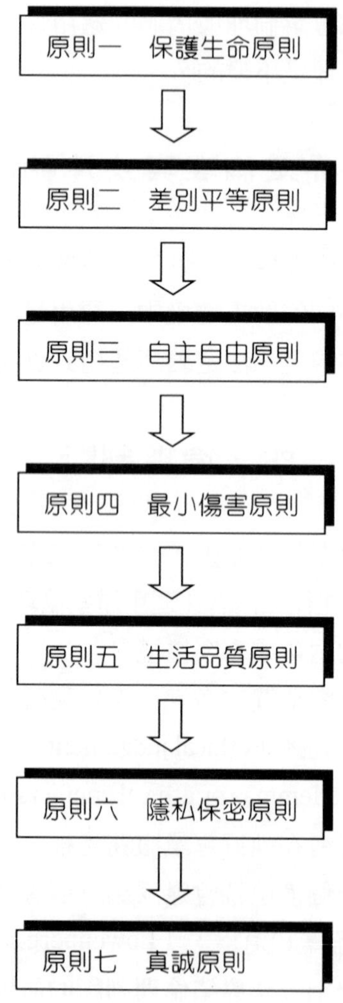

圖 2-1　專業倫理判斷順序表

通常所有個案均適用於一般的倫理守則，可是當這些原則與原則之間產生相互衝突的時候，這套**倫理原則順序表**對實務工作者，就可以發揮實質的功效了（潘淑滿，民八七；萬育維，民八六；萬育維等，民八八）。

雷蒙（F. G. Reamer, 1995b）以格維思（Gewirth）的觀點爲基礎，提出社會工作者在助人過程，面對價值或職責衝突時之六項指南：（曾華源，民八八：61-62，萬育維等，民八八：126）

1. 基本上對抗傷害人們生存如：健康、食物、心理平衡、保護和生活行動的必要先決條件之規則，優先於對抗說謊、洩密或威脅。
2. 個人基本幸福權優先於另一個人的自由權。
3. 個人自由權優先於他自己的基本幸福權。
4. 個人在自願與自由下，同意遵守法律、規則和規定的義務是凌駕於違反這些規定的權利。
5. 在衝突時，個人幸福權利是超越法律、規則和自願組織的安排。
6. 防止如飢餓等基本傷害、推動如屋舍、教育及公共救助等公共善的義務是優先於保護個人財產。

凱蒂漢妮（Kitehener, 1984）認爲社會工作專業人員在提供專業服務過程中，經常會憑著個人的倫理信念系統、直覺思考、或過去的經驗，做爲判斷的準據。但是凱蒂漢妮認爲專業判斷憑直覺是不夠的，需要進一步評估臨界，這種臨界評估稱爲**「倫理明辨模式」**。

在「倫理明辨模式」中，專業判斷是社會工作人員在提供專業服務過程，根據實際情況與個人經驗做出直覺判斷；但是這些直覺判斷卻是需要參酌倫理判斷的標準，才能達到所謂較爲合理的判斷。根據凱蒂漢妮的看法，可做爲實務工作者在提供專業服務過程倫理的考量，包括：

1. 倫理理論：效益論、正義論、義務論、或認知發展理論等與道德相關之理論。
2. 倫理原則：案主自決、保密、公平正義、誠實、接納、獨特性、個體價值等助人原則。
3. 規則：專業倫理規範與守則。

何藍等人（Holland & Kilpatrick, 1991）以直接訪問方式訪問社會工作實務工作者，以參酌效益論、義務論、認知發展論等道德理論，了解實務工作者在提供專業服務過程，**可能影響倫理判斷**之三個向度。**這三個影響倫理判斷的向度，包括：**⑴**在行爲評價方面：重視過程或強調結果；**⑵**在個人取向方面：較傾向自主性和獨立性或重視人與人之相互性；**⑶**在權威方面：內在化權威或外在化權威**。

凡何思等人（Van hoose & Kottler, 1977）擬定一個「**倫理決策流程表**」做爲助人專業實務工作者，在提供助人服務過程之倫理決策參考流程：

1. 識別衝突或兩難問題及問題發生的真實情況。
2. 找出衝突或問題的關鍵所在。
3. 評估關係人的權責和福祉。

4. 參考專業倫理規範和法規、政策和倫理原則。

5. 研擬解決衝突的方案並評估可能產生的後果。

6. 做倫理決定。

羅溫堡等人（Loewenberg & Dolgoff，引自鍾美育，民八一）則針對社會工作專業人員在進行倫理決策時，提出**四個步驟**供實務工作者參考：

1. 自我價值的澄清。

2. 社會價值的澄清。

3. 案主參與決策。

4. 檢討方法的使用。

第五節　社會工作專業倫理之發展

壹、專業倫理的歷史發展階段

社會工作是一種助人的利他行業，其專業權威是建立在助人服務過程中，透過有效的提供適切之服務內涵，來滿足案主的需求。正因爲社會工作服務的對象是「人」，所以在提供助人活動過程，對專業人員行爲的規範與要求就顯得格外重要。

對專業人員在助人活動過程的行為規範與要求，就是所謂的「專業倫理」。社會工作在專業發展的過程中，最先被提出考量的就是專業倫理價值的釐清與界定，其適切性曾多次被提出討論與修訂。可是由於社會工作服務的對象與問題的特質，往往因人、時、地而有異，因此有許多國內、外專家與學者呼籲，社會工作應思考如何因地、因時制宜，落實社會工作本土化（潘淑滿，民八七）。

不可否認的「倫理道德」乃是助人專業的靈魂與基石。一門專業要能不斷茁壯與成長，除了要有完善的專業教育與訓練為基礎，以專業制度與專業組織團體為支柱，更需要有良好的專業倫理素養為助人品質的後盾。每個助人專業都會明確規定，從事該項專業助人活動的實務工作者需遵守哪些專業倫理道德原則；可是，在運用這些倫理原則與價值觀時，往往卻會發生無所適從的現象，這就是所謂的「倫理兩難」或「倫理衝突」的問題。

社會工作專業化的發展，可以追溯至十九世紀工業革命之後，社會變遷所衍生的諸多社會問題，慈善組織的濟貧扶傾工作開啓了社會工作之濫觴。慈善組織會社（Charity Organization Society, C.O.S.）與睦鄰運動（the Settlement House Movement）更是奠定了美國社會工作專業地位的主要兩股勢力。雖然慈善組織會社與睦鄰運動源起的立意，都是針對都市化、工業化所引起的貧窮問題，提出解決方案，然而兩者對貧窮成因的看法與解決的策略迥異。慈善組織會社頗受當時精神分析的影響，對貧窮成因的解釋較偏重於個人特質與道德不足的觀點，所以其解決策略也較偏重於由微視面的個體介入，增強個案或家屬的適應力，而不是以改善社會條件為目標。迴異於慈善組織會社，睦鄰運動對貧窮形成的原因採取完全不同的假設，採取社會環境的巨視觀點、而非個體之微觀觀點來解釋貧窮成因，認為貧窮肇因於不公平的社會。因此，強調只有透過社會改革才能解決社會問題（鄭麗珍，民八七； Dorfman, 1996； Mullaly, 1997）。這種強調個人道德重整與重視社會改革的行動，不僅成為社會工作專業知識的典範，更深深的影響後來社會工作專業的發展。當然，社會工作專業發展的歷史，正也活生生展現了這兩股勢力興衰、消長的關係（潘淑滿，民八八）。

雷蒙（Reamer, 1998）在美國社會工作成立百週年慶中，發表〈社會工作倫理的演進〉（The Evolution of Social Work Ethics）一文，**將百年來社會工作專業倫理的規範、原則與標準分為四個發展時期：道德時期**（the morality period）、**價值探索時期**（the exploration of values period）、**倫理理論形成期和決定期**（emergence of the ethical theory and decision-making period）**及成熟期和危機管理時期**（maturation of the ethical standards and risk management period）（潘淑滿，民八八）：

一、道德時期

在十九世紀末期，在社會工作已經逐漸形成專業之時，對貧窮問題的成因，仍舊歸因於案主個人的道德缺失，較少探討道德本身的理念、專業的倫理原則、或實務工作者之理念與技巧。早期社會工作者主要的任務是幫助窮人，可是當時貧窮往往被視爲是肇因於個人的無能與偷懶，這種將貧窮歸諸於個人人格或道德上的瑕疵在睦鄰運動興起之後，開始有了些許鬆動。睦鄰運動將貧窮問題的成因，採取完全不同的假設，認爲貧窮是因爲社會結構與環境等因素所形成，唯有透過社會行動才能改革現況。

二、價值探索期

雖然二十世紀初期開始，就有部分社會工作者努力探索社會工作的價值與倫理；可是直到五〇年代，才有專家、學者開始對社會工作專業倫理提出嚴厲批判。美國社會工作界曾在一九一九年企圖制訂所謂的社會工作專業倫理守則，在二〇年代也開始有部分社會工作學院開始教授有關社會工作專業倫理與價值的課程。但當時仍是著重於個人道德觀點的層次，直到五〇年代初期，這種重視案主道德的觀點，開始慢慢轉移爲重視專業倫理及價值；也就是說，在半世紀之後，社會工作才開始慢慢發展出屬於社會工作專業的倫理標準與行爲方針。六〇到七〇年代，美國政治、經濟、社會的變化也帶給社會工作專業某種程度的影響，社會工作者開始重視人權、福利權、平等、社會正義等概念與價值，同時社會工作也主張透過積極的社會運動，來改變社會不公平的現象。在這個時期社會工作最關心的是：「甚麼是社會工作的核心價值？」在此一時期，開始對專業的使命與價值有較廣泛的描述與省思，也開始關心社會工作專業價值與個人價值之間的互動關係；換句話說，社工員本身的信念與價值，與案主的價值觀是相互影響的。

三、形成期與決定期

到了八〇年初期，社會工作專業的發展可說是進入了一個嶄新的時期。早期倫理哲學家著重於抽象思考的討論，在此一時期，由於科技進步與福利權、人權、病人權益抬頭，使得對倫理的討論逐漸由理論層次，轉而思考如何落實到真實生活的層次，醫療倫理（medical ethics）與生物（命）倫理（bioethics）成爲許多專業探討的核心。在此一時期，社會工作許多學者開始挑戰既定的、傳統的社會工作倫理相關理論、概念與原則，例如：羅溫堡和道格夫在一九八二年出版的《社會工作實務倫理的決定》（Ethical Decisions for Social Work Practice）、雷蒙在一九八二年所寫的《社會服務的倫理兩難》（Ethical Dilemmas in Social Service）與羅德士（Rhodes）在一九八六年所寫的《社會工作實務的倫理兩難》（Ethical Dilemmas in Social Work Practice）等。在八〇年代中期，社會工作專業倫理探討的議題，著重於社會工作者在提供專業服務過程，在決策過程所面臨可能的倫理衝突或倫理兩難（ethical dilemmas）的情境，這種倫理兩難通常是發生在兩種價值的衝突、或是義務與責任衝突的困境。此一時期最大的特色是，提出具體的步驟，做爲實務工作者在提供專業服務過程遵循的原則與參考。

四、成熟期與危機管理時期

近幾年來，社會工作專業倫理的探討有明顯的成長，全美社會工作專業人員協會（NASW）在一九九六年新修訂的社會工作專業倫理守則，對倫理原則與社會工作實務的標準已有明顯擴增。譬如：在一九六○年第一個採用的倫理守則，只有十四條規則包括：社工員的專業責任高過於個人興趣、案主隱私權等。到了一九六七年增加了「對案主不能有差別待遇」的條文，使得社會工作專業倫理守則共有十五條。到了一九七七年，有人認爲倫理守則的內容空洞無物，因而在一九七九年，再擴增爲八十條社會工作專業倫理守則，對社會工作者在提供專業服務過程的行爲和責任，均有詳細規定之外，並將社會工作實務工作者應該遵守的倫理道德分爲六大項：對社會工作員的行爲和態度、社會工作員對案主的道德責任、社工員對同僚的倫理道德責任、社工員對雇主和服務機構的道德責任、社工員對專業社會工作的倫理道德責任、社工員對社會的倫理道德責任等。在一九九○年之後，曾陸陸續續針對社會工作專業倫理做了小幅度的修正，不過在此一時期，可稱爲社會工作專業倫理發展的成熟時期。

在此一時期，大家共同認定，社會工作專業的使命與價值，包括：服務人群、追求社會正義、關心人類福祉、人際關係的重要性、誠實與責任。同時也指出，在制訂專業倫理守則時，必須同時考慮到三個層次：(1)倫理條文的訂定是否會讓社會工作員做出「錯誤」的決定？⑵社工員面對難以處理的倫理兩難情境時，如何才能適度地提出辯解。⑶不當的倫理處理是如何發生的？又該如何改善（潘淑滿，民八八；Reamer,1998:495）？

在社會工作專業發展的歷史脈絡中，社會工作專業倫理的內涵，已經逐漸由早期強調案主個人倫理道德的層次，轉移到強調社會互動之倫理關係，至努力釐清在不同情境中可能面對之倫理兩難相關問題，進入目前高度科技與資訊文明，可能帶來的助人專業危機管理等議題之關注。

當社會工作實務工作者在面對二十一世紀科技文明、資訊社會與多元文化所帶來的衝擊，自然而然因爲調適問題而衍生出許多的不確定性與焦慮感。而後現代社會所強調的解構專業霸權，強調以消費者權益爲主體，以案主爲中心的去中心化概念，與以經濟掛帥重視個案管理的績效問題，正形成兩股對比的價值意識型態。這兩股價值意識型態，對社會工作助人專業產生不同程度的衝擊。明顯的，以後現代理論爲主的助人專業，讓消費者權益抬頭，可是以績效導向爲主的商業管理，卻主張專家主導一切，這兩者理論的邏輯思維明顯考驗社會工作助人專業倫理的適用性，這就是社會工作在現階段所面臨的危機意識的管理（潘淑滿，民八八）。

貳、社會工作專業倫理的發展新趨勢

自從社會工作演變爲一門專業以來，社會工作師一直關心實務操作的倫理問題。雖然社會工作爲促進社會正義、保護個人尊嚴、平等對待人以及扶弱濟貧，已發展出一套具體之倫理守則，但是隨著迅速之社會變遷，科技進步、醫藥發達以及社會價值觀念之改變，自然引發了許多專業倫理課題之爭論。沒有人確實知道將來的專業倫理會如何改變，因此社工師應注意到將來之趨勢以便修訂社會工作之倫理守則。

在現階段社會工作專業人員面對**七種發展趨勢**可能帶來對專業的挑戰：（李宗派，民八八：51-52）

趨勢一：科技電腦進步所帶來之專業倫理問題

例如：電腦技術之進步牽涉到個人之隱私與敏感資料之保密問題，醫療技術之進步將牽涉到醫療照顧資源之分配問題、生命權之解釋，以及選擇自己死亡之權利等等主題。

趨勢二：經濟繁榮與進步所帶來之專業倫理問題

經濟繁榮與進步將影響到社會財富分配不均，涉及個人之工作權利與領取公共救助之權利，對於這些社會進步與社會變遷，許多社會工作機構應組成倫理委員會來討論難以應付之倫理問題，以及一些教育課程來輔導專業實務者如何面對實務操作之倫理選擇問題。

趨勢三：
社會工作師之就業型態改變所帶來之專業倫理問題

許多社會工作師進入心理衛生領域工作，還有許多私人開業服務，相對地在政府機關之公共社會服務部門與救濟機關之專業的社工人才大為減少，這種趨勢也導致社會工作基本價值與專業使命之爭論，如何運用社會工作倫理原則來解決這些難題？社會工作要強調多少專業資源來支援那些被壓迫與貧窮之案主？要分配哪些資源來服務一些較為富有的案主？要分配多少專業人才來從事心理社會之診療工作？

趨勢四：
社會工作專業組織內部分工所帶來之專業倫理問題

這種內部分工所產生專業多元化、精緻化的結果，可能涉及之專業倫理的實際應用問題。

趨勢五：組織層級間所帶來之專業倫理問題

社會工作師在企業社會工作或是組織中，提供職工福利服務可能遭遇的專業倫理之矛盾。

趨勢六：媒體所帶來之專業倫理問題

社會專業分工後媒體工作者和社會工作者之專業互動（楊孝榮，民八八：232，陸宛蘋，民八八：237）。

趨勢七：宗教倫理所帶來之專業倫理問題

宗教倫理與社會工作專業結合的預期性和非預期性後果的考量。

潘淑滿（民八八）在〈醫療體系中社會工作專業倫理發展趨勢的反思〉一文中曾指出：在二十世紀末的今日，社會工作專業（特別是醫務社會工作）面對消費主義興起與科技文明雙重的衝擊之下，對傳統專業倫理應有不同的思考、反省與檢討。如果社會工作實務工作者以**「消費者中心」**（consumer-centered）取向來提供專業服務時，社會工作實務工作者將會更重視所謂的**「催化的角色」**（facilitative roles）。也就是社會工作者在專業服務過程中，扮演一種模範角色，讓消費者透過角色模擬過程學習如何獨立生活與自主。所以在整個專業服務過程，社會工作者不僅需要教導消費者學習倡導的技巧、有效的溝通策略，更要教導消費者透過監督過程，監督政府決策與立法是否能夠真正符合消費者需求。換句話說，從消費主義的立場而言，在社會工作實務工作者的專業服務過程中，消費者的權益是優於一切的；社會工作者在整個服務過程中，主要扮演的角色是訊息內容告知與提供者，並且堅信消費者的確有能力自我決定，選擇最適當、最有利於自己的問題解決方式（Cummings & Cockerham, 1997；Landau, 1996; Roberts, 1989；張苙雲，民八七）。

在進入二十一世紀的今日，在面對**電腦科技文明**對社會工作助人專業產生的衝擊，也是不可忽視的事實。部分專業人士相信臨床社會工作將會沒落，逐漸為電腦科技所創造的**「虛擬實境」**（virtual reality）所取代，而這種透過電腦網絡虛擬實境，來達到治療功效的電腦科技的衝擊，是你、我所不能預測的；因此，社會工作專業需面對這種科技文明所帶來的衝擊，重新界定工作者與案主的專業互動關係與專業倫理（Zukerman, 1999；潘淑滿，民八八）。

第三章

社會個案工作理論

社會工作專業的發展大多來自實務經驗的累積。自一九一七年芮奇孟提出《社會診斷》一書，使得社會工作正式邁入所謂「專業」之林。在社會工作專業化發展過程，所使用的知識體系與理論體系，大都來自其他的學科，譬如：在一九二〇年以前，社會個案工作的知識體系與理論基礎大都來自社會學、政治學和經濟學等學科；但是在二〇年代到三〇年代期間，精神分析心理學和精神分析學，卻躍為社會個案工作主流知識體系與理論基礎；而四〇年代，社會個案工作卻又開始逐漸回歸到強調社會、人文的觀點，而其所採用的理論觀點與知識體系也愈來愈多元，如：人類學、社會學和社會心理學等專業知識體系的運用；在六〇年代，社會個案工作更進一步整合巨視觀點如：政治學、經濟學和公共行政等知識體系，從社會結構的觀點來思考社會貧窮的問題；七〇年代之後，生態系統理論的興起，充分結合不同理論觀點與知識體系，更是充分說明綜融式社會個案工作的理論發展取向。八〇年代之後，社會工作專業化之初，珍・亞當（Jane Addams）所強調的透過倡導（advocacy）與社會行動（social action），來達到案主的「充權」（empowerment）的目的之觀點，更是引起社會工作專業者的省思；隨著新社會運動（New Social Movement）的興起，社會個案工作更無法自免於女性主義與後現代主義的知識體系與理論思潮的衝擊。九〇年代的社會個案工作可說是逐漸邁向所謂「折衷主義或綜融學說」（selective eclecticism）的觀點（Abramovitz, 1998; Reid, 1998; Skidmore, Thacke-ray & Farley, 1994）。

何謂**「理論」**（theory）？根據《社會工作辭典》（Social

Work Dictionary, 1991）的定義：**理論是指與一特定主題有關之一組相互關聯的假設、概念或構念**（p. 236）。提姆斯（1959）有鑑於社會工作界，常將理論、原則和概念等名詞混淆，主張**將社會工作的理論分為二大類**：(1)理論素材是來自其他學科，例如：心理學、精神醫學、醫學和社會學等，稱之為**基礎理論，**例如：系統理論、情境理論、溝通理論、小團體理論、偏差理論和角色理論等皆是；(2)理論素材是來自實務經驗的累積，稱之為**實施理論，實施理論又稱為助人模式或理論架構或社會工作理論**（Compton & Galaway, 1979；Dougalas, 1979； Siporin, 1989；黃維憲等，民八四）。本章僅就芮奇孟以降，到二十世紀末有關社會個案工作之理論流派做一完整介紹。

第一節 功能學派個案工作理論

功能學派個案工作（The functional approach）起源於美國賓州大學社會工作學院。當時，佛洛依德心理分析的觀點主導了社會個案工作的觀點，功能學派受到心理分析「人性決定論觀點」（deterministic view of man）的影響，認為個人的發展是深受早年經驗影響，而且潛意識主宰了個人的發展，所以專業助人者所能做的其實是微乎其微。一九二〇年代，佛洛依德的門徒蘭克（Otto Rank）倡導「自我心理學」（ego psychology），**強調人是自己的創造者，主張每個個體都具有支配性的內在潛**

能，這種內在潛能稱之為「意志力」（will），社會個案工作者透過助人專業關係與不同時間階段的運用，提供心理的幫助，將受助者之潛能激發出來。

蘭克的心理學理論提供功能學派的個案工作的心理學及過程基礎，除此之外，功能學派的理論觀點亦受塔非（Jessie Taft）與羅賓森（Viginia Robinson）的影響。**塔非倡導「運用機構功能」（use of agency function），強調機構功能與助人過程之關係，使得賓州大學博得「功能學派」之名；而羅賓森進一步將該派理論與觀點運用到社會工作教育與實習督導過程**（林萬億，民八五；廖榮利，民八六）。

壹、功能學派個案工作之特質

功能學派個案工作具有三種特性（呂民睿，民八七；黃維憲等，民七四；廖榮利，民八七）：

一、了解人的本質

個人的一切是由**意志力**所決定，個人可以透過專業關係的運用，達到自我不斷改變與創造的目的。因此，功能學派認為改變的重點不在於社會工作者，而是在於受助者本身；個案工作者可以善用專業工作的專業關係與過程，來協助案主增強自我意志力，最後達到自我改變、自我成長的目標。

二、了解個案工作的目的

個案工作的主要目的不是處遇（treatment）而是助人（helping）。換句話說，個案工作不是對個人或家庭提供社會心理處遇的一種方式，而是透過對案主心理之了解，在可利用的機構服務的助人過程中，利用心理了解和工作技術，所提供的一種特定的服務方法。

三、講求個案工作實施程序

個案工作是一種協助過程，透過此種過程、機構才能提供服務，而受助者和工作者雙方必須相互合作，才能尋求適當的方法，以開始、維持及結束雙方的關係。

貳、功能學派個案工作之目標與價值

功能學派個案工作認爲所有社會工作的目標，皆是在發揮個人與團體潛能，並健全社會制度，使所有的人都能達到個人滿足與自我實現的目標。在此種服務目標之下，所包含的價值觀有三種（黃維憲等，民七四）：

1. 尊重個人尊嚴與價值。
2. 重視機會平等：每個個體都應該有機會發展自我能力，做一個自我滿足與對社會有貢獻的人。

3.視社會爲一整體：社會是一整體的，可透過政策與機構，開創機會與支持個體自我實現的機會。

參、功能學派個案工作之實施原則

功能學派大師史梅莉（Ruth E. Smalley）綜合功能派社會工作的五大原則，這些原則不僅適用於個案工作，同時也可運用於團體、社區工作：（呂民睿，民八七）

原則一：診斷與了解受助者情況

社會工作者對案主問題的診斷是隨著服務過程不同時間階段（開始、中間與結束階段）而不斷修正，案主需積極主動參與診斷過程，社會工作者需針對案主之社會環境和心理問題，了解並診斷，並隨著不同時間發展過程修正診斷，並提供適切之服務。

原則二：善用服務過程不同時間點之效能

任何社會工作服務之效能（effectiveness），將因工作者有意識的使用時間階段（開始、中間與結束階段）的特質，而使案主的潛能得到充分發揮。在開始階段，工作者應運用嘗試性的服務內容；在中間階段，工作者必須逐漸增強案主參與程度與其責任感；在結束階段，工作者服務重點應著重於案主的工作成就。

原則三：善用機構功能與專業角色

工作者應**有效的運用地方資源**如：醫療、教育、宗教、社福和企業機構等資源，並善用工作者專業之角色，充分發揮其專業功能，提供具體、確切的服務。

原則四：注重服務之結構與形式

工作者有意識地使用結構（structure）**要素，增進工作服務效率**。結構要素包括：選擇適宜的晤談時間、地點、參與人數與程序，並且制訂明確之規則或政策，使受助者有所依循，機構功能也將因各種結構要素不同，而有不同的服務資源。

原則五：善用專業關係的發展

個案工作過程必須善用專業關係，經由案主對其本身生活情境的感受和經驗，引導案主重建新自我。

第二節　心理暨社會學派個案工作理論

心理暨社會學派個案工作緣起於芮奇孟《社會診斷》一書，直至一九三七年，漢彌爾頓在〈個案工作之基本概念〉（Basic Concept in Social Casework）一文，首次將此派理論有系統的闡釋，發展為「心理暨社會學派」（Psychosocial approach）個案工作，又稱為「診斷派」個案工作。後來，哥倫比亞大學教授哈里絲（Florence Hollis）將其理論觀點發揚光大，成為美國當代最具有影響力的個案工作理論學派（林萬億，民八五）。

壹、心理暨社會學派個案工作之特性

心理暨社會學派個案工作具有下列幾項特性：

一、系統理論的觀點

心理暨社會學派個案工作主要是**將系統理論運用於個案工作過程，主張對個人問題的了解必須由「人在情境中」觀點著手，強調個人的行為同時是由個體內在心理與外在環境交互互**

動的結果。因此，對案主問題的評估與處遇需由整體層面、多元面向著手（Hollis, 1963:10-11）。臨床工作者對於案主**心理因素（psycho-）層次的評估**，可包括：人格、適應策略、智力能力、自我功能等因素；而**社會因素（social）層次的評估**，則包括：家庭史、同儕關係、物質環境、人際互動與社會制度。當然，視個案情況而定，決定是否應該包括個案的**生理因素（bio-）層次之評估**。所以說心理暨社會學派個案工作是一種整體（holistic）、複雜（complex）、又非常有彈性（flexible）的個案工作理論觀點（Dorfman, 1996；林萬億，民八五；呂民睿，民八七）。

二、個別化服務的原則

心理暨社會學派個案工作**強調遵守個別化（difference）處遇的原則**，認為工作者須針對個人情境進行差別化的診斷策略，才能依據案主不同需要與問題情境，提供適切、有效的處遇計畫，才能達到所謂的個別化處遇原則。

三、強調個人與家庭早年生活的重要性

主張個人過去生活經驗會影響現在行為表現，所以了解個人過去的經驗有助改變案主之現狀。除此之外，心理暨社會學派個案工作亦主張在診斷和評量過程，應對案主進行「社會調查」（social study），也就是參考多方訊息推論問題成因，並

由案主人際互動關係中，檢視其「失功能」（dysfunction）的性質及造成此困擾的原因（Hollis, 1970）。

四、專業關係的重要性

在整個專業工作過程，工作者除了謹慎評估合適的處遇方法之外，最重要的是必須和案主建立良好的處遇關係。

貳、心理暨社會學派個案工作的實施程序

心理暨社會學派個案工作的實施程序包括：心理社會調查（psychosocial study）、診斷與處遇三部分。下列逐一說明三種程序：

實施程序一：初次會談與社會心理調查

初次會談因處遇模式不同而不同，可包括一至六次不等的會談，會談主要任務有下列幾項：

1. 了解案主對其問題看法及求助動機，並發掘案主的問題，決定是否給予幫助。
2. 建立工作者與受助者之專業信任關係，使案主對工作者之善意與能力產生信任，以便進一步接受工作者之協助。
3. 建立工作契約，工作契約內容應包括：服務性質、尊重案

主的自決權、激勵案主求助動機，以及擬定處遇計畫。

4. 從事心理社會調查，調查項目應包括：問題呈現、對案主之描述、問題情境、個人發展資料與家庭資料等。

5. 開始進行處遇工作，在可能範圍之內讓案主感受受助的感覺，並減輕案主的焦慮、恐懼、罪惡感、無價值感等不舒服的感覺。

實施程序二：診斷

診斷是指整理、歸納與分析由社會心理調查過程所收集的資料，以便對問題性質作一推論，而決定適合案主情況的服務及處遇方式。心理暨社會學個案工作之診斷過程是一種持續不斷的過程，應隨著了解程度不同而不斷修正，因此在此過程之診斷可以說是「暫時性」的診斷。診斷是社會工作人員對待受助事項與問題性質做確認，同時進一步了解案主的家庭環境、心理動力、生活經驗、行為特質，並進一步評估案主接受協助之意願與動機。

診斷程序大約可以區分為三種主要類型（黃維憲，民八四）：

㈠**動態的診斷**（dynamic diagnosis）

從系統理論的觀點了解案主和他人及其他系統之互動關係，評估當一部分改變，將會引起哪些部分的改變，或某一系統將如何影響其他系統。

㈡病因學的診斷（etiological diagnosis）

病因學的診斷，主要是在探討造成案主目前問題與適應不良的主要因素，心理暨社會學派認為案主問題形成的主要原因是多重的。

㈢臨床診斷（clinical diagnosis）

針對案主功能層次，逐一了解、並評估影響臨床診斷的可能因素。

社會工作人員對案主問題進行診斷過程時，應注意之事項包括：

1. 以家庭為評估單位，了解家庭之社會功能的強弱。
2. 以社會功能為評估的基礎：
   ⑴了解家庭中個別成員之自我功能（ego functioning）。
   ⑵防衛機轉（defense mechanism）之運用。
   ⑶超我功能（superego functioning）。
   ⑷各種衝動、慾望之特質。
   ⑸臨床印象（clinical impression）與依據。
3. 思考需何種進一步的資料以便澄清問題。
4. 找出可以增強或改善問題與社會功能之個別、家庭或環境之資源。

實施程序三：處遇

心理暨社會學派個案工作之處遇在第一次會談時即已展開，處遇的主要目標是在幫助案主面對其所面對困難的情境，增強案主的社會功能，滿足案主的需求，增加案主實現期望之機會與能力。

第三節 問題解決學派個案工作理論

問題解決學派個案工作是在一九五〇年代由波爾曼（Helen Harris Perlman）所創，她所寫的《社會個案工作：問題解決程序》一書成爲該派的代表著作。在當時功能學派與心理動力學派觀點備受爭議，許多人企圖整合出個案工作的知識與理論的新途徑，問題解決學派個案工作應運而生。問題解決學派個案工作理論是診斷學派的分枝，同時採借功能學派的實施觀點、自我心理學理論、與存在主義的哲學觀點等綜合而成，所以問題解決學派個案工作可以說是傳統個案工作方法的新模式。

壹、問題解決學派的基本概念

問題解決學派個案工作是將自我心理學（ego psychology）轉化爲行動原則，因此對個案工作定義如下（Dorfman, 1996: 12）：

> 一個人（a person）為一個問題（a problem）所困，向特定地點（a place）尋求協助，並由專業社會工作者運用助人過程（a process），增強個人問題解決的能力，並提供問題解決過程所需之資源（Perlman, 1970: 138）。

在上列對社會個案工作的定義中，波爾曼標示出個案工作的四個重點，稱之爲 4P's。問題解決學派個案工作所指涉的 4P's 是指個人、問題、地點和過程等四個元素（Dorfman, 1996；林萬億，民八五；黃維憲，民八四）：

一、個人

問題解決學派視個人人格爲一種開放系統，在某一階段的人格，指示一種先天和後天互動的暫時性產品。個體有能力不斷接受外界刺激並做反應，同時修正原有的人格體系，個人在人生過程，雖然會不時遭到問題挑戰，但終究有其目的和意義。所以個人是在不斷的改變過程追求成長與人生意義。當案主與工作人員接觸，案主面對如此新刺激，會因而產生改變，根據本身需求進一步向外求助。

二、問題

問題解決學派個案工作主張問題是源自於個人社會功能出現問題。但是在社會個案工作專業助人過程，問題的認定是由工作者和案主雙方共同來認定。工作者必須體認到案主問題的成因是複雜、多元的。除此之外，問題解決學派個案工作亦主張工作者在協助案主解決問題過程中，除了應協助案主認清問題，爭取案主合作與激發其動機之外，在問題解決過程也應該秉持著「部分化」（partialization）處理的原則。

三、地點

問題解決學派個案工作的「地點」是指運用個案工作方式，協助個案解決問題的機構或組織。每個機構都有其特定之目標、功能與服務範圍，故機構或組織在提供專業服務過程，僅就其可提供之服務範圍內提供協助。

四、過程

工作者對案主的協助過程，必須建立在處遇關係之上。所謂「處遇關係」是指求助者與協助者基於信任與關懷所建立的一種互動關係，工作者經由這種專業關係互動過程，有效的整合物質資源與機會，協助案主解決問題，促進案主人格之發展。

總而言之，問題解決學派個案工作是由工作者以尊重與關懷的態度，協助案主處理其個人問題。工作者在專業互動過程，提供不同程度的支持與服務，透過這種專業關係的互動，降低因問題壓力影響個人功能的發揮，澄清對問題的看法及對個人的了解，經由對問題有效解決過程，增強自我功能，以避免問題重現。

貳、問題解決學派的基本假設

問題解決學派個案工作理論，對於人性與案主問題成因持有兩種基本假設（basic assumptions）：

一、人生就是一連串解決問題的過程

每個人的日常生活其實就是一連串的問題解決過程，從出生到死亡我們會不斷運用問題解決的方法，來獲取快樂、酬償、

安定、舒服以及良好適應，而盡量避免痛苦懲罰、偏頗不安或不能適應的情形發生。其實，在日常生活中當個人在自覺或不自覺的情況下做決定時，就是在運用「自我功能」（ego functioning）進行選擇、判斷、認知與控制問題。由於不斷反覆運用的結果，使得每個人都有一套屬於自我的問題調適模式。

二、問題無法解決不是因為病因或自我功能薄弱

假如一個人無法運用慣用的問題解決模式來處理問題時，其主要原因係導因於**缺乏動機**（motivation）、**能力**（ability）**不足或機會**（opportunity）**不足**，所以必須藉由機構所提供之物質、社會和心理的協助才能有效解決問題。不認爲問題無法解決是因爲病因（sick）、自我功能薄弱（weak ego function）或人格失常（personality malfunctioning）（呂民睿，民八七）。

參、問題解決學派個案工作的目標

對於問題解決學派個案工作而言，工作者可以透過下列三種可行途徑，提供各種服務以達到下列目標：

一、引導並增强案主尋求改變的動機（motivation）

工作者在整個專業服務過程，有些案主往往因爲缺乏能力而產生高度焦慮，甚而影響其自我功能之發展，工作者可以透過支持性服務，透過信任的專業關係，增強案主的自我功能與尋求改變的動機，使問題得以解決。

二、發揮與培養案主心理—情緒—行動能量（capability）

協助案主透過演練過程，培養案主自我功能內在認知、理解、判斷與實際行動能力。

三、提供案主解決問題時相關之資源與機會（resource and opportunity）

問題解決過程主要在協助案主解決問題時所需之資源與機會，使案主能充分發揮並扮演適當之角色。

肆、問題解決學派個案工作之程序

第一步驟

協助受助者把生活適應上的一些事故（incidents）和行爲型態中的偏差傾向（episodes）連接起來，以發覺他的不良行爲型態之問題所在。

第二步驟

協助受助者覺察並認清他生活適應方面各種意識上（conscious）和下意識（preconscious）上的不滿足和滿足的不同感受。

第三步驟

協助受助者連接他早年不良的情緒經驗和當前的行爲表現之關係所在，尤其他的過去情緒生活經驗對目前行爲功能的不良影響。進一步促使受助者減除過去情緒生活經驗對現實行爲表現的衝擊力量。

第四步驟

受助者善於運用他所獲得的了解和力量，一方面對目前各方面的行爲可以有效支配，另一方面並可對其可預見的將來的生活情境加以預估和控制。

第四節　行為修正學派個案工作理論

行爲學派（Behavioral approach）起源於二十世紀初期，直到一九五〇年才受到心理學界普遍的重視，成爲個案工作重要的理論流派卻是最近一、二十年之事。**行爲學派個案工作**（behavioral approach casework）迥異於前面所提的個案工作理論流派，強調以社會學習理論之觀點爲基礎，不重內在心理動力、潛在動機或自我功能的影響，反而重視外在環境對個人行爲的刺激、制約與改變的效果，因此主張對個人行爲應給予治療和訓練。

壹、行爲學派個案工作的基本派別

行爲學派主張由學習理論來了解可被觀察的行爲，但行爲學派並不是一個統一的知識體系，基本上可歸類爲三大派別（Schwartz & Goldiamond, 1975:11-15）：

一、反應制約導向 (The respondent conditioning orientation)

反應制約導向之行爲學派個案工作又稱爲**古典制約或帕弗洛夫（Pavlov）行爲學派**。此學派強調**「刺激→行爲反應」（stimulus-produces-a-response）的模式**，認爲行爲反應必須是由刺激所引起，反應的性質也往往因刺激性質不同而有不同。任何行爲的學習都是透過刺激與行爲反應之連結所產生，所以也可以透過學習概念來強化或消去原有之行爲。此學派觀點常被運用於**「系統減敏感法」**及**「自我肯定訓練」**過程，來幫助案主建立新行爲或消去原有不好之舊行爲。

二、操作制約導向 (The operant orientation)

「操作制約」又稱爲**「工具制約」**（instrumental conditioning），由史金納（B. F. Skinner）及其門生所發展出來的觀點，主張行爲模式是否能建立及行爲模式的方法，均由行爲結果來決定。換句話說，行爲反應是由反應結果（response dependent）來決定。有些行爲的結果會維持行爲持續發生次數，但是有些行爲的結果，卻反而削弱了行爲反應，甚至消除了此種行爲，所以只要掌握行爲改變的結果，就可以改變行爲。

三、社會學習導向（social learning orientation）

社會學習論是由**班度拉**（A. Bandura）所提倡。班度拉認爲**行爲反應的建立其實是不需要經由制約過程來建立或消除，行爲的建立只要經由觀察過程或模塑過程**（modeling）**學習即可**，所謂模塑過程就是觀察學習和模仿的過程。模塑過程對於社會個案工作而言，有許多發展潛力，**「角色扮演技術」**是根據這種觀點發展出來的重要技術，常被運用於社會個案工作過程，例如：兒童可以透過觀察他人行爲過程，了解行爲之因果關係，並進一步學習適當之行爲（林萬億，民八四；黃維獻等，民八五）。

上述反應制約、操作制約或社會學習論三種行爲學派導向之間，有下列三項共通性（commonalities）（Schwartz et al., 1975:14-5）：

㈠以動物實驗研究為背景

三者均以動物實驗爲背景，當以動物爲實驗對象時，助人專業所重視的「頓悟」（insight），就無法適用於解釋動物行爲的成因。

㈡行為學派實驗步驟是建立在實證資料之上

行爲學派對行爲改變的步驟是建立在實證資料之上，所以案主的行爲和事件之關聯，最好是在研究者控制之下；即然個案的經驗是可以改變的，那麼經驗當然也可以扭轉。

㈢明確界定當前個案問題之行為

行爲學派應用的前提是建立在對當前問題明確界定的基礎之上，才能進一步界定治療之目標、步驟、觀察與測量之標準。

貳、行爲學派個案工作之基本假設

從上述不同的理論流派，可以看出行爲學派的基本假設（basic assumptions）有下列幾點（Thomas, 1977；林萬億，民八四；黃維憲等，民八五；廖榮利，民八六；）：

一、強調可觀察之行為

行爲學派重視可觀察之行爲，認爲行爲的變化係因爲個體的成熟、學習與中樞神經的變化而來，其中尤其重視學習而來的行爲。所以以學習理論爲基礎，運用各種行爲修正技術，消去舊行爲，增強新行爲之建立（林萬億，民八四：129）。行爲學派與心理動力學派最主要之差異，在於以可觀察與可量化的行爲爲評估與治療主要的目標，其結果較爲客觀、可信。

二、行為可分為操作型與反應型行為兩種

操作行爲（operant behavior）又稱爲隨意行爲（voluntary behavior），是可由個人意識控制，主要是行爲結果會影響行爲是否再次出現，以及出現頻率。反應行爲（respondent behavior）又稱爲不隨意行爲（involuntary behavior），該行爲不是可以由個人意識所控制，行爲反應是因爲刺激所引發生理改變而產生，如：焦慮反應，這些並非個人意識可控制的。行爲類型的劃分，成爲行爲學派個案工作理論與治療技巧主要依據。

三、行為持續存在有其必要條件

行爲持續存在有其必要條件，此必要條件爲引發行爲的前因與維持行爲存在的效果反應，二者缺一不可。所以如欲消除行爲時，必須針對此二種必要條件，缺一不可；換句話說，與行爲相伴出現的前因後果是行爲學派治療與評估的主要指標。

四、重視與問題有關的當前行為

行爲學派所重視的是與問題有關之當前行爲，稱爲「偏差行爲」或「症狀」，直接以偏差行爲症狀作爲治療對象，但是行爲學派不認爲症狀或問題是潛在症狀的表徵。雖然不否定過去生活經驗對當前行爲學習的影響，但行爲治療或行爲修正的

主要目標，仍以當前具體可觀察的行為為目標。

參、行為學派個案工作之特質

行為學派個案工作主要有下列幾項特點：

一、服務重點限於可觀察之行為，避免對人的行為主觀的推論。

二、將人的行為類型分為具有自主性的操作性行為與非自主性的反應性行為。

三、強調工作者對行為反應之操作，認為唯有對行為反應加以操作，始能達到控制操作性行為的目的，若消除先前引發反應行為之刺激，則可控制反應行為本身。

四、在診斷與評估案主問題行為時應找出其前置因素；換句話說，在對案主問題提出診斷與處遇過程，工作者應全力找出問題行為的因果關係，也就是找出有相關、直接的前導因素。一旦選定某部分問題行為當作修正的標的行為之後，工作者視情況而改換此標的行為之前導刺激物，或是重新安排此標的行為之後果，逐步導致此標的行為產生改變（呂民睿，民八七）。

肆、行為學派個案工作之技巧

行為學派個案工作既然以削弱不適應行為或增進適應行為

爲主要目的，那麼這種削弱某一種行爲、建立另一新行爲的技術，往往會因爲所使用之行爲學派之導向不同，而有所差異。基本上，可將行爲學派所使用的行爲修正技術區分爲二大類（林萬億，民八四）：

一、操作型技術（operant-related techniques）

此類型技術是根據操作制約理論觀點所設計，大約包括六大類：

㈠正增強（positive reinforcement）

當目標行爲出現時立即給予獎勵（reward），用以增強行爲出現之頻率。

㈡負增強（negative reinforcement）

當目標行爲出現時就將嫌惡刺激去除，可以減少行爲出現的次數。

㈢消除（extinction）

對於目標行爲出現時給予忽視，不做任何反應，藉以減少該行爲發生次數，甚至消除該行爲。

㈣差別增強（differential reinforcement）

當目標行爲出現時給予正增強，而欲消除之行爲出現時給予忽視、不做任何反應，如此不僅可增強所欲建立之行爲，同時也可以消除不欲建立之行爲。

㈤**形成反應法**（response shaping）

將欲達到之目標行爲分爲不同步驟達成，每達成一個步驟，就給予獎勵，以助長新行爲之建立，在每次新行爲出現時，就給予增強，使新行爲不至於消失。

㈥**處罰**（punishment）

當要消除之行爲出現時就給予嫌惡刺激，以減低行爲反應發生之頻率。

二、反應型技術（respondent-related techniques）

在所有反應型技術中最常被運用於個案工作之技術爲「**系統減敏感法**」（systematic desensitization），此一方法是採**有系統的減除受助者不安焦慮的方式，所以工作者必須和案主建立目標行爲，將不安行爲依其程度分爲幾個階段**。首先，工作者先以肌肉鬆弛法建立與焦慮不安相反的生理狀態，然後再讓案主輕鬆面對焦慮刺激。當案主對輕度焦慮不發生反應之後，再以同樣方式面對較強的焦慮，以此類推，直到案主對強烈焦慮刺激沒有反應爲止。

伍、行爲學派個案工作之步驟

運用行爲學派理論觀點進行個案行爲治療與評估工作時（Procedure for the Assessment and Modification of Behavior in Open Settings, PAMBOS），包括十五個步驟（林萬億，民八四；呂民睿，民八七）：

一、明列主要問題與焦點行爲（focal behavior），主要問題行爲的列舉可來自案主個人感覺、陳述或工作者的觀察。

二、案主與工作者取得一致協定，選擇需要立即處理之問題行爲。

三、確定案主合作意願。

四、將問題明細化，詳細討論特定問題，並將相關範圍包括進來。

五、製作問題行爲的基線、紀律問題行爲發生的頻率、屬性與持續的時間，所有的紀錄應盡量以量化方式表現。

六、確定問題行爲可能之控制情境。

七、評量環境中可利用之資源。

八、確定行爲修正計畫之目標行爲。

九、設定行爲修正計畫。

十、治療計畫實施。

十一、評量治療成效。

十二、維持行爲修正後的效果。

十三、執行維續計畫。

十四、檢驗維續計畫的效果。

十五、個案追蹤。

第五節 危機調適模式個案工作理論

危機調適模式（crisis-oriented short-term approach）是一種以短期處遇爲導向的工作模式，強調運用心理動力與自我心理學之理論概念，來協助個人心理與社會功能失衡之案主，藉以影響其人格調適與社會功能之增強。何謂**「危機」**（crisis）呢？危機是指一種足以改變生活適應能力的環境壓力，適應能力或性格較弱的人，常對危機產生偏激的反應，形成一種生活適應的崩潰狀態。「生活危機」與「生活壓力」二個名詞經常交互運用，因爲生活危機大多由明顯的生活壓力形成之故。

杜威（Dowey, 1969）認爲危機是指一種事故所引發的明顯的轉捩點，換言之，「危機」意味著「轉機」。桑德森（Theodorson, 1975）則將**「危機」**定義爲：**一個人或一個群體，在正常生活方式中所產生嚴重的擾亂事故**。這種擾亂事故，往往是當事人料想不到的情境，足以造成當事人無法克服之困難，因此，必須藉由危機的體驗，發展出新的思維模式或行動策略。「危機處理」（crisis management）對現代人而言，可以說是一項重要的課題。

對於處於危機狀態的人所提供之快速與短暫調適式的專業服務即稱爲危機調適。因此，**「危機調適」**（crisis intervention）

是一種助人的過程（helping process），由工作者對處於危機情境，正面臨社會與心理功能不平衡的個人、家庭、團體或組織，都能學習運用安全和健康的方法，來解決引起危機之壓力情境問題。在現代社會中，每個人在一生之中多多少少都會經驗到危機生活事件，因此，危機調適就成爲現代人學習的課題。

壹、危機調適個案工作之基本概念

危機調適模式並不專屬於哪一種特定的學科或專業體系，其理論體系主要是建立在心理動力與自我心理學理論之基礎。首先將危機理論運用於社會工作實務工作爲雷波特（Lydia Rapoport, 1970）。雷波特整合自我心理學及其他社會科學之知識，運用於社會工作實務中，認爲危機理論對社會工作專業而言，不僅適用於個人、家庭，也適用於一群人。危機調適理論運用的主要對象是實際生活適應有困難的個體或家庭，工作者必須以即時、快速、明確而敏銳的方式去了解和協助。

除了雷波特之外，古蘭（Naomi Golan, 1978）對危機調適（干預）模式（crisis intervention model）和危機理論之發展，有明顯的貢獻。古蘭在一九七八年出版的《危機情境的處遇》（Treatment in Crisis Intervention）一書，很清楚界定如何運用危機調適模式於不同社會工作實務情境中進行處遇工作。直到一九八〇年代，這種以危機調適爲主的短期處遇工作模式，已經普遍的融入社會工作實務中（Dorfman, 1996: 22-23）。

古蘭所提出的危機調適（干預）理論模式個案工作主要之概念如下（周玟祺、葉琇珊，民八四）：

一、危機事件之定義

每個人、家庭、團體或組織在一生當中，都會遭遇到危機事件（hazardous events）。所謂「危機事件」是指促使危機發生的主要問題、或一系列的難題。

二、危機事件之類型

危機事件可能是可以預期的如：青春期、結婚、就業或搬家等，也可能是不被預期的如：離婚、死亡、地震、車禍或臨時意外事故等。

三、危機與壓力之關聯

當危險事件造成損失時，便產生脆弱、易受傷害的狀況（vulnerable states）。當面對危機的個體可以應付危機狀態時，就稱爲平衡狀態。問題未解決之前內在緊張度就會升高，而且造成當前危機的混亂情況。

四、危機與調適

若日常生活中的平衡狀態受干擾，就會嘗試以平常方法處理，若是失敗了，就會需要以新的方法解決問題。若新、舊方法兩者都無法解決問題，就會造成緊張和壓力。如果處理危機事件之經驗愈多，解決問題的策略就愈多，所以較不會引發危機；反之，如果過去處理危機的失敗經驗愈多，就愈易陷於危機，難以自拔。

五、壓力事件的評估

工作者傾向於將觸發因素視爲是案主問題之主因，但其實這些觸發因素可能只是造成壓力事件的某一點而已，並不是真正造成危機的主因，所以工作者必須仔細評估造成壓力的相關事件，對案主的意義。

六、危機調適是一種短期的處遇模式

所有的危機應該都可以在六至八週之內獲得解決，所以是一種短期處遇模式。

七、受助者意願與動機

在危機發生時通常案主都比較願意接受協助，在危機過程，工作人員進行處遇工作，也較容易成功。

洛克頓（Lukton, 1982）認為用「人在危機的情境中」（person-in-crisis-situation）的概念取代「危機」一詞，反而較為適切。因為當工作員面對案主時，應整體考慮案主所處之情境，了解案主生命發展過程之意義，並仔細評估壓力形成過程及壓力對案主生活之意義。透過有效的學習過程，協助案主解決問題，並學習新策略，以免未來容易發生危機狀況。圖 3-1 說明危機調適是一種助人歷程，主要在幫助處於危機狀況之個體能充分運用安全、健康的方法，成功的解決生活事件引發之危機事故。

貳、危機調適個案工作之目標

從實務工作的層次來看危機調適模式個案工作，可將此一短期處遇模式之工作目標歸類下列幾項：

一、增加個人危機調適能力

危機調適工作模式主要之目標是增進個人、家庭、團體或組織之適應能力，並預防類似危機情境發生時，能進一步有效的調適，以增進社會生活功能。

二、危機調適效果因人而異

工作者必須了解有些人在面對危機壓力情境時，由於本身能力或條件的限制，所以危機調適只能幫助案主回復到原有的適應能力。對某些人而言，危機只是反映部分問題，所以危機調適不但不能協助回復原有的適應能力或增強適應能力，相反地，卻只能退而求其次，在比較差的適應能力範圍之內，做有限度的危機調適。

參、危機調適個案工作之干預策略

古蘭認為「任務」在危機調適干預過程是最重要的目標，她認為任務是案主為了達到生命再整合過程所必須經歷的情緒、社會角色或行動過程。古蘭（1978）強調運用情緒認知觀點於危機調適模式處理過程，其所提出之危機調適（干預）模型個案工作如表 3-1。

古蘭情緒認知之危機調適模式有下列幾項干預策略：

1. 探求各種可能減輕或解決壓力問題之選擇。
2. 協助案主選擇一種有效的壓力調適方式。
3. 確定危機調適之策略。

4.運用此項危機調適方式來減輕壓力。

5.學習有效的危機調適策略。

雷波特（Rapoport, 1970）傾向運用心理動力概念於危機調適過程，著重案主情緒衝突相關之問題，主張危機調適分為兩個層次：

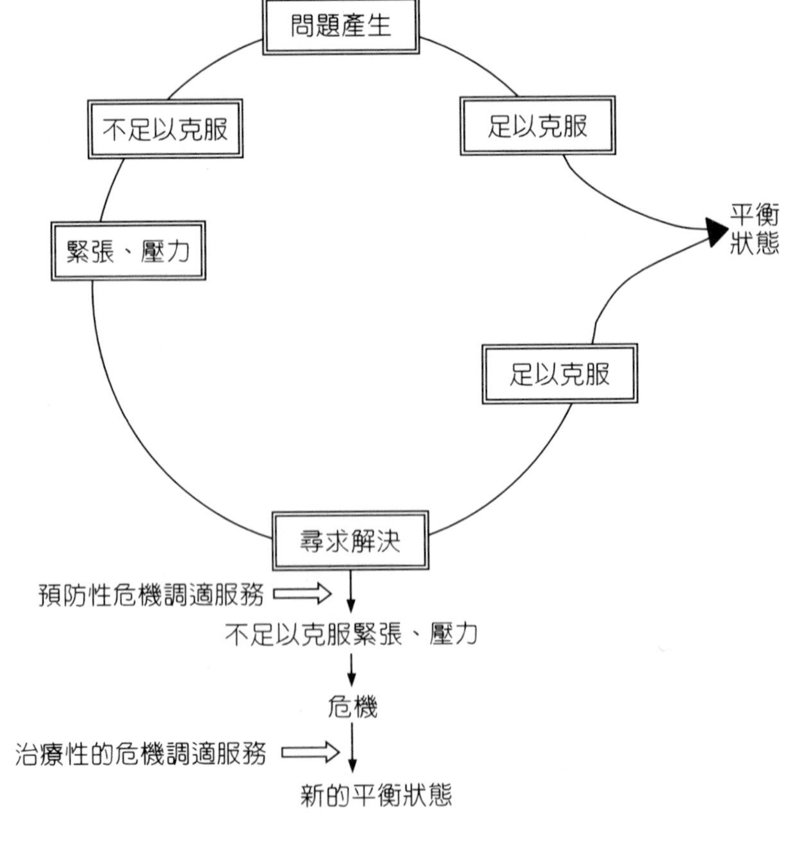

圖 3-1　危機調適歷程

第一個層次：工作者主要之目標

1. 先緩和症狀。
2. 使案主恢復或增進前一級的功能。
3. 協助案主了解形成危機之原因。
4. 協助建立家庭與社區之支持系統。

古蘭認為運用短期危機調適於個案服務過程，每個階段個案工作服務之目標與評估重點仍應清楚區分。古蘭將危機調適個案工作過程區分為三個階段：

(一)開始階段

1. 會談期間

第一次會談。

2. 會談目標

(1)以危機情境為重心，重視此時此刻的原則。
(2)引導案主表達情緒，待案主情緒平穩之後，再對危機事件進行探討與了解。
(3)發現導致危機事件之問題。
(4)評估危機事件可能導致的困擾與影響。

3. 評估重點

在此一階段著重於危機問題之評估：

(1)評估環境因素與問題之優先順序。

⑵決定主要問題與次要問題之先後次序。

4.契約訂定

由工作者與案主共同確定主要之目標與任務。

㈡中間階段

1.會談期間

第二到第六次會談。

2.會談目標

⑴收集與危機問題相關之資料。

⑵收集被遺漏之資料。

⑶交互檢查資料不一致之處。

⑷選擇適當探討之主題。

3.行為改變

在此一階段著重於案主問題行為之改變：

⑴了解案主問題調適之能力。

⑵設定短期可行之目標。

⑶設定整體目標與任務。

㈢結束階段

1.會談期間

第七到第八次會談。

2.會談目標

結束個案做準備：

⑴評估接案後各種歷程。

(2)提出契約與結束時間。

(3)處理案主抗拒之情緒。

3. **個案回顧**

在此一階段著重於協助個案進行回顧工作：

(1)回顧個案工作過程。

(2)評估已完成與未完成之目標。

4. **未來追蹤**

(1)討論目前問題。

(2)討論案主計畫。

(3)協助案主合理了解仍有未解決之部分。

第二個層次：工作者主要之干預目標較多元、複雜

1. 協助案主了解現在危機與過去危機間之衝突與關聯。
2. 開始新的思考與處理方式。

肆、危機調適個案工作之原則

運用危機調適模式於個案工作所運用之技術，與一般個案工作大同小異如：支持、接納、直接影響、溝通、澄清、領悟、環境改善等技術。運用危機調適模式於個案工作時，應遵守下列幾項原則（廖榮利，民八五：146-9）：

原則一：即時接案與處理

因爲危機代表個案處於一種危險狀況，因此必須爭取時效將案主所面臨的危機在有效的時間之內，化爲轉機，以降低問題對個人之傷害。所以當工作人員面對案主時應先清楚界定案主是否處於危機狀態，假如案主確實處於危機狀態，就需立即處理。

原則二：主動採取行動

一般而言，工作者個案服務過程是採用被動態度，只扮演一位聆聽者，偶爾做些評論而已。可是在危機調適個案工作過程，工作者面對處於危機情境之個案，往往需要主動、積極參與整個處遇過程，並對案主問題進行整體評價，共同擬訂出適當之計畫，以降低案主所處情境可能帶來的傷害。

原則三：有限之工作目標

危機調適個案工作最主要之目標是避免危機情境所導致之傷害，幫助受助者獲取平衡。當案主與工作者透過密集合作過程，迅速的解除危機壓力之後，案主可能就不再繼續前來機構接受協助，因此，工作者必須認知危機調適最重要之目標，只是解決造成危機之問題，所以不應該涉及太多的建議。

原則四：希望與期望

處於危機情境之個案，往往會覺得沒有希望；因此，工作者在危機調適過程，不斷注入希望，讓案主看到希望，是危機調適個案工作重要的原則。

原則五：支持

對於危機調適個案工作而言，在會談過程工作者必須提供大量的支持給案主。工作者並應適當運用案主社會人際之資源，共同協助案主，促使案主能自助人助，發展潛能度過危機。

原則六：以問題解決為目標

危機調適個案工作以解決導致危機問題爲最主要之目標，所以工作者需要在「目標取向」與「過程取向」之間取得平衡。

第六節　任務中心個案工作理論

威廉・雷德（William Reid）來自心理動力學派的傳統，但是在一九七〇年代初期獨排眾意，提出以短期處遇爲目的之「任務中心模式」（task-centered model）。雷德（Dorfman, 1996）主張在診斷與服務個案過程，工作者應先訂定明確計畫及時限，如此才能有效達到目標。「任務中心個案工作」（task-centered casework）是指助人者在提供助人過程運用一種簡單（brief）、有結構（structure）、且有時間限制（time-limit）的個案工作方法，所以它是一種屬於「短期處遇方法」（short-term treatment）（廖榮利，民八六：23）。

壹、任務中心個案工作之基本假設

任務中心個案工作模式對人與問題基本的假設如下：

假設一：對人、問題和處理程序之看法

任務中心模式對人的**基本假設是每個人都有解決問題的能力，所以工作者可以透過專業服務過程，增強案主問題解決之能力**。任務中心模式亦認爲人是健康、常態、有自主能力的個體，因此不從病因學觀點來看案主問題，認爲案主適應不良是因爲暫時性之失功能。不過，任務中心模式主張對案主問題之評估，需同時考量案主內在心理因素與外在社會生活因素。

假設二：主要的改變媒介爲案主本人

任務中心模式主要在幫助案主界定其心理暨社會問題，並協助案主解決這些問題，可是任務中心工作模式視案主爲主要改變媒介，而工作者只是扮演資源的連結者與建議者而已。

貳、任務中心個案工作之運用範圍

任務中心個案工作主要在協助案主解決問題、增加其適應力之過程，所以對案主問題的認定，特別著重於屬於短期間範圍內可以實現之任務，並顯示短期比長期處遇的效果更好，才可選用任務中心模式提供個案服務。運用任務中心模式於個案工作過程，對於目標問題的界定必須是案主所知覺或接受的；對於目標問題之界定，必須經由工作者與案主共同討論，明確清楚界定，並訂定契約；而且對於案主問題的界定與任務契約之訂定，必須是案主有強烈動機改變其問題。

雷德（Reid, 1978）將適用於任務中心模式之個案問題歸納爲七類：

一、人際衝突

個人與個人之間的不協調或家庭成員之衝突，如：夫妻溝通不良或親子衝突。

二、社會關係之不適應

社會關係不適應是指人際衝突，如：同儕關係不良。

三、組織問題

個人與特定團體或正式組織之間的衝突，如：病人與醫院、案主與機構。

四、角色執行困難

個人對於如何執行特定角色有困難，如：新婚夫妻配偶角色或雙親角色執行之困難。

五、社會情境變遷

個人因角色改變或環境變遷所產生之適應困難，如：中年期父母面對小孩長大與離去的失落感。

六、反應性的情緒困擾

當個人遭遇問題時產生之焦慮、沮喪、緊張與挫折現象，如：經濟蕭條引發之失業、意外天災造成之生離死別。

七、資源不足

由於個人缺乏具體資源所產生的問題，如：缺乏金錢、住宅或工作等。

參、任務中心個案工作之評估

任務中心模式個案工作之評估目的，不像心理動力學派個案工作一樣，以研究案主的情緒反應或生命史爲主，而是要確認行動要件、行動阻礙要素與不可改變的限制等。任務中心個案工作模式往往在工作者與案主會談過程就已著手進行。任務之訂定必須明確，並能讓案主在會談時間之外實際執行，任務可能包括身體行動、也可能是心理行動；任務可能是單元行動、也可能是多元行動；任務可能由案主獨自進行、負責，也可能是由案主與其他相關的共同分擔。

運用任務中心模式於個案工作過程，社會工作者應嘗試了解並適當地評估案主的問題，方能有效的協助案主解決問題。工作者可由下列著手評估案主問題（周玟琪等，民八四）：

一、評估案主需求的強度和方向

案主的內在需求與動機，可能需求之間是相互矛盾或衝突的；需求可能引發實際行動，可能也會阻礙行動的發展。

二、了解案主內在價值信念

案主的內在信念系統（belief systems）可能會影響達到需求的行動方法，但是案主的價值信念也可能在助人專業互動過程中有所改變。工作者必須認知到，有些舊有的信念是可以透過助人過程達到改變的，但是有些信念卻無法透過助人過程達到改變。因此，工作者必須謹慎評估這些內在價值信念，並仔細評估可被改變與不可被改變的價值信念爲何。

三、協助案主了解信念之影響

工作者在提供專業服務過程必須協助案主了解自己價值信念是否正確（accuracy），並協助案主看清楚信念的範圍（scope），進而協助案主了解信念不一致（inconsistency）可能造成的扭曲與影響。

任務中心模式假設受助者無法有效的解決問題，可能是受助者缺乏在特定環境中執行行動之技巧，行動技巧可以透過直接方式學習，也可以由其他情境中類推而來。任務中心個案工作所採行的干預策略，有兩個主要目標：協助案主解決其所關心的問題、提供案主一個好的解決問題經驗，以便增加案主接受協助的意願，並增強其處理困難的能力。

肆、任務中心個案工作之運作程序

第一階段：訂定契約階段

任務中心工作模式主要特色是「簡要」與「時限」，因此非常重視工作過程之處理程序。任務中心工作模式的處理程序開始於案主同意進行短期評估，當目標達成也就結束專業關係；工作者在確定問題之後，需針對這些問題做進一步探究。確定問題之步驟包括下列幾項：

步驟一

協助案主用自己的方式敘述問題，以確認潛在問題，然後根據案主的描述過程與內容，摘要，並透過測試過程了解工作者對問題的知覺，是否和案主認知之問題一致。

步驟二

了解案主對問題的看法，工作者與案主形成初步共識。

步驟三

面質不合理或不可能解決的問題，如：案主不合理地期待被遺棄的配偶能回來他身邊。

步驟四

先接納案主對優先解決問題的次序之界定，再提出那些不被案主接收或了解的問題。

步驟五

視情況而定，必要時要求其他相關人共同參與會談過程。

步驟六

對於非志願性案主（involuntary client），工作者需審慎評估其被轉介的主要原因。

步驟七

需了解問題於何時、何地、如何發生等細節。

步驟八

工作者需以書面方式，將問題明確化。

步驟九

工作者需與案主共同設定目前問題之基線。

步驟十

工作者需與案主共同決定所欲改變的目標。

在此一階段主要目標是工作者與案主創造明確的行動共識，並達到下列幾項目的：

1. 同意案主所定的問題，並以此問題為主要工作對象。
2. 按問題之緩急輕重，排出其優先次序。
3. 界定所欲達到處遇的目標。
4. 設定首要任務。
5. 同意契約內容與時限。

第二階段：執行契約階段

接著，工作者和案主根據契約階段所訂定之契約開始執行任務，執行工作內容包括：

1. 設立記錄系統。
2. 確認行動策略。
3. 任務達成應予之獎賞形成共識。
4. 確定案主了解任務的價值，及有助於達成目標之方式。
5. 經由模擬或引導方式，幫案主透過學習過程學習相關之技巧。
6. 分析阻礙達成行動之因素。
7. 有計畫的完成任務。

第三階段：結束契約階段

在結束契約階段，案主及工作者的主要工作包括下列幾項：

1. 說明以前和現在目標行為改變情況。
2. 與改變有關聯之相關成員參與評估。
3. 規畫未來計畫。
4. 訂定額外契約，以確保正確結束或設立新的問題或任務之過程。
5. 明確結束專業關係。
6. 朝向長期處遇的目標。
7. 轉介其他機構接受其他服務。

第七節 生態系統個案工作理論

生態系統理論（Eco-systems theory）興起於六〇年代末期，廣泛運用於八〇年代社會工作，並成為九〇年代社會工作專業的主要觀點。生態系統理論其實是融合了巴特蘭菲（Ludwig Von Bertalanffy, 1968）的「**一般系統理論**」（general systems theory）與喬麥和吉特曼（Carel Germain & Alex Gitterman, 1986）所提出的「**生態理論**」（ecological theory），或稱「生活模式理論」（life model）的觀點（Warren, Franklin & Streeter, 1998：

357），形成所謂的「**生態系統理論**」（Eco-systems theory）。在六○年代末期，巴特蘭菲（Bertalanffy, 1968）企圖發展出一致的原則，並運用於不同學科如：生物學、心理學與社會學等，並尋找出共通性；而喬麥和吉特曼（Germaine & Gitterman, 1981）卻在八○年代嘗試以生態理論的觀點爲基礎，發展出一套可被廣泛運用於人類社會系統的共通原則。

壹、生態系統個案工作理論的基本觀點

生態系統理論或稱生活模式（life model）是結合了一般系統理論和生態理論的觀點，形成所謂的生態系統理論。生態系統理論主要借用了生態理論（ecological perspective）中「人與社會環境」相互適應（mutual adaptation）的概念，認爲人生其實就是一連串適應外在複雜社會環境變遷的過程；但是個體在適應過程；不僅會調整自己去適應外在環境，同時也會試圖改變外在環境來滿足個人的需求，所以環境與個體之間，其實是一種相互轉換（transactions）的過程（Wakefield, 1996）。

生態系統理論主要借用一般系統理論（general systems theory）（Bertalanffy, 1971）中認爲所有的有機體都是一個完整的系統，由附屬於超系統（super-systems）的各個次系統（sub-systems）組合而成。每個系統可能是開放系統（open systems）、也可能是封閉系統（closed systems）。系統可能呈現穩定狀態（homeostasis or equilibrium）、也有可能是不穩定的

狀態（disequilibrium），端視系統回饋的力量是屬於正向回饋（positive feedback）或負向回饋（negative feedback）。不過系統理論主張，無論各個系統如何發展，最終系統總是會達到恆定的關係（equifinality）（Hearn,1978; Wakefield, 1996；周玟琪等，民八四；廖榮利，民八五）。梅葉（Carol H. Meyer, 1988）認爲生態系統理論的確提供了一套有用的觀點，協助社會工作助人專業者，運用巨視觀點來解釋個案問題與行爲形成的原因。茲將生態系統理論經常運用於社會工作專業之重要概念，簡介於下：

一、界線定義（boundary definition）

界線定義是指一個系統會與環境產生交流現象，卻不爲環境所融化，主要因素是因爲此一系統有其界線。界線之界定不僅是靠系統本身決定，有時也需要考慮環境之影響力（周玟琪等，民八四；廖榮利，民八五）。

二、開放系統

開放系統相對立之概念爲封閉系統，研究系統時首先需辨識系統是屬於開放或封閉系統。開放系統具有下列特性：

1. 和環境交換資源成爲一種互動狀態。
2. 能夠輸入（input）、輸出（output），並轉化資源。
3. 系統在不斷發展過程中，同時也能維持一種穩定狀態（steady

state）。

三、穩定狀態

任何一個系統之內的物質都會保持適當的流動，如果外界有任何干擾發生，系統會建立一種穩定狀態，如果干擾持續，就會發展出新的穩定關係。案主的穩定狀況（homeostasis or stable equilibrium）當然是社會工作專業人員所追求的干預目標，可是對社會工作而言，某些穩定狀態對案主可能是有幫助的，但是有些穩定狀態對案主而言可能是毫無助益的，例如：低收入戶長期處於貧窮、飢餓的狀態，對社會工作者而言就是一種不好、需要打破其既有的穩定狀態，應該創造一種新的穩定狀態（Wakefield, 1996）。

四、回饋

重視訊息（information）和溝通（communication）之回饋過程，回饋又分爲正向回饋和負向回饋。從生態系統理論的觀點而言，並不是所有的正向回饋對個體的發展都必定是正面功能的；也不必然所有的負面回饋對個體的發展都是具有負面影響的。例如：太多的正面回饋，可能會降低個體學習的動機，反而減少了自我成長的機會（Wakefield, 1996）。

五、整體（whole）

對個體之分析著重於完整整體，忽略個體與環境的關係。

六、互動與轉換（interaction and transition）

互動與轉換可被視為是生態系統理論最基本、也是最重要的概念。生態系統理論假設個體是一連串不斷改變的過程，個體必須不斷改變以適應環境，個體也會改變環境，來滿足個人的需求。在整個變遷過程中，個體與環境之間是有互動關係的，透過互動到轉換過程，因而個體與其所處之社會環境產生「連結關係」（connectedness）。

七、連結原則（connectedness principle）

連結原則是生態系統理論非常重要的概念，結合了生態系統理論之重要概念如：相互適應、正向與負向回饋、循環形式的連結（circular form of connectedness）等形成。連結原則所重視的是超越傳統強調只以互動為主的「個體與環境」的因果互動關係（causal relationship），主張以「個體與環境」的循環互動因果關係（circular causal relationship）取代之。換句話說，連結原則所重視的是轉換焦點（transactional focus）。烏鄒（Robert Woodrow）對這種循環式的個體與環境連結關係進一步做闡釋（引自 Wakefield, 1996: 8-9），見表 3-2：

烏鄒認爲社會工作人員在運用「人在情境中」之觀點於個案服務過程，可由幾個層次面介入：

1. <u>人</u>在情境中：對個案問題形成因素之探討，著重於個人立場界入，所以處遇策略也由改變個人觀點著手。
2. 人在<u>情境</u>中：對個案問題形成因素之探討，著重於由情境觀點界入，所以任何干預或處遇策略也由環境著手。
3. <u>人</u>在<u>情境</u>中：對個案問題形成因素之探討，著重於由個人或環境觀點介入，所以處遇過程也分別由兩個系統著手。
4. <u>人在情境中</u>：對個案問題形成因素之探討，著重於由個人與環境轉換過程，所以處遇策略也著重於多重功能。

貳、生態系統個案工作理論的假設

一般系統理論假設所有的有機體都是一個完整的系統，由附屬於超系統的各個次系統組合而成；換言之，個體只是社會系統的一部分而已（Bertalanffy, 1971）。生態模式（ecological model）或生活模式（life model）則著重「轉換」的觀點，討論人與社會互動過程之交互適應（reciprocal adaptation）關係（Germain & Gitterman, 1980）。

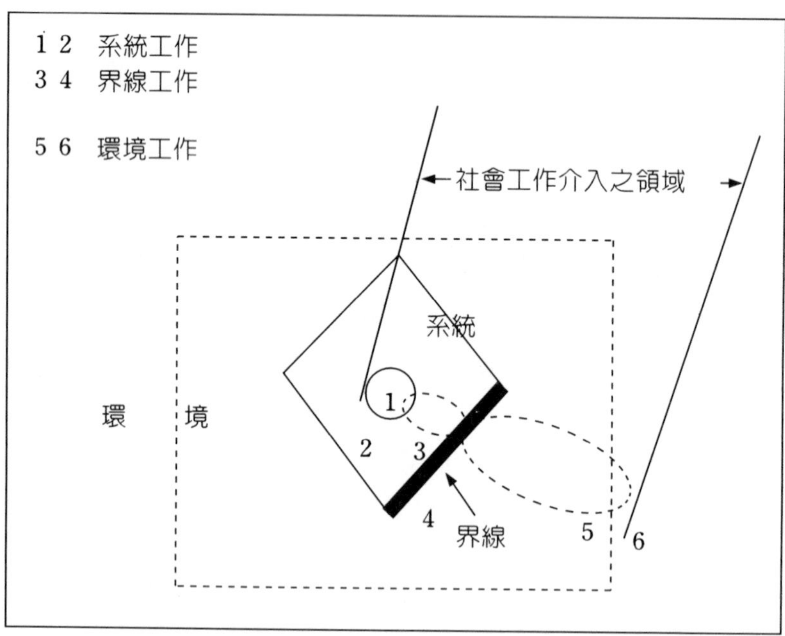

圖 3-2 生態系統理論基本概念圖

圖 3-2 顯示從系統理論觀點，社會工作可以介入的領域有三個次系統（subregions）：

1. **系統領域**

(1)無法知道的系統部分，如：潛意識。

(2)可以被知道的系統部分。

2. **界線領域**

(1)系統內之界線部分。

(2)環境外之界線部分。

3. **環境領域**

⑴接近的環境系統。

⑵有距離的環境系統。

生態系統理論最基本的假設如下：

假設一：強調「個人—情境」互動的觀點

社會工作者在提供專業服務過程的同時，應重視個體與環境互動的關係。假設社會問題是「人—社會環境」互動的過程中，所產生的一種失功能的現象。生態系統理論主要的目的是改善人們和其所處環境之互動關係，使個人的需求和環境能達到最佳配合的狀態，所以在協助案主解決問題過程，必須同時重視內在與外在因素的互動關係（林萬億，民八七）。

假設二：重視系統解釋的觀點

個體的行爲和生活事件是息息相關的，所以對問題的了解、評估與解釋，必須由系統觀點著手（Meyer, 1988; Dorfman, 1996）。從系統觀點，社會個案工作切入層次有三：

第一個層次：著重於發展案主問題解決、調適和發展性的能力。

第二個層次：強調個人和社會系統的互動關係。

第三個層次：生命階段會面臨多次的轉換過程（或稱過渡時期），個體會因爲生命之轉換過程面臨許多問題與需求改變如：青春期、結婚生子或退休等。

假設三：個體與環境之間是一種動態平衡關係

生命是一種不斷適應的過程，個體與環境不斷呈現交互適應，所以當個體改變、環境亦跟著改變。可是任何外在的刺激或改變，往往會降低個體內在與外在環境調適的關係，所以必須輸入適當的資源如：資訊、食物、情緒支持或資源，才能讓個體維持良好的生存和社會適應（周玟祺，民八四）。

參、生態系統理論個案工作實施過程

生態系統理論主要的目的是在增進個體適應人際及外界環境之能力，並改善彼此之互動關係，重點在強調案主能力自我引導和行動。因此，在實施過程可分爲三個階段：初期、中期和結束階段（周玟琪，民八四）。

初期階段

在初期階段，工作者主要工作內容包括：

1. 了解案主的問題。
2. 案主對問題的感受及情緒反應。
3. 衡量案主問題是否屬於機構服務範圍。
4. 了解案主接受服務動機。

5.決定是否開案。

中期階段

每個人均會經歷生活上的轉變。轉變不只是生物上的改變，亦受到社會文化的期待、束縛及機會的影響。轉變通常是壓力的來源，但也提供機會刺激天生的適應機制以及後天所習得的適應力。認知是有階段地發展，壓力可能來自認知發展受到危害或認知型態的衝突（例如：社工員和案主思考模式不同）。來自親友、組織和機構不同的期望所造成的地位改變及角色需求，會導致壓力。因此，在中期階段，針對這些生活的轉變，工作者可扮演的角色有三（周玟琪，民八四）：

1.增進案主能力

例如：強化案主的動機、肯定並支持案主、協助他掌理自己的情緒。

2.教育

例如：協助案主學習解決問題的技巧、澄清概念、提供適當的訊息和可供模仿的行為。

3.催化

例如：使案主能自由行動不受外界無理的束縛，並確認任務，動員環境上的支持。處理環境方面的問題和需求時，關注的範圍是社會和物理環境，包括政策、經濟結構。科層組織的力量、地位界定的系統、結構及所有將人們社會化至形成一種無助態度的設計，均會妨害案主對環境的適應。社會網絡亦是案主重要的環境之一。物理環境包括自然的和建構的世界，這會影響我們生活中的機會或形成某些障礙（周玫琪，民八四）。

結束階段

在結束的階段，案主和社工員可能會被痛苦的分離所影響，因此需要仔細的事前準備以成功地結束整個過程。這個過程仍然受時間因素（例如醫務社工的案主可能突然出院了）、服務型態（如個別的個案工作常會有較緊密的關係）和關係因素（如工作員扮演的是父母的角色）所影響。分離亦可能受工作員和案主先前經驗的影響（周玫琪，民八四）。

工作員應事先回顧案主先前失落的經驗，而或許需要階段性地處理負面的感受、悲傷或解放的感受，而從中進步，案主和工作員對進步的評估，有時亦是機構本身檢視系統的一部分，應該也是結束階段的一部分（周玫琪，民八四）。

生態系統觀點（Meyer, 1983）被認爲比生活模型更具彈性，因其明確地爲其他解釋性理論提供了一個架構，而非創造自己的問題分類，例如：生活變遷、環境的障礙及人際的過程。葛瑞非（Grief, 1986）認爲，作爲一個應用的評估工具而言，它有其特別的價値；它也較著重在一般系統理論而非生態學（周玫琪，民八四）。碟佛（Devore, 1983）認爲生活模型比其他理論能處理社會階級、倫理道德、文化差異和生活方式的問題，但仍缺乏足以解決有關黑人議題的特殊性。西柏齡（Siporin, 1980）批評喬麥試圖區分生態學、自我心理學和交換理論，他認為應考量整合這些有關聯的取向。他也批評喬麥固守社會問題的醫療模型及社會功能並不適用於生態理論，因其所提供的是案主困難根源的多重因果及交互作用。再者，他認為他也沒有成功地關注到社會改革的問題（周玟琪，民八四）。

肆、生態系統理論在個案工作之實例運用

如何運用生態系統理論之觀點來進行個案工作呢？下列試圖將生態系統理論觀點運用於家庭暴力個案工作（案例引自Carlson, 1997）。根據許多研究報告或個案報告指出：許多已婚的智障婦女，在長期的婚姻關係遭受丈夫的身體或性虐待。工作者如何運用生態系統理論中「人在情境中」的概念，對這群婦女提供個案服務呢？

首先，卡頌（Carlson, 1997）將生態系統理論之「個體—環境」的互動概念運用於評估個案問題成因，將問題成因評估區分為三個層次：小系統、中系統與大系統。對這位遭受家庭暴力的智障婦女而言，「小系統」是指那些和她有直接互動關係的系統，如：人格（personality）及個人發展史（personal history）；「中系統」則是指與家庭暴力行為發生可能有關聯之社會脈絡，如：互動關係（interactional dynamics）；而「大系統」則是指與個案所處之生活環境有關之文化價值、信念、相關資源與各項社會服務等。

一、個案評估階段

㈠小系統

對這位遭受家庭暴力之智障婦女而言，其個人人格可能具有幾項明顯特徵，如：

1. **認知能力受限制**（cognitive limitations）

對問題解決能力方面，受助者往往較易僵著於具體的認知能力，抽象能力較不好。

2. **內化無價值**（internalized devaluation）

由於案主對問題的解決能力有限，面對這種對自己生活狀況的無力感（disempowerment），案主容易將自己視爲是沒有價值的人，並合理化施虐者的行爲。

㈡中系統

可能影響這位遭受家庭暴力之智障婦女最主要之家庭因素與社會因素，包括：

1. **社會孤立感**（social isolation）

社會孤立或缺乏有意義的社會連結關係，往往是造成家庭暴力的主因。對於這位已婚智障、受暴婦女而言，貧乏的社會關係可能是造成人際隔離的主要因素。

2. **溝通技巧不良**（poor communication）

貧乏的溝通技巧與問題解決能力也是家庭暴力發生的主因

之一，對於智障個案而言，不良的語言溝通能力，更是造成人際衝突和無法獲取外界適當協助的主要因素。

3. **原生家庭支持不足**

(poor nonexistent relationship with their families of origin)

原生家庭支持不足的情況下，讓智障受暴婦女更是投訴無門，最後可能與小孩共同被長期安置在機構或寄養家庭中。

(三)大系統

可能影響這位遭受暴力之智障婦女的社會文化價值觀或其他社會脈絡之因素，包括：

1. 性別歧視（sexism）與性別角色刻板化（sex-role stereotype）。
2. 對智障個案的負面刻板印象（negative stereotype）。
3. 工作者對案主過度的保護（overprotection）。
4. 家庭暴力相關服務資源。

二、個案工作的原則

工作者在這位遭受家庭暴力智障婦女，進行問題評估過程時，需注意幾項基本原則：

(一)建立專業信任關係

在對受暴虐婦女提供專業服務過程，首先應先建立工作者與案主的專業信任關係。

㈡重視個別差異原則

工作者在提供專業服務過程，必須尊重個別差異原則，無論是在評估過程或是處遇過程，工作者都需仔細評估案主的年齡、性別、功能、獨立能力、社會功能和個人發展史等因素。

㈢自我抉擇（self-determination）

即使案主爲智能不足的個案，工作者在提供專業服務過程，仍須遵守案主自決的基本原則。

㈣案主參與（consumer involvement）

在進行個案問題評估與提供服務過程，應該盡量鼓勵案主參與整個過程。

第八節 女性主義個案工作理論

「女性主義」一詞源於十九世紀的法國，它代表一種觀點、實務與意識型態。女性主義主張將人類社會由傳統的競爭、階級及權威體制，逐漸轉變爲建立在性別與種族平等的立足點，並致力於改變既存之社會結構，結束對女性控制與壓迫的事實。女性主義思潮在將近兩世紀的發展歷程之中，被賦予不同之意義，而當前「女性主義」一詞，則泛指六〇年代以降，歐、美國家所興起的**婦女解放運動**（women's liberation movements），強調**意識覺醒**（consciousness-raising）的重要性，同時主張由不同觀點與行動策略來分析與解決社會問題。七〇年代女性在參與社會運動過程，慢慢覺醒到女性其實是社會運動中的邊緣份子，女性議題往往被邊緣化了。因此，女性主義者主張探討男女不平等的社會事實，並以女性的觀點來了解婦女的生活經驗、解釋成因，並尋找與兩性互動關係的解決策略，爲兩性平等提供一個新視野（Van Den Bergh, 1995；王麗容，民八三；顧燕翎，民八五）。

女性主義理論觀點受不同時代、地域與文化情境差異之影響，而衍生出各種思潮流派。桑麗兒（Saulnier, 1996）將女性主義理論思潮歸納爲九個流派，包括：黑人女性主義、文化女性主義、生態女性主義、自由主義女性主義、全球化女性主義、後現代女性主義、社會主義女性主義、馬克斯主義女性主義、基進女性主義等。雖然各個理論流派在歷史淵源、分析方法和主張上都有些差異，但是主要的目的都是在批判和改造父權社會的文化與結構（刁筱華，民八六）。

社會工作界於八〇年代開始，也陸陸續續將女性主義之理論觀點運用於實務工作。因爲女性主義個案工作理論是融合「**人在情境中的典範**」（person-in-environment paradigm）、「**生理心理社會的處遇模式**」（biopsychosocial approach）和「**生態理論觀點**」（ecological framework），所形成的一種哲學觀點，所以女性主義也被定義爲是一種後設敘述理論（meta-narrative theory）或大理論（grand theory）（Land, 1995; Meyer, 1983），雖然女性主義個案工作理論是由不同的干預理論觀點所組合而成，但它仍有一套核心的觀點與原則，引導實務工作者在提供個案專業服務過程來參考。下列僅將女性主義理論流派、基本概念、專業關係、原則與實務運用做一系統介紹。

壹、女性主義理論流派之簡介

女性主義理論觀點往往受到不同時代、地域或文化情境所影響，而產生不同之理論流派，下列僅就經常被運用之女性主義理論流派包括：自由主義、基進主義與社會主義女性主義之概念做一簡單介紹與比較（Nes & Iadicola, 1989; Saulnier, 1996）（如表 3-1）。

一、自由主義女性主義（liberal feminism）

何謂「**自由主義女性主義**」？自由主義女性主義主張男人與女人具有同樣之成就潛能，可是由於人類社會存在之不平等現象，阻礙了女性的發展（Nes & Iadicola, 1989）。人類社會制度之不平等是建立在性別差異的基礎之上，使得女性沒有受教育的機會，影響女性工作的機會，限制了女性的角色與生活空間。因此，**自由主義女性主義主張改變既有之性別角色，打破既有不利於女性發展的社會結構，鼓勵女性培養獨立、自主的能力**（Saulnier, 1996）。工作者在提供專業服務過程中，必須重於鼓勵女性案主從事專業工作，並培養案主獨立生活的能力，所以在整個專業服務過程中，工作者主要的角色是幫助案主尋求相關資源，打破現有不利於女性發展的社會結構。

二、基進主義女性主義（radical feminism）

基進主義女性主義主張**「性別」（sex）是一切壓迫（oppression）的根源**，而性別壓迫之根本是來自父權體制（Nes & Iadicola, 1989）。所謂**「父權體制」（patriarchy）是指以「生物本質論」（biological essentialism）爲基礎，以男性爲中心之思考，強調「男尊女卑」的觀念，所建構之社會互動關係**。生物本質論認爲女性與男性天生有別，女性溫暖、愛與照顧他人的本質是與生俱來；而男性較具有陽剛、權力慾與冒險的本質。這種由生物本質論所建構之父權體制，不僅深深影響女性在公領域（工作場所）的發展，同時也影響女性在私領域（家庭）的生活經驗。

對基進女性主義者而言，家庭是社會的縮影，家庭關係反映了社會事實，因而基進女性主義提出**「個人就是政治」（the personal is political）**的口號，認爲要建立兩性平等的社會，就必須先廢除（或解構）性別角色隔離，**女性自我意識覺醒則是打破兩性不平等事實的根本之道**（Nes & Iadicola, 1989; Dominelli & McLeod, 1989）。因此，基進主義女性主義主張工作者在提供專業服務的過程中，應幫助案主將其個人生活經驗與社會事實連結，協助案主由自我覺察（self-awareness）過程，了解被壓迫與被剝削的事實，最後達到充權（empowerment）的目標。

表 3-1　女性主義不同理論流派之比較

議題	自由主義女性主義	基進主義女性主義	社會主義女性主義
人性	自我中心、理性、自私和競爭的；在某些情境下是利他的；男女兩性本質上是相同的	男女間存有基本的差異：女性的天性近於愛、關懷和較精神層面的；男性則是尋求權力、支配和自我中心、競爭及實用主義	反映人們的需求及如何滿足那些需求；男女間的差異是產生於以性別角色系統為根基的父權制度
社會秩序的本質	自由市場和財產私有對於經濟和政治上的自由是有功能的。所以在固有的集中和不穩定的問題造成不法、不公的結果下，需實才實能主義的功用來使系統運作良好	父權制度是全球的文化。所有情境都更加強化父系社會。它是社會秩序所有壓迫的根源。公私領域對女性的受壓迫孤立、去政治化。所有社會秩序都是表達男性的心理	社會秩序和權力關係的根基是生產及再生產的模式。這兩個模式是整合的，但仍有爭議存在兩者之間。
不平等的本質	秩序的出發點是造成人們不平等的本質。當不平等過大或者是由歧視所產生的就會成為問題。在實才實能主義之下，若是種族及性別成為不合理歧視的原因，則會使參與的機會有了不平等	性別壓迫是一切不平等的根源。性別壓迫的功能是心理上的——自我滿足。所有形式的壓迫都是表達男性對支配、控制的欲望。父權制度因習俗、暴力和法律而制度化且不滅。它是源於生物上的差異及再生產中角色的不同	不平等是根基於階級和父權制度的系統下。擁有者控制生產的事物；人控制人們生產的功能。源於階級系統的包括財產私有和剩餘的勞動力：源於父權制度、生物的及性別上對勞動的區隔

（承上表）

議題	自由主義女性主義	基進主義女性主義	社會主義女性主義
性別間不平等持續的原因	性別角色社會化——女性接受男性定義的自我及角色；制度上的歧視——法律、文化及受男性偏差影響的傳統；女性家庭角色的重擔——「無敵女性」症候群	所有男性從性別壓迫中獲益；在制度過程中——法律（公私領域的區分）、家庭（男性為核心、遠離家務）、經濟（勞動上性別的區隔）、宗教（男性中心的教義），諸如此類。此外在語言、文化、傳統也都是支持父權制度	男性從維持生計的勞動、子孫、容易取得的性關係和支配控制慾中獲益。在資本主義及父權制度的本質中，是藉由剝削在家中無給職的勞動預備軍而獲得利潤
理想社會	政府運作良好的資本主義福利國；公平的實才實能主義——平等競爭及潛在極大化的機會；公領域上的自由機會	社會秩序根基於女性的價值；陰陽同體——去除性別角色和社會化的性別角色；性解放——所有非剝削形式的性都應被促進	民主社會主義——去除階級、父權制度和其他形式的壓迫；由社會組織去促成所有人性上自然的需求
達成理想社會的策略	組織政治上利益團體；將制度上的性別歧視導向合理的形式；在實才實能主義中創造並保護種族及性別上的弱勢族群	意識覺醒：透過制度化的管道促使陰陽同體的實現；組織婦女獨有的空間和自助團體	組織所有受壓迫團體並非建立聯盟；所有受壓迫團體意識的覺醒，揭示系統壓迫間的連結；組織所有在資本主義和父權制度外團體的需求，最後將能廢除父權制度、階級及所有形式的壓迫

（承上表）

議題	自由主義女性主義	基進主義女性主義	社會主義女性主義
讓性別角色轉變的處方	女性應變得更像男性——更果斷、競爭性、自我中心，如此女性將能享受到相同的權利	男性應變得更像女性——如此的社會才是去除男性壓迫的根基，允許人們用有價值的眼光和態度，來欣賞女性的本質，這優於傳統上對男女兩性的定義	男女兩性應如他們去除所有形式的壓迫的再造社會一樣，重新創造人們的本質。建立彼此尊敬的關係，而不是支配

摘自：Nes, J. A. & Iadicola, P. (1989). Toward a definition of feminist social work: A comparison of Liberal, Radical, and Socialist Models. *Social work,34* (1): 13.

三、社會主義女性主義（socialist feminism）

社會主義女性主義的理論觀點頗爲多元，然而根本主張是認爲**唯有分析父權社會（patriarchal society）和資本主義社會（capitalist society）下的女性生活經驗，才能眞正了解女性被壓迫的原因**。換句話說，社會主義女性主義是以馬克斯主義對資本主義之論述，與基進主義對父權體制之論述爲基礎，做爲理論觀點之發展（Nes & Iadicola, 1989）。哈特夢（Hartmann, 1981）指出父權社會是男人之間的一套社會關係，這套社會關係與資本主義生產關係（production relationship）交織運用，主要的目的是在鞏固男性權力，宰制女性勞動力（Calasanti & Zajicek, 1993）。男性對女性的控制力在於限制女性擁有重要經濟資源，控制女性的生殖力（reproduction），具體的表現就是一夫一妻異性戀的小家庭制度，遵守男主外、女主內的性別角色規範。因此，社會主義女性主義工作者在提供專業服務的過程中，應著重父權制度中兩性權力運作互動關係之分析，不僅強調個體內在意識的覺醒，同時也強調外在資源的聯盟，才能真正實踐兩性平等的社會（Calasanti & Zajicek, 1993; Nes & Iadicola, 1989）。

貳、女性主義個案工作之基本概念

一、重視社會脈絡的觀點

女性主義強調個案工作者在進行個案服務過程，必須**運用社會結構的觀點，來了解與評估外在社會環境與個體互動過程，外在環境如何形成壓力，影響案主的內在認知與問題的形成**。例如：憂鬱（depression）一直被視爲是一種病症（pathology），可是女性主義個案工作者則會進一步了解與評估，可能造成憂鬱的原因如：不公平的環境、人際關係的壓力、生理改變、影響自我概念的因素等（Land, 1998）。

二、個人就是政治

許多社會問題的形成，其實與權力資源（power resource）分配的不平均（inequalities）有密切關係，例如：性騷擾（sexual harassment）事件。換言之，個人生活的體現其實是一種對政治力、社會力以及經濟力等三種外在力量上的反應（廖榮利，民八七）。所以許多社會問題的形成，不應該以個人事件簡化之，工作者應仔細的了解、分析與評估問題形成背後的人力分工、資源分配與價值導向等等，是如何的影響家庭或婚姻等關係。基本上**女性生活經驗必須由權力與資源分配關係來解釋**（Dominelli & McLeod, 1989）。

三、重新界定對正常與偏差的認知（rebalancing perception normality and deviance）

女性主義個案工作者主張應該重新界定道德、偏差等概念，避免對女性或特殊少數族群產生污名化（stigmatization）、邊緣化（marginalization）或排擠效應（exclusion of certain groups）。

四、包容多元立場

女性主義個案工作者認爲，大多數詮釋兩性互動經驗的理論，都以白人、男性爲中心的思考模式，因此主張解構這種單元的男性霸權理論架構，強調容納不同意見多元理論觀點的主張。

五、提供一種解構的觀點

女性主義個案工作者反對「**對vs.錯**」與「**正確vs.不正確**」等**二元對立論觀點**（dualistic perspectives），認爲這種二元對立觀點其實是權力者爲了方便掌控資源，而對語言操控的一種手段罷了，所以女性主義個案工作主張重新檢驗，並解構當前語言的使用。

六、敘說生活經驗

對女性主義個案工作者而言，個案生活經驗的敘述是個案服務過程的關鍵，工作者透過案主對生活經驗的敘述過程，重新解構其語言的運用，並由解構過程達到案主自我成長和自我實現的目標。

七、重新建立女人生活經驗的價值觀

在性別刻板化的社會中，男性的行爲與表現往往被賦予較高價值，而女性所扮演的照顧者角色，其貢獻與價值卻往往被貶低，因此，女性主義個案工作強調應幫助女性認同其所扮演照顧者的角色，及其對整個社會所具有之功能（Dore, 1994）。

八、認知男、女生活經驗的差異

奇力根（Gilligan, 1982）在一篇對男、女兒童進行的研究報告中指出，其實兩性的生活經驗與成長經驗是截然不同的。因此，女性主義個案工作主張，只有仔細的檢驗與分析和女性有密切關係的家庭及其他相關之環境、存在的社會結構關係的壓力，才能了解女性內在心理狀況與人我認知。

九、挑戰性別分工模式化約主義

女性主義個案工作反對傳統以女性爲情緒與家庭照顧者、男性爲工具與經濟的支持者的觀點，重新解構這種不恰當的兩性性別角色之刻板印象。

參、女性主義個案工作之專業關係

一、平權的互動關係

由於女性主義非常重視權力的平衡關係，因此，在運用女性主義理論於個案工作過程時，不僅要強調案主與工作者間之平等關係（client-clinician equity），同時也重視家庭或夫妻之間的權力互動關係（Land, 1998）。

二、伙伴關係（partnering stance）

平等關係是女性主義個案工作所重視的，所以在整個個案工作過程，案主與工作者的關係是一種伙伴關係（partnership）。女性主義個案工作者相信案主可以透過專業關係中，工作者個人經驗的分享過程，來影響案主，案主也可以透過積極參與過程來影響整個處遇關係（Land, 1998）。

三、充權（empowerment）概念

女性主義個案工作模式也被視爲是一種「充權」模式（empowerment model），主要的目標是協助案主改變對社會環境、人際關係或政治環境的無力感（powerless senses）（Land, 1998）。

肆、女性主義個案工作基本的原則

運用女性主義理論概念於個案工作過程，需建立在五項基本原則之上（廖榮利，民八七）：

一、去除錯誤的性別二分法

女性主義者強調所有現象間的相互關係是一種整合的觀點，錯誤的二分法只會徒加錯誤行爲、隔離人與人間之關係，因此，主張大破性別二分法的互動模式。

二、重新界定權力

在個案服務過程中，工作者需重新對傳統「權力結構」的定義，提出質疑與挑戰，因爲女性主義個案工作者認爲：權力是無限的，是一廣泛擴充的能量，包含著影響、力量，以及有效性和責任。權力被視爲具便利性的許可行動的發生，而非控制行動。無論是授權許可或是聲請主張，個人權力都是一種政治性的行爲，因爲這意味著允許人們控制自己的生活和爲他們自己下決定。

三、工作過程與結果同等重要

對女性主義個案工作者而言，達成目標的過程與目標一樣重要，因爲目標本身的價值和追求目標的方式有關，若目標是經由強迫、不公平或其他壓迫的過程來達成，那麼目標必然會受到質疑。如此一來，追求目標過程往往就變成目標本身的一部分。

四、重新界定社會問題

女性主義主張語言的操弄本身就是一種權力的操弄，因此工作者必須對案主的經驗重新界定與命名。重新界定與命名過程往往包括四個步驟：(1)使用新的字眼或標籤；(2)藉改變語言的建構，來改變語言的意義；(3)將傳統的定義放入記憶庫中；(4)擴張現有的字彙使用。

五、個人就是政治的實體

女性主義強調個人所持有的價值觀與信仰，以及個人所設定的行為目標和生活方式的選擇，其實都是一種政治的表徵。因為個人行為不可獨立於社會脈絡之外，必須充分與社會結構結合，個人及社會環境之間其實存有交互互動的關係。

伍、女性主義個案工作的評估

女性主義個案工作者對個案的問題與需求進行評估過程，往往可由下列幾個層次著手（Land, 1998）：

1. 探討個案現階段的問題形成原因，這些問題形成是否明顯的和特定之社會脈絡有關？性別是否決定了這些社會脈絡如何影響資源和權力的分配關係。

2. 這些結構性因素是否是影響個人生活經驗的主要關鍵？如何影響？
3. 案主如何去理解正常還是不正常的行爲？
4. 家庭的成員如何敘述家庭的生活經驗？這些經驗是否影響了個人的自我成長或發展？
5. 家庭成員對性別差異的看法？這些看法是否明顯存有性別刻板印象的成見？
6. 家中成員是否有因爲性別不同，而導致生活經驗有明顯的不同？
7. 家庭成員是否都滿意於家庭的關係、權力運作與資源分配的關係？
8. 家中權力的運作關係是否與性別有關聯？

陸、女性主義個案工作的工作過程

一、形式（modalities）

雖然女性主義個案工作並沒有特別強調特定的一種理論模式或觀點，可是在提供個案服務過程必須是採用女性主義的方法。在提供個案服務過程，雖然處遇的形式是非常有彈性的（flexible），可是工作者必須遵守視家庭爲一整體的原則，幫助家庭成員重新建立關係，透過頓悟過程幫助家庭成員了解家庭的運作與互動關係（Land, 1998 & 1996）。

二、處遇關係

女性主義個案工作對工作者與案主之關係視爲是一種伙伴關係。首先，工作者主要的工作目標是建立案主對其信任關係；其次，解構傳統「工作者與案主」不對稱的專業權威關係。對女性主義個案工作者而言，在個案工作過程中，工作者只不過是一位引導者而已，引導案主積極參與整個專業服務過程，同時透過個人經驗的分享，與案主產生互爲主體（intersubjectivity）的互動關係（廖榮利，民八八）。

三、處遇技巧

分述如下：

1. 幫助案主由社會結構觀點來分析問題。
2. 幫助案主發展對傳統性別角色的質疑，並提供對於追求自由選擇生活方式的可能資源與策略。
3. 在整個處遇過程，工作者必須著重於增強案主力量相關資源與可能性的連結，而非過份專注於病理現象的討論，幫助案主學習去增強需求能力、也學習改變環境。
4. 鼓勵個人的自我認同與發展，不是建立在與他人的關係之上，鼓勵案主發展個人力量及追求他們自己選擇的生活方式。
5. 重新評估與他人關係，重新界定女性的價值。

6. 重新界定男、女兩性性別的社會角色與其意義。

第九節 後現代個案工作理論

後現代主義（postmodernism）一詞，是一個複雜的概念，源起於五、六〇年代美國的前衛主義，七〇年代引入攝影、建築，後來廣泛的運用於哲學、社會理論、文化批判和藝術等領域，在八〇年代和女性主義、後殖民主義與文化研究論述產生互動與交集（Weedon,1997）。**包瑞拉**（Baudrillard）、**德希達**（Jacques Derrida）**和李歐塔**（Jacques Lyotard）可說是後現代理論的代表人物。其實後現代主義的興起是對理性文明的反動與對現代科技文明帶來對人類社會、政治與經濟整體衝擊的一種回應與反思。庖威（Power, 1990）在《理性之死》（The Death of Reason）一書中，拒絕運用理性的觀點，來解釋人類社會；而霍夫曼（Hoffman, 1990）則強調以社會建構的觀點，來發展後現代的知識架構。

後現代個案工作理論結合了**傅科**（Michel Foucault）**的知識**（knowledge）**與權力**（power）**的論述**（discourse）**和德希達的結構方法**（the deconstructive method）**來探討社會脈絡關係**（Diamond, 1998: 197）。後現代主義反對現代主義所主張「真—假、對—錯」的二元對立論（dualism），認爲這種二元對立論不夠客觀、也不夠適用於每個個體，因此，希望建構新理論觀點取代既有的後設敘述理論（metanarratives）如：自由主義（liberalism）、馬克斯主義等概念。

基本上，社會工作專業理論的知識與觀點，都是以「現代主義」（modernism）的世界觀爲基礎，認爲人類社會的真理（the reality）是可以透過科學步驟，被了解、被測量與被預測的（Pozatek, 1994; Radin, 1989）。哈特曼（Hartman, 1991）在九〇年代將後現代主義引進社會工作專業，提供了社會工作另類的思考模式（Pardeck, Murphy & Choi, 1994）。後現代理論所主張的個體是獨特的（unique）、差異的（difference），每個個體的生活經驗都不同，這種特質無法用單一的普同原則（universalism）來概化推論（Weedon, 1997; Mullaly, 1997）。

壹、後現代個案工作理論之基本概念

後現代主義非常重視社會文化脈絡觀點，探討不同問題行爲或社會現象背後之文化意涵（meaning）。基本上，後現代主義對人類行爲與社會現象持著不確定（uncertainty）的看法，希望透過多元觀點與差異的事實，重新建構理解人類社會現象與社會問題之道，這種多元差異性的觀點深深影響社會工作者在提供專業服務過程之導向及與案主之互動關係（Latting, 1995）。

一、去中心化（de-centralization）

「去中心化」是指打破中心權威，跨越既有疆界的概念（唐維敏，民八八）。去中心化的概念運用個案服務過程，是指讓案主積極參與決策過程、共同分享管理權，並達到充權的目的（Thorne-Beckerman, 1999:177）。

二、充權

後現代理論主張知識就是權力，因爲知識本身就是一種解釋能力。對社會工作專業而言，擁有專業素養與知識的工作者就是權力代表，因此解構權力過程就是達到充權的目的。「充權」對後現代個案工作者而言，就是意謂著一種「分享決策的過程」（shared decision making），也就是主張讓案主積極參與整個決策過程，解構專業知識的迷思，也就可以達到「充權」的目的（Law, 1995; Pozatek,1994:396）。

三、差異性（difference）

後現代主義主張社會事實往往因人、因時、因地及不同文化背景而有差異，雖然傳統個案工作理論也重視案主的差異性，可是，後現代主義更重視所謂的文化差異（cultural difference）及其意涵（Pozatek, 1994）。

四、不確定性（uncertainty）

後現代主義主張所有的人類行爲與社會現象都無法用直線式的思考模式或既定的架構來解釋，因爲一切都是不確定的。

五、反普同主義（antiuniversalism）

反對現代主義所主張的絕對普同的真理，重視本土化之主體性經驗之差異（唐維敏，民八八）。後現代主義認爲後設敘述理論（metanarrative theory）以共同一致（solidarity）的普同原則，來描述所有被剝削與被壓迫階級的經驗是一種謬誤，主張以片段的認知理念（the idea of fractured identities）來取代這種普同原則（Mullaly, 1997:116）。後現代主義相信，即使是在資本主義社會中被剝削的勞工階級、或在父權體制下被壓迫的婦女生活經驗，可能因爲所處之地理區域或文化背景不同而有很大的差異，不該一視同仁，將某一區域、特定族群之生活經驗，推論到不同時空背景、相同族群之經驗。

貳、後現代理論個案工作之專業關係

後現代理論是一種敘述形式（narrative）的理論，重視不同情境脈絡對案主的意義，及案主如何透過語言（language）的表達，來呈現情境意涵（meaning）。因此，「對話」（dialogue）與「互動」（interaction）是後現代個案工作者在建立「案主與工作者」（client-worker relationship）專業關係的基本要素。

一、對話

工作者在專業關係中應運用對話的技巧來發展專業關係。然而，對話的主題與焦點必須是以案主的生活經驗爲主，而不是以問題行爲本身爲討論焦點。在整個專業互動過程中，工作者透過對話過程，幫助案主以故事敘說形式，陳述自己的生活經驗，而工作者就是在這種對話過程，了解案主是如何建構（construct）與詮釋（interpret）自我生活經驗之意義（Pozatek, 1994）。對後現代個案工作者而言，個案工作的成效是建立在工作者與案主雙方的溝通能力之上（Pardeck, Murphy & Choi, 1994）。

二、互動關係（interactive relationship）

在後現代個案工作中案主與工作者之關係，是建立在一種互爲主體（intersubjectivity）的概念上。工作者扮演催化的角色，協助案主說出個人的生活經驗，由經驗敘說過程來了解案主是如何建構個人生活經驗之意義。後現代個案工作理論主張工作者與案主對話的過程中，必須以一種「不確定」的態度，來面對案主的敘說，同時透過引導敘說過程，讓案主對自己的問題與行為產生反思。所以在這種雙向互動的過程中，案主與工作者是一種互為主體的互動關係。

參、後現代個案工作之干預與評估

一、以社區為干預焦點

傳統個案工作對於案主問題的形成經常以「病態」（pathodology）觀點來解釋，系統理論興起之後，取而代之以系統觀點如：政治、經濟與社會環境因素等來解釋個案問題形成的原因。後現代個案工作理論認為這兩者都過度簡化了個案的問題，企圖發展較為完整的處遇策略，取代傳統個案工作之處遇策略。

從後現代個案工作的觀點，工作者干預的目標即不是個體本身、也不是社會系統，而是建立在「社區」（community）的干預焦點之上（Pardeck et al., 1994；Vega & Murphy, 1990）。後現代主義所指涉的「社區」，並不是建立在種族或地理區域的社群概念，反而是建立在與案主有關的社會事實相關之領域。

二、以詮釋立場為評估指標

從詮釋的觀點來看後現代個案工作之干預過程。在整個個案服務過程中，案主是被允許主導整個處遇關係的發展或是主導處遇的方向，主要的原因是後現代個案工作者，不認爲處遇計畫（treatment plan）本身對案主具有任何療效，但是提供詮釋案主經驗的過程本身就是一種適當的干預與成功的處遇結果。

第四章

社會個案工作的專業關係與原則

對社會個案工作而言，**專業關係**（professional relationship）是影響專業服務品質與成效的關鍵。所有社會個案工作的專業關係，必定是在特定的情境條件下建立，專業關係往往是因爲案主發生特定問題或有特定需求，前往特定的機構（公立或私立）求助，於是工作者與案主的專業關係就因而形成了。專業關係可說是個案工作的第一步，也是個案工作的靈魂基石；然而，任何工作者與案主因特定之需求而發展之專業關係，必須是要建立在所謂的專業工作原則的引導之下。因此，在本章中主要探討兩大部分：助人工作之專業關係與工作原則。

第一節　專業關係的意義

在社會個案工作中，工作者與案主由於專業服務的需要，進而建立的**「工作者與案主之關係」**（worker-client relationship），稱爲**「個案工作關係」**（casework relationship）；這種基於專業服務需要所建立之工作關係，被稱爲社會個案工作的**「專業關係」**（professional relationship）。當然社會個案工作所建立的專業關係主要是以助人爲目標，因此又被稱爲**「助人關係」**（helping relationship）；這種助人關係是建立在溝通的基礎，所以也被稱爲**「疏通關係」**（rapport relationship）。目前在社會工作助人專業中，專業關係、助人關係、疏通關係與個案工作關係，四種名詞經常被交互使用。下列僅就一般日常生活中所稱的關係，與個案工作助人過程所重視的專業關係，作一深入說明與界定。

壹、關係的意義

在日常生活中我們經常聽到「關係」一詞，關係對日常生活中的人際關係與人際互動，的確有明顯意義。那麼甚麼是「關係」（relationship）呢？不同學科對關係一詞的定義也不同，下列僅就社會學、心理學與社會工作對關係的界定，提出說明。

一、社會學觀點

從社會學觀點而言，**「關係」是指「角色連帶」（role bond）或「角色組」（role set）所帶動的角色關聯**。在日常生活中，每個人在不同的情境，扮演不同的角色，也可能同時扮演一種以上的角色，個人往往因爲不同角色的扮演，而產生各種不同的互動關係，譬如：親子關係、師生關係或家庭關係等，在這些概念中明顯說明角色連帶間的關係。角色本身就帶有權利與義務的關係，明確規範角色的行爲表現與角色的期待，譬如：在案主與工作者之專業關係、上司與部屬之同事關係，或夫妻關係的角色組合中，都有一定的權利義務關係的約束，與角色行爲表現的期待。當行爲表現超出角色規範之期待時，雙方角色就產生了變化或中斷。在日常生活中，有些角色關係是可轉變或終止的，例如：工作者與案主的助人關係或上司與部屬的關係；有些角色關係卻是不能轉變、終止的，如：親子關係是不能任意改變的（黃維憲等，民八四）。

二、心理學觀點

從心理學觀點而言，**「關係」是指人與人之間情緒互動的感受**。既然關係是指人與人之間互動過程，所產生的一種情緒交流的經驗與感受，那麼不論這種情緒經驗與感受如何，「關係」會讓人感覺到自己與他人產生緊密結合的一體感受。當然關係是受互動的時間、期間、內容、雙方特質、過去經驗、價值觀、認知與社會文化因素影響，因此「關係」一詞具有高度的可變性（黃維憲等，民八四）。社會心理學家最常運用社會交換論（social exchange）觀點，說明關係的建立與發展過程，是以「得失」爲主要的權衡基礎，個人選擇與特定他者互動過程，主要是以利益大於損失爲前題（Brehm & Kassin, 1996: 203）。

三、社會工作觀點

從社會工作的觀點而言，**關係是指案主與工作者因特定目的，產生互動關係，在互動過程產生一種情緒的交流經驗與動態的互動，這種情感、認知和行爲相連的經驗與情境稱之爲關係**（Barker, 1991; Brammer, 1985; Johnson, 1995）。

貳、專業關係的意義

「專業關係」可以說是個案工作的靈魂與基石，因爲專業關係對個案工作專業服務過程，無論是在會談、評估或處遇等階段，均有明顯的影響作用。專業關係的建立是基於案主本身有無法處理的問題或困擾，前來機構尋求社會工作人員的協助，案主問題的解決與需求滿足，就成了個案工作人員與案主的工作重點。在整個助人工作過程，案主嘗試表達問題與需求，工作者則以尊重、接納、同情的態度協助案主情緒的疏導，這種建立在助人爲前提，所形成個案工作者與案主之間的情感交流，就是專業關係的開始（徐震等，民八五：152）。

一、名詞釋義

在助人專業領域中，疏通關係、助人關係、專業關係與個案工作關係，經常被交互運用。下列僅就疏通關係及助人關係加以說明。

(一)疏通關係

何謂「**疏通關係**」（rapport relationship）？疏通關係經常被用於精神醫學或臨床心理學上，是指案主與治療者之間所具有影響功效的治療關係，在這種治療關係中，必須讓案主感受

到治療者對他的關懷、同情與了解，所以從一開始的治療關係，治療者就必須對案主表現溫和、誠懇、友善、接納案主，並鼓勵案主盡量表達自我意見。在這種互動過程中才能使案主對治療者產生強烈的信任關係，並樂於與治療者合作，接受治療者建議的治療方式；所以說，疏通關係是任何心理治療必備的條件（廖榮利，民八六；Brammer, 1985）。

㈡助人關係

助人關係一詞經常被用於助人專業，**意味著這種關係在助人過程中提供一種改變的動力**。助人關係是指工作者與案主基於一特定目的，所進行的情緒交流與行爲互動，在這種互動過程所產生的交互作用，往往這種交互作用能引導案主產生改變的動機，激發案主意念與增強案主接受協助或改變的動機（廖榮利，民八六）。

二、專業關係

社會個案工作的專業關係是專業、也是助人關係，這種關係的建立必須以一種特定的目的爲基礎。這種專業關係的進行有一定的時間限制，個案工作者必須運用專業知識、技巧與方法，並在專業倫理原則的引導之下，以案主最佳利益爲考量重點，爲案主謀取最佳福祉的一種情緒互動的交流過程（Johnson, 1995: 167-8）。

比斯堤克（F. Biesteck）將個案工作的專業關係定義爲：

「工作者為了要幫助案主本身對環境有較好的適應，在情緒上及態度上與案主所產生的富有動力的互動，稱為個案工作關係」（張思忠、鄭基慧譯，民七七：20）。工作者和案主的互動關係是雙向的、交互的和動態的關係，工作者透過這種專業關係，促使案主對人的感受和態度產生改變作用。

對社會個案工作而言，「專業關係」是指專業人員與案主在互動過程，所產生的內心感受和態度表現的動態交互互動關係，工作者透過這種交互作用協助案主社會生活適應能力的改善和增強（李增祿等，民八四）。專業關係是工作者與案主基於特定目標，所形成的一種雙向交流與互動的經驗，工作者往往透過這種專業關係，促使案主對人或對事之感受與態度產生改變作用（廖榮利，民八六：56-7）。因此，專業關係一如人的靈魂與血液，專業服務過程如果缺乏專業關係，那麼就很難達到所謂專業服務的目標。

強森（Johnson, 1995）指出個案工作的專業關係其實是一種動態的關係（dynamic relationship）。這種動態的關係是以會談形式（form of interview）為主，以工作者與案主為中心所建立的結構化的助人關係（structured helping profession）為前提，所建構的一連串由語言與非語言的情感交流與情緒互動的經驗。因此，個案工作的助人關係，可以說是由案主系統（client's system）或受助者（helpee）與工作者系統（worker's system）或助人者（helper）兩大系統，共同建構出一動態系統（action system）（Brammer, 1985; Johnson, 1995）。在此種動態互動過程，無論是助人者或受助者的知覺（self perceptions）、需求（needs）、價值觀（values）、感覺（feelings）、經驗（experiences）、期待（expectation）或專長（expertise），都可能影響專業關係的建立與發展（Brammer,1985: 41）。

在專業關係中，案主與工作者的心理感受與態度反應是一種持續交互反應的過程。首先，來自案主對工作員的互動，案主帶著問題與需求求助；而工作者運用其敏銳的觀察力，了解案主的含意，並做適當反應；最後，案主對工作者的反應了解之後，再以語言或非語言向工作者傳達。所以說個案工作的助人專業關係是一種動態的持續互動過程的關係。

徐震等人（民八五:152-3）運用六種觀點來闡釋個案工作專業關係的意義：

㈠滿足案主需求的關係

專業關係是工作者以促進案主成長、發展與培養較好的適應型態之下，所提供的服務。

㈡激發案主潛力的關係

工作者提供溫暖、支持、安全的關係，減除案主焦慮不安的情緒，幫助案主積極改變和調適。

㈢整合人際關係

工作者希望透過正向的互動關係，重新協助案主肯定自我，並從中學習經驗，運用到其他人際關係之上。

㈣互動的關係

一種工作者與案主之間態度與情緒交流的經驗與過程；透過這種經驗與過程，協助案主減輕人際互動關係的障礙與挫折。

㈤真實的關係

工作員以真誠態度面對案主，鼓勵案主清楚表達自我意念，並協助案主釐清現實與非現實的認知與期待，避免錯誤的印象，才能促使專業關係有效的運作。

㈥互補的關係

互動過程中案主必須坦誠、開放的表達自己的問題與困難，工作者則以關懷、接納態度，引導案主表達，並進一步提供必要之資源，協助案主解決問題。

第二節 專業關係的特質

良好的專業關係可以幫助工作者與案主建立良好的疏通關係，這種疏通關係是個案工作服務成效的主要關鍵。所謂良好的專業關係，到底應該具有哪些特質呢？卡普頓與蓋樂衛（Compton & Galaway）指出，良好的專業關係具備有八大基本要素，分述如下：（引自黃維憲等，民八四；Johnson, 1995: 168）

壹、關懷他人（concern for others）

在專業關係中，工作者往往基於無條件肯定案主的生活的信念，與案主建立一種溫暖、喜歡、友善、支持的關係，並對案主的問題表示充分興趣，期待透過這種了解案主的問題與需求的過程，關心案主個人幸福。不過在個案工作的專業關係過程，真正的關心是工作者願意提供專業知識和技巧以服務案主，並允許案主在接受服務過程，盡可能自由選擇自己所想要做的。換句話說，在專業關係中真正的關心是指社會工作者願意作爲過程的推動者，而不是過程的創造者（Johnson, 1995；黃維憲，民八四：117）。

貳、承諾和義務（commitment and obligation）

爲了要有效的達到助人專業關係的目的，無論工作者或案主都必須投注相當精神與注意力，才能建立有專業關係的契約關係。專業關係是一種契約關係，也是一種承諾關係，在個案專業關係中，透過契約的建立，使雙方都有一種職責感和義務。所謂承諾的關係是指在專業關係中，工作者要避免違背自己的承諾如：失約、洩露秘密或沒有盡全力找尋資源等，致使案主拒絕接受服務。如果工作者與案主雙方缺乏這種信任與承諾關係，就會對專業關係造成不必要的傷害和不穩定，所以，承諾是在這種協助契約關係的建立過程中，使雙方產生責任與義務的共識。個案工作因有這種信任的契約關係，才能使專業關係更有生產性、更有意義，且讓專業互動更爲順利（Johnson, 1995；黃維憲等，民八四：118）。

參、接納（acceptance）

接納並不是意味著工作者依個人嗜好來選擇個案，也不是放棄個人價值去接受案主的價值，而是一種尊重的態度。接納並非自然而然發生，而是基於一種對人價值的肯定和尊重的信念。從專業的觀點而言，相信任何人在成長過程當中，難免因能力、判斷力、資源或機會不足，而影響個人發展。所以對個案專業關係而言，工作者必須接納這個事實、這個個人，以非評斷、不批評的態度面對案主的問題，讓案主產生信任關係，透過這種信任關係，幫助案主自我開放和自我探索，並使案主能進一步自我接納，肯定自我的價值（Johnson, 1995； 李增祿等，民八五；徐震等，民八二；黃維憲等，民八四：119）。

肆、同理心（empathy）

梅葉夫（Mayeroff, 1971）將「同理心」定義爲：關懷一個人，並且能夠用對方的觀點去理解她（他）的經驗與生活世界。自我心理學的大師羅吉斯（C. Rogers）指出：同理心是指工作者能清楚的理解當事人內在的主觀世界（private world），同時能夠將有意義的訊息回饋給當事人，並且可以指出當事人很少意識到的個人經驗的意義的部分（黃惠惠，民八五）。

總言之，**同理心是指工作者能設身處地、感同身受體會案主的心情與感受，並能對案主的感受產生一種「人同此心，心同此理」的共鳴**。同理心可說是助人的第一步（Barker, 1991: 73；黃惠惠，八五：47），在個案工作的專業關係中，工作者往往以一種傾聽、了解的態度，運用溝通的能力，積極和案主產生對話的關係。

伍、眞誠（genuineness）

工作者透過一致的語言與非語言態度，專注傾聽案主對問題的敘述。在專業關係中工作者不僅要能真誠的面對自我和自己的感覺，同時也能成功的將自己的經驗或情感與案主的經驗與感情區分（Johnson, 1995:168）。真誠的專業關係是指在專業服務過程中，工作者應該避免過度關心案主，而使自我情緒過度涉入，反而容易造成反效果。

陸、清晰的溝通（clear communication）

工作者與案主溝通過程，能清楚的將自己要表達的意念傳達給案主，讓案主完全了解（Hepworth, Rooney & Larsen, 1997; Johnson, 1995）。

柒、權威和權力（authority and power）

所謂「權威」是一種影響力；而「權力」是一種責任與職責。權威並不是一種強制力或控制力。當個人遭遇問題處於無助的情況下，會去找尋一個具有專業知識或能力，可以協助其解決問題的權威人士或專家。社會工作師本身即具有這種讓案主感覺到的安全感，可以引導案主思考問題及解決問題，必要時甚至提供建議或給案主忠告（Johnson, 1995）。

當助人關係發生時，就是一種資源不對稱的關係，讓工作者與案主關係變成「給」與「取」（give and take）的關係，在這種給—取關係之下，「給」的一方，往往對「取」的一方具有某種權力。

當案主期待透過專業關係的過程，達到需求滿足與問題解決，而工作者透過專業關係提供引導和資源協助，使得個案工作的目標可以達成的過程，是一種權力資源不平衡的關係。工作者對案主擁有一些權力，如：是否提供服務或提供經濟補助與否。雖然工作者因專業關係對案主擁有某種程度的權力，但工作者是運用權力來解決問題，而不是用來操縱案主（黃維憲等，民八四：116）。

捌、目的（purpose）

無論對工作者或對案主而言，這種助人關係是有一特定的目的，也就是說目的決定關係的內涵和定位，因此，了解專業的目的對專業關係而言是相當重要的。

對個案工作而言，工作者與案主產生的專業關係是一種有目的的互動，這種有目的的互動關係包括三個面向（aspects）（Johnson, 1995）：

一、規範性目的（normative purpose）

根據社會工作師的角色與性質，明確規範可被接受與不可被接受的專業關係性質，也就是在這種規範之下，決定工作者應如何對待案主，允許哪些態度與行爲是被期許的。

二、操作性的目的（operational purpose）

個案工作的專業關係主要是用來改變或發展案主的社會功

能與增強案主的社會適應能力，使案主具有能力去面對問題、解決問題，所有專業關係的運作都必須要在真實情境中運作。

三、個人性的目的（individual purpose）

每個案主的需求與問題均不同，所以個案工作專業關係之建立，是一種動態性質，往往隨著案主不同而有異。

許多學者與專家對助人關係有相當深入的描述，根據他們的意見，有意義的個案工作專業關係，應具有下列六項特質：（林孟秋，民八七：95-98）

1. 助人關係應該是雙方的關係，需要工作員與受助者兩方面的投入和配合。
2. 助人關係只有單一的目標，就是幫助受助者解決問題，提高解決問題的能力，進而充分發揮其潛能。
3. 助人關係除了建基於專業的理論和知識外，也包括人與人之間情感的交流。
4. 助人關係不一定是永遠愉快和輕鬆的。
5. 助人關係是包容和不批判的。
6. 助人關係必須爲受助者提供真正的選擇。

第三節　專業關係的轉移與反轉移

在個案工作過程，當案主因特定問題或需求前來機構尋求專業工作者的協助時，因對機構、工作者的不熟悉，或對問題的不確定性，使得案主常懷著一種焦慮、矛盾與不安的情緒，這種情緒往往在助人專業過程中，透過直接或間接的方式表現出來。有些案主對受助情境的焦慮、不安或對工作者的刻板印象是有脈絡可循的，所以稱爲現實性的（realistic）情緒反應；可是，有些案主對工作者的情緒反應，卻是非理性的、非現實性的，也很難由現有的情境脈絡中找出蛛絲馬跡，這種案主對工作者**非現實的態度與反應**，就稱爲「**轉移反應**」（transference reaction）。

在專業過程中，這種現實與非現實的態度與情緒反應，不只是會發生在案主對工作者的反應，也可能發生在專業人員對案主。**當工作者對案主產生非現實的態度或情緒反應時**，就稱爲「**反轉移情感反應**」（countertransference reaction）（社會工作辭典，民七九：451）。在專業關係中，無論是案主對工作者的轉移反應或工作者對案主的反轉移反應，均會干擾專業關係的發展，因此，專業工作者不可輕忽，必須仔細處理，才能進一步透過專業關係幫助案主自我了解、發揮潛能與解決問題。

壹、轉移反應

何謂轉移反應？在個案工作專業服務過程，如何判定案主對工作者產生非現實性的情感轉移反應呢？面對案主非現實性的情感轉移反應，個案工作人員又該如何處理呢？

一、轉移反應的定義

「轉移」（transference）的概念主要是來自精神分析理論，**指在專業關係中案主對工作者的情感轉移，往往是案主將早年生活經驗中，對某特定關係人（特別是父母，但不一定是父母）的特殊感受或情緒經驗，投射到專業人員身上，也就是將工作人員視爲是早年情緒經驗中的某特定人一樣看待**（Barker, 1991: 52；Hollis, 1975；黃惠惠，民八十：189）。譬如：在專業關係中案主對工作者經常懷著強烈的敵意，這種非現實性的情緒反應，可能是因爲案主在童年時期對父母的敵意，仍未獲得宣洩或解決之故，所以將這種敵意的負面情緒投射到工作人員。有時候，案主也會把自己對他人的感情和態度帶進專業關係中，但不一定把工作者當作早年家庭生活經驗中的某特定人物，而只是把此特定人物的某些特質表現在專業關係之上（黃惠惠，民八十：189）。

二、轉移反應的性質

轉移反應是一種相當情緒化、非現實性的態度和情緒反應，這種情緒反應，往往是在潛意識層次運作，案主潛意識中企圖將童年未滿足的慾望轉向工作人員，尋求滿足，或是將童年時期未解決的內在衝突，在專業關係中向工作者挑戰，以獲得滿足。所以，案主對工作者的情緒反應與態度，對專業關係的發展可分為正向（positive）與負向（negative）的情感轉移兩種類型：

㈠正向轉移（positive transference）

正向情感轉移反應指的是案主對工作者的依戀（emotional attachment）和理想化（idealization），甚至把異性工作員當成戀人或理想的配偶，尤其是不同性別的工作者與案主的關係時，更容易形成兩性間的感情。

㈡負向轉移（negative transference）

負向的情感轉移反應則是指在專業關係中，案主對工作者懷有強烈的敵意、激動和憤怒的情緒，有時也會有愛、恨矛盾情緒並存的經驗，這些大部分是當事人合理的人格反應。

情感轉移反應往往會表現在專業關係中，案主的情緒反應與態度行為表現上，如：順服、無助、抗拒、否認或追求讚許。案主對工作者的情感轉移反應，在個案工作過程中深具意義，所以工作人員不應該忽視這種情感的轉移反應對專業關係的影響力，當然情感的轉移反應也不應該被視爲是對專業關係的一種干擾作用而已。在專業服務過程，適度的情感轉移反應的處理，不僅可以了解案主，同時也可以進一步幫助案主自我了解；反之，工作者輕忽情感轉移反應的意義，未做適當的處理，往往會進一步破壞專業關係的發展。

案主對工作人員的情感轉移反應，在助人專業關係中其實是非常普遍的情況，可是要處理轉移反應並不是容易之事，需要有高度的敏感度與專業訓練。工作者在整個專業服務過程中，需保有高度的敏感度，並能仔細評估情感轉移反應對專業關係的影響程度，以便做出適當的反應。案主對工作者所產生的情感轉移反應，對專業關係的發展未必是負面的，如果情感轉移反應是現實的、可被理解與接受的，那麼工作者或可忽視、或可進一步引導案主情緒反應，朝向有利於專業關係發展的方向；如果案主的反應是不恰當的或非現實的，那麼工作者就必須適當處理。

在個案工作過程中，哪些是案主對工作者常見的情感轉移的現象呢？**賀普華斯**等人（Hepworth et al.,1997）**將個案工作過程，案主對工作人員產生的情感轉移反應，歸納爲十一項，分別是**：（張宏哲，民八七：58-65）

1. 案主過度取悅或讚賞工作者。

2. 案主問過多屬於工作者的個人私事。

3. 案主在會談過程常常故意引起辯論。

4. 案主往往會希望尋求特別的待遇，如：常爲小事而改變會

談時間。

5. 案主強烈地想要營造專業關係外的關係，如：邀約吃飯、出遊、送禮等。
6. 案主對工作者有幻想或是工作者常在案主的夢境中出現。
7. 案主在會談過程明顯有引誘的行為或穿著。
8. 案主有很強烈的自我防衛或是容易感到被拒。
9. 案主在沒有特別理由的情況下，卻期待被懲罰或批評。
10. 當工作者無法與案主會談時，案主會表現出明顯的退化行為。
11. 案主在會談過程，常有遲到或不想結束會談的行為。

三、轉移反應的調適

在專業關係中，案主對工作人員的情感轉移反應，無論是對案主或對工作人員，均有一定的功能，主要功能包括下列三項：

1. 以前的壓抑，現在可以自由表現，導致案主的焦慮削減，也促使工作者了解案主之未被滿足的需要和期望。
2. 轉移能減弱防衛機能，案主的不適當情感表現出來後，能經由專業服務而獲得更正。
3. 由於案主的心理問題和情緒，充分介入在目前待解決的問題之中，工作者可藉此鼓勵案主增強其自信。

情感轉移反應對案主、對專業關係的發展具有一定之意義。因此，專業工作人員對情感轉移反應不可忽視，必須適當評估之後，透過有效的方式幫助案主適當釋放（release）內在情緒衝突，並透過適當的方式給予案主支持與澄清，以增加案主對自己行為的評量，而減除其內心非現實感情，並促進專業關係之發展，進而改善與他人關係。

一般而言，個案工作人員可透過下列**兩種程序**，來引導與處理案主對工作者的情感轉移反應：

(一)引導

工作人員引導案主將其意識的情緒感受（conscious feeling），清楚的表達，並進一步研究與了解，尋求可行的解決方式。在專業服務過程中，工作者可以鼓勵案主重新描述童年的記憶與家庭經驗，透過描述過程幫助案主發現現實感情轉移反應的來源，進而減輕因情感轉移反應所造成的情緒不快或人際關係不良之影響。

(二)機會

在專業關係中，工作者有目的的提供案主適當的情感表白機會，並鼓勵案主對工作者表達各種情緒感受。在情緒表白過程中，藉此給予案主適切的接納與充分的自尊心，進而幫助案主消除其內在衝突的情緒（廖榮利，民七三）。

案例

佛拉是一位有三個小孩的已婚婦女，原本她每週前來與工作者會談一次，最近開始由每週一次增加到每週三次會談。在會談開始時，她興奮的描述她如何為她的大兒子準備生日舞會；接著，她將話題轉移到她與先生的性關係方面，她說最近她總是會主動要求與先生做愛，可是先生比較喜歡她是被動、而非主動的，這件事導致兩人之間的關係有些緊張。過了一會兒，佛拉突然抬頭對我說：「我覺得這不是今天我想要和你討論的問題，我覺得我們之間好像有些甚麼，我很想和你談清楚，可是又說不上到底應該談些甚麼……」。中斷、靜默一會兒之後，個案工作者主動說：「是不是要和我談有關我們兩人之間性的問題？」佛拉說：「也許吧！」個案工作者接著花些時間與佛拉討論以前和女性工作者是否曾發生過情感轉移的現象（Schaverien, 1998:185-6）。

當然，個案工作人員也可以透過下列方式，有系統的幫助案主處理其對個案工作人員所產生的情感轉移反應之影響：（Hepworth et al., 1997）

1. 探究案主的轉移反應是否是因爲工作者所造成的。
2. 探索轉移作用如何或何時出現。
3. 用與案主期待不相容的互動方式與案主互動，迫使案主回到專業關係。
4. 案主知悉自己的轉移作用後，工作者可以清楚表達自己的感受。
5. 幫助案主探討同類的轉移是否發生在與他人過去或現在的關係之中。

貳、反轉移反應

何謂反轉移反應（countertransference reaction）？在個案工作專業服務過程，專業人員與案主一樣是人，所以工作人員也可能對案主產生非現實性的情感反應或態度與行為。當工作人員對案主產生非現實性的情感反轉移反應時，工作人員應如何自我檢驗？工作人員又應如何幫助自己調適這種專業關係的負面影響力呢？

一、反轉移反應的定義

在個案服務的專業關係中，工作人員也是人，也可能對案主產生一些非現實性的情感反應或態度行為，這種**工作者對案主產生的非現實性的情感反應與態度表現稱為「反轉移情感反應」**（countertransference reaction）。這種工作人員將個人過去的生活經驗，投射到案主身上，因而對案主產生**過多的認同**（overidentifies）**或過少認同**（underidentifies）。當工作人員對案主產生過多的認同時，往往只會看到案主的長處與優點，以至於無法協助案主面對問題；當工作人員對案主產生過少的認同，可能會不能察覺案主的能力與長處，以至於無法給案主應有的支持與肯定，往往導致案主對工作人員產生不滿的情緒，影響專業關係的發展（黃惠惠，民八十：191-2）。

根據社會工作辭典定義：「**反轉移情感反應是指工作人員本身受壓迫、衝突或不舒服的情緒經驗**，**工作者將這種過去的經驗情緒投射到案主身上的一種心理作用**」（Barker, 1991：238）。無論反轉移情緒反應是意識或潛意識作用，對專業關係或專業服務，均容易產生負面效果。因此，專業人員最好能接受心理分析，認識自己對案主是否有反轉移情感反應，並進一步預防和解決個人主觀情緒涉入專業服務過程太多。

二、反轉移反應的來源

事實上，在專業服務過程中，工作人員對案主的反轉移情感反應與態度表現，是不容易覺察的，而其來源更是複雜。邱汝娜（民六七）在＜社會工作員的反轉移反應傾向與差異性之研究：當前台灣社會工作從業人員的分析＞一文中，將**反轉移反應**歸納爲三大類：

㈠個人因素

1. 由過去未解決的人際關係問題，所引起的焦慮。
2. 將專業人自我價值觀和道德觀，投射在案主身上。
3. 案主性別角色差異。
4. 工作人員自我形象的缺陷。
5. 工作人員專業教育和訓練不足。
6. 工作人員個人心理成熟度和自我了解不夠。
7. 工作人員的年資與實務經驗。

㈡情境因素

1. 案主外表形象、問題、行爲和工作者過去經驗的相似程度。
2. 工作人員的客觀情境壓力如：工作壓力、疲勞、負擔過重時之情緒表現。

㈢社會文化因素

1. 機構特質如：薪資、機構權威或同儕督導等。
2. 對專業工作的社會形象。
3. 生活經驗或社會文化背景的差異。

三、反轉移反應的調適

在個案服務過程中，工作人員爲了防止反轉移感情對案主所產生的不良影響，必須能及時自我察覺，才能進一步建立良性的專業關係，提供適當的專業服務。個案工作人員可藉由下列舉列清單，進一步幫助自己檢查在專業關係中，對案主是否有發生反轉移情感反應的現象：（廖榮利，民八六：72-4）

1. 發現自己昏昏欲睡，無法達到應有的傾聽和注意程度。
2. 發現自己在否定焦慮的存在。
3. 發現自己容易感到緊張。
4. 感到自己同情心多於同理心。
5. 發現自己對當事人所說的內容採取選擇性的反應和解釋。
6. 發現自己做了過早的和不正確的反應和解釋。

7. 發現自己不斷地低估或遺漏當事人的深層感受。
8. 發現自己對當事人產生莫名的討厭或喜愛的反應。
9. 發現自己過分袒護當事人，並對當事人談到受權勢壓制時，會產生衝動性的同情反應。
10. 發現自己無法站在當事人的立場著想，並且對當事人的煩惱感受不能採取應有的反應。
11. 發現自己傾向於與當事人爭辯，並對當事人的批判產生防衛或易生責難的態度與反應。
12. 感受到對當事人是最優秀或最差勁者。
13. 發現自己習慣性的延緩會談之開始或對某些當事人有敷衍的現象。
14. 發現自己過分注意當事人的個人隱私之資料。
15. 發現自己夢及當事人。
16. 發現自己藉故太忙，而不能與當事人會談，並歸咎於行政責任。
17. 發現自己的思想被案主所佔據，甚至對此有誇大反應。
18. 發現自己藉戲劇性的話題，讓案主不由得發笑或產生強烈情緒反應。

賀普華斯等人（Hepworth et al., 1997）則提出另一些指標，供專業人員**自我檢驗**反轉移情感反應是否存在專業關係中：

1. 對案主過度或超乎尋常的關注。
2. 夢裡或夢外對案主有性方面的遐思。
3. 常遲到或忘記會談時間。

4. 覺得與案主訪談很無聊。
5. 常有保護案主的感覺。
6. 對某些主題的討論覺得不舒服。
7. 無法對案主有同理心，或者對案主特別的不友善。
8. 因案主面對的問題而譴責其他的人。
9. 常提前結束訪談或延長訪談時間。
10. 想要案主對自己印象深刻。
11. 過度爲案主代勞。
12. 對案主的批評反應過度。
13. 過度擔心將會失去案主。

反轉移情感反應往往有礙於專業關係的發展與專業服務的成效；因此，專業人員如何自我覺察，並學習控制與改善反轉移反應可能帶來的負面影響是相當重要的學習課題。專家與學者建議專業人員可透過**下列幾種方式，達到提升自我覺察能力，促進自我認識，進而提高對反轉移情感反應的控制：**

㈠自我訓練（self-discipline）

布連姆等人（Brammer & Shorstone, 1968:251）指出，無論在任何情境之下，專業人員都應該自我訓練與自我約束，減少反轉移情感反應對專業關係的負面影響。在個案工作過程中，社會工作專業人員可透過下列問題，不斷對自己進行工作上的檢討與批判，藉此不僅可以測知自我的專業成熟度，同時也可以改進工作表現（黃維憲等，民八四 144-5；廖榮利，民八六:

74-5）：

1. 爲甚麼要對案主做出此種反應？
2. 說明時都採取何種反應？
3. 爲甚麼要對案主傳遞那些訊息？
4. 爲甚麼要問案主這些問題？
5. 問這些問題是爲了滿足個人好奇？還是爲了幫助案主釐清問題？
6. 爲甚麼要做出此種勸告？是爲了符合案主的期待、或是工作者自作聰明？
7. 有沒有因爲個人成見，而影響對問題的反應？
8. 爲甚麼會對案主沒有信任感？
9. 爲甚麼要求案主的配偶前來會談？是基於專業需要？或是因爲對案主過度的同情？
10. 在第一次會談中會不會說了太多話，反而沒有讓案主清楚表白？
11. 對案主未依約前來機構會談，我的情緒反應是不是過度？這種過度反應是不是意味著對自己的專業知識與技術不足的反應？
12. 應當終止專業關係時，會不會有不願終止關係的情緒？爲甚麼？
13. 有沒有利用案主滿足個人的需求，或反而讓案主利用了專業關係？

㈡外力協助

除了自我訓練之外，專業人員也可以利用外力的協助，達到去除個人盲點（blind point）、改進個人專業能力與改善專業關係。這些外力包括（Perlman, 1964:82）：

1. 機構督導協助。
2. 專業人士諮詢。
3. 接受心理治療。
4. 參加成長團體。
5. 同儕督導。
6. 專業教育或在職訓練。

專業人員可以利用上列外力協助，來幫助自己發覺在專業關係中是否有反轉移的情感反應現象，進一步釐清對案主產生反轉移情感反應的主因，並設法把這些原因剖析清楚。當然工作人員對自己的反轉移情感反應愈清楚，就愈能消除個人非現實性的情緒反應，能使專業關係更踏實、更真誠、更能理性地透過專業關係來協助案主。如果專業人員對於干擾專業關係之反轉移情感反應無法處理，那麼應該將案主轉介給其他適合的專業工作人員（黃惠惠，民八十）。

第四節　社會個案工作的原則

個案工作專業人員在提供專業服務過程，必須恪守專業原則。所謂**「專業原則」**（professional principles）是指**個案工作專業人員依「工作者」與「案主」之專業關係，所發展出來的實施原則，這些實施原則是作爲專業工作者提供專業服務之準據**。在個案工作專業服務過程，有些原則是在接觸個案之前就需要確立、並遵守的原則，稱爲「基本原則」（basic principles）；有些則是視個案情況，而有不同的個別考量與處理，稱爲「差異原則」（difference principles）。

壹、社會個案工作基本原則

梅艾斯（H.S. Maas, 1976）和哈里絲（Harris）對個案工作專業之工作原則有不同看法。本文綜合兩者意見，將社會個案工作的基本原則分爲七大項（廖榮利，民八六：39；李增祿，民八四：134）：

一、接納的原則

接納（acceptance）是視每位案主為獨特、有價值的個體，承認其存在的意義。接納原則的運用，是營造一種自由的氣氛，使案主可以在這種氣氛之下任意表達各種感受，而工作員對案主的表達有所反應。接納可以簡單被定義為「尊重」，尊重每個個體之所以為他的原因。「接納」與「贊同」是不同的觀念，接納不含有任何價值判斷，是一種承認事實與對問題的了解；而贊同是一種價值的判斷。

接納對個案工作而言，具有一定的處遇功效與專業意義。「接納」並不意味著工作者要採取置身度外的立場，反而是工作者要表現專業態度，試著了解案主的感受，並透過專業技巧的運用，引導案主思考、表達對自我問題的看法。往往案主在這種信任、不被批評、不被指責的氣氛之下，容易解除自我防衛，真正面對自我的問題與感受（張思忠、鄭基慧譯，民七八）。

接納是一種「非評斷的態度」（nonjudgmental attitude）。所謂非評斷的態度是指無條件的接受案主，接納案主為一有價值的個體，同時以不帶有價值評斷的色彩，評論案主的行為與問題。對助人專業而言，個案工作者必須設身處地的替案主思考、尊重多元差異的價值，不將自我價值觀或生活模式，強加在案主身上，才能達到真正的非評斷的態度。

二、溝通的原則

溝通（communication）原則在專業關係過程中，工作者與案主運用語言和非語言之訊息，進行雙向的溝通和意識傳遞過程。個案工作人員在接觸個案之初，工作人員對案主而言是一位陌生人，所以正常的反應是不會輕易地將其問題全盤吐露出來的，而是會有所保留或有所選擇的吐露資料、訊息。案主是否吐露內心感情與相關問題之訊息，端視案主是否對工作人員有足夠的信任關係，或他所提供的資料是否會被妥善的運用，才會和工作人員有深一層的溝通與互動關係（廖榮利，民八六：41）。

溝通原則也意味著工作人員面對案主時必須以誠摯關心的態度和案主進行雙向的交流。在溝通過程工作人員應盡量了解案主的意思，並運用澄清技巧協助案主釐清所要表達之情緒、想法、意見或行爲態度。如此不僅能透過專業關係的溝通原則幫助案主探索自我問題，同時也能幫助案主產生頓悟（insight）。

對個案工作而言，所有的工作者與案主的溝通關係，都是必須透過會談過程與技巧來達成的。所謂「會談」是指工作人員與案主進行面對面的溝通，其溝通內容是不受時空限制，透過會談過程引導案主改變行爲與自我成長。在個案工作的過程，工作者與案主的溝通內容，往往隨著會談階段不同而有不同的變化（李增祿，民八四）：

㈠開始階段

在開始階段由於案主對工作者的陌生、不熟悉，因此會談的內容比較一般性，工作者必須依實際情況對會談內容做彈性調整。在此一階段，工作者主要是運用接納、鼓勵、開放和啓發的態度，來引導案主充分表達自己對問題的看法和感受。

㈡發展階段

當會談進入選擇以某一問題爲探討焦點時，案主可能會經歷自我防衛與自我開放的矛盾交戰情緒，在此階段，工作者應針對問題進行討論，由討論過程深入了解案主對問題的認知、行爲或情緒的反應，並進一步運用專業知識，對案主的問題進行分析、澄清與肯定。

㈢成熟階段

在此一階段案主已經能夠比較清楚自己的問題與真正的需要，所以會談溝通的重點著重於進一步和案主溝通、討論未來處遇方向。

㈣結束階段

在此一階段，會談的重點應著重於溝通專業關係的結束，並討論對案主的期許與鼓勵。

三、個別化的原則

個別化的原則是指在個案服務過程，工作者將案主視爲是一個由生理、心理與社會環境因素所形成之獨特個體（unique individual），並承認這個個體是與眾不同的。簡單的說，個別化原則就是在專業關係中，工作者必須認識每個個案的特質，即使案主的問題相似性很高，工作人員也必須運用專業知識、技術與方法，針對每個個案的背景與問題形成原因，進行研究、探討與評估。譬如：思考哪些因素是造成案主問題的主要成因？哪些是案主個人自身缺失和適應問題？案主的自我功能如何？工作人員需要運用何種方式，才能協助案主適當的解決問題？總而言之，儘管案主之間的問題相似頗高，可是工作人員必須遵守個別差異原則，不僅重視問題成因的差異性，同時也強調服務內涵的差異性，如此才能確保個案工作專業服務的適切性（廖榮利，民八六；張思忠等，民七八；Johnson, 1995）。

四、案主參與和自決的原則

㈠案主參與原則

所謂「案主參與原則」（participant principle）是指案主在**接受專業服務過程，自始至終都必須被鼓勵，積極參與整個與個案服務有關的決策與行動中**。雖然當案主帶著問題或困擾前往機構求助時，明顯的是處於對自己沒有自信、對問題感到苦惱、對未來感到無助的情況，可是這並不表示工作人員就可因此取而代之，爲案主做任何有關專業服務的決定。其實，對社會個案工作而言，助人專業的價值在於透過專業知識與技巧的運用，在專業服務過程中，引導案主積極參與對自己所面臨的問題的了解、剖析，並尋求可能改善之道。唯有案主積極參與整個專業服務過程，才能幫助案主自助助人。

在個案工作過程，工作人員如何協助案主發展積極參與的態度呢？首先，工作者對所有個案都要設定目標，這個目標主要是建立案主的自我能力；其次，工作人員需善用支持與激發的技巧，協助案主對自我能力產生信心；最後，工作者再運用鼓勵的技巧，不斷鼓勵案主積極參與整個專業服務過程。唯有案主與工作人員密切的合作、共同分擔責任，才是達到專業服務目標之道。

這種鼓勵案主積極參與整個個案服務過程，也是一種**「充權」**理念的運用，讓案主在接受服務過程，同時也能讓自己感覺是使能者（enabler），而不是無助的（helpless）個體。鼓勵案主積極參與的觀念同時也**主張個案工作者必須揚棄傳統所謂「爲案主工作」**（work for clients）**的心態，代之以「與案主一起工作」**（work with clients）**的觀念**。也就是說個案工作者必須堅持對個案的服務是：**「給魚吃，同時也要教案主如何釣魚」**，只有這樣引導案主自助助人，才是真正的幫助案主獨立生活的工作模式。

㈡案主自決原則

從個案工作的立場，認為每個個體都有自我抉擇的權利，也唯有透過自我抉擇，才能真正為自己負責任。雖然案主因特定問題與需求前來求助，但並不意味著案主需要放棄自我決定的權利。即使案主因某些因素自我放棄或逃避自我決定的責任，工作者也應該以容忍的態度，鼓勵案主為自己做決定。**「案主自決」**（client's self determination）不是口號，最重要的是尊重案主。在整個專業服務過程中，專業工作者不應該運用專業權威支配或指使案主，工作者必須肯定案主有選擇和決定的權利的事實。

案主自決不僅是權利的問題而已，同時也是工作者如何積極的促使案主自助的必要方法（張思忠等，民七八）。所以在整個專業服務過程，個案工作者必須避免給予案主不恰當的訊息，避免誤導案主的決定，同時也應該極力避免運用專業權威，迫使案主在心理尚未充分準備之前，就草率做出任何決定（Forder, 1966）。對於案主因任何原因不肯或無法做出明確決定時，工作人員必須仔細評估案主的內在情緒反應、抗拒的原因，並運用專業技巧，如：沈默、減除焦慮或平衡矛盾等技巧，進一步協助案主發展自我抉擇的能力。個案工作人員也可以透過會談過程，善用會談技巧，協助案主演練如何發揮內在的自我力量，學習自我負責的態度。

五、保密原則

在個案服務過程，案主往往把個案工作者當作是可信任的人，因此，在整個會談過程中，案主往往對工作人員有較低的防衛心，將個人隱私與問題一五一十的告訴工作人員，在這種特殊的互動關係中，工作人員必須嚴守對案主隱私保密的原則。

保密原則可以說是會談溝通的先決條件，也是工作人員與案主之間建立良好信任關係的第一步。所謂**「保密」**（confidentiality）是指自專業關係開始，工作人員對案主在會談過程所表露之資料、會談內容或任何與案主有關之訊息，工作人員必須嚴守專業保密之職責，稱之爲保密原則。

「保密」一詞涉及兩個重要概念：**保密與責信**（accountability）。**保密是一種當案主提供訊息給社會工作人員時，對社會工作人員行爲的規範**；而**責信是指對某人的行爲，給予清楚解釋或提供理由**（Hugman & Smith,1995:66-67）。

無庸置疑的，個案工作者必須遵守保密原則，可是當保密原則與其他專業原則產生衝突時，個案工作人員應以遵守何種原則爲優先呢？當工作人員面臨生態的衝擊，在維護保護案主隱私之時，如何同時重視其他工作原則？譬如：從事兒虐、婦保或老保等類型的保護性個案工作人員，如何在面臨司法界與媒體的壓力之下，能夠做到宣導、倡導的目的，同時也能保障案主隱私不被洩露？

針對保密原則，個案工作者在專業服務過程，應有之態度爲何呢？

1. 假如在個案工作過程，專業工作人員初步判斷案主所提供的內容或所表露的情感，工作人員很難遵守案主的期待，做到完全保密的程度，那麼工作者不應該隱瞞或含糊以答，而是必須據實以告，清楚告訴案主，可能保密的範圍、程度與限度爲何。
2. 在個案工作過程，工作者應婉轉地告訴案主，任何時候案主都有權取捨他（她）所願意提出與工作人員討論的內容與討論深度。
3. 個案工作人員更應堅守在專業關係中，工作者不應爲了個人好奇，而詢問任何與專業服務無關的事項。

胡格曼等人（Hugman & Smith）認爲在個案工作過程，個案工作人員可透過下列方式保障專業關係中的保密原則不受傷害：（周海娟，民八八：45-46）

1. 與案主締結明確的契約。
2. 了解社工人員自己的信仰體系。
3. 慎重處理保密問題。
4. 使機構負有更多保密責任。
5. 確立專業指導方針。
6. 奠定一種法律可行的基礎。
7. 使案主有權界定並維護其利益。

六、個案工作者自我認識的原則

在面對複雜、多元的案主問題及巨大工作壓力之下，個案工作者往往將其本身所具有的價值體系、經驗與人格特質，不經意地流露在專業互動過程中。因此，個案工作者如何透過自我訓練與自我認識，避免個人主觀情緒與認知，影響助人專業關係的運作，就成為相當重要的課題。

在個案工作過程，工作者的**自我認識**（self-awareness）必須遵守下列三項原則（廖榮利，民八六）：

1. 個案工作者對案主的各種反應，應維持在理性的、與案主是處於一種專業關係層次上的互動，而不是工作者為了個人動機行事或主觀感情上的反應。
2. 個案工作者的任何反應，都是為了要協助案主，而不是為了滿足個人的需求。
3. 個案工作者對案主應持有高度客觀和中立的態度，若個案工作者本身有主觀偏見、或對特定社會團體或種族有刻板化印象及態度，均不應介入與案主的專業關係中。也就是說工作者應以「專業自我」（professional self）協助案主的自我成長與發展。

在個案工作過程，工作者如何透過有效的方式來增進自我認識與培養專業自我呢？呂民睿（民八四：141）指出三項可行的策略：

1. 透過專家的心理分析過程，來了解自己和認識自己。
2. 隨時檢驗自己和案主的專業互動關係，了解自己對案主正面和負面的情緒反應。
3. 運用自我批判方式，對自我專業表現進行批判與調適。

七、有目的的情感表露

所謂**「有目的的情感表露」**（purposeful expression of feelings）是指在個案服務過程中，工作者必須運用專業技巧，創造一種舒適的氣氛，協助並鼓勵案主自由的表達其內在需求與情緒反應（Johnson, 1995）。在整個專業服務過程，工作人員必須適度的情感介入，這種適度的情感介入是基於人類相互建立關係的本質，是一種自然的溝通傳達的過程必然的現象。

在個案服務過程，工作人員必須仔細分析與判斷這些溝通訊息與感受，對案主的意義為何，並能將這種感受適切的反應給案主。在整個專業服務過程中，無論是口語或非口語的訊息，都一樣重要。在專業服務過程，工作者必須專心注視案主，尋找案主語言和非語言所表露的感受；案主往往也會以同樣的方式注視工作人員，所以個案工作的會談是一種透過語言與非語言，達到雙向溝通與交流的目的，所以是一種有目的的表露（張思忠等，民七八；黃維憲等，民八四）。

貳、個案工作的差異原則

「差異原則」（differential principle）是指**個案工作的專業原則，可能適合某些情境、某些個案，但未必見得適用於每個個案，必須彈性運用**。個案工作最基本的精神就是重視個人在生理上、心理上和社會環境上的獨特性，也就是在專業服務過程中，工作者必須將每個個案視爲是獨特的個體，相信每個個案對本身所遭遇到的問題或困難，必有自己的看法和感受，因此對於每個個案的處遇計畫，往往也隨情境不同而有不同的處遇方式。

差異原則到底可以提供個案工作何種**功用**呢？廖榮利（民八六：51）將之歸納爲三：

1. 指引個案工作計畫的初步評估。
2. 指引個案工作初步評估的組合。
3. 指引再評估與修正個案工作計畫。

個案工作者重視案主的個別差異性，往往會表現在下列幾方面：（呂民睿，民八五：137-138）

1. 注意傾聽案主的談話和觀察案主的表情動作，以了解案主的問題和案主本身之間的相互關係。
2. 避免將刻板化印象與對案主產生先入爲主的成見，盡量避免以類推方式，將案主問題歸類。

3. 個案工作者需要培養敏銳的觀察力，確實針對案主的獨特情境、問題、能力及弱點，給予不同程度的反應，並以謙和、有禮的態度，對待案主，才能落實個案工作重視個別差異的精神。

第五章

個案工作者的角色與生態圖

許多臨床社會工作人員（clinical social workers）都視自己爲心理治療師（psychotherapists），那是因爲社會工作專業人員，在實務工作過程經常都需要透過會談來處理案主的情緒反應與心理問題。但是視個案工作者爲心理治療師這種說法並非完全正確，因爲個案工作者在實務工作過程，所扮演的角色非常多樣化，而心理治療只是其中一種角色而已。個案工作者在助人專業服務過程中，所扮演的角色往往因爲領域、目標和服務人口群不同，而有明顯差異。在本章中主要針對社會個案工作人員，在個案服務過程所扮演的角色，及如何運用**家系譜**（genograms）與**生態圖**（eco-maps）來協助案主解決其家庭關係問題和尋求相關資源，進一步滿足需求，增進個案服務成效。

第一節　助人者之特質

既然社會工作是一種助人專業，那麼助人者應該具有哪些基本特質呢？

壹、可諾雅（B. Cournoyer）的觀點

可諾雅（1996）認爲助人者除了應該具有一些助人者的基本特質之外，同時也需要因情境之需求而具備特定之特質。根

據可諾雅的看法，**社會個案工作人員需具備的基本特質**，包括：同理心、尊重和真誠三種特質；其他特質則包括：自我了解、自我控制、社會工作價值、倫理義務的體認、專業知識、專業責任和自我肯定等（萬育維，民八七）。

貳、布萊姆的觀點

布萊姆（1985:25-31）也指出在專業關係中，要達到**有效的助人關係**，助人者就必須要具備幾項**特質**：

一、自我價值的了解（awareness of self and value）

大多數的實務工作者都同意，助人者對自我價值肯定的必要性；因此，助人者必須要問：「我是誰？」「何者對我是重要的？」「我所做的哪一項工作對社會是有意義的？」「爲甚麼我想要成爲一位助人者？」自我認識可以幫助助人者避免個人偏見。

二、對不同文化經驗的敏感度（awareness of cultural experience）

助人者自我訓練過程，可以進一步幫助助人者了解不同受助人口群的特質。

三、能夠分析自己內在情緒與動機
(ability to analyze the helper's own feelings)

有效的助人關係同時也是指助人者能了解，並有效的控制自我內在情緒，避免個人內在情緒干擾專業關係的進行。

四、能夠成為一位影響者
(ability to serve as model and influencer)

在助人關係中，助人者必須能夠成爲受助者的模範、或有能力去影響受助者的意願與行爲。

五、利他主義者(altruism)

在專業關係中，助人者必須是以案主最佳利益爲主，不以個人利益爲出發點。

六、嚴守倫理原則(strong sense of ethics)

在專業關係中，助人者必須避免個人對人、對社會的信念與價值觀，影響了專業工作的進行，任何時候助人者在提供專業服務過程，都必須嚴格遵守所謂的專業倫理原則。

七、責任（responsibility）

在專業關係中，助人者對自己和對案主的行爲需要負多少責任呢？這個問題沒有明確的答案。有些專家與學者主張受助者（helpee）需要對助人關係的發展負責任；可是，也有學者與專家主張需要對助人關係負責任的是助人者，非受助者。

參、黃惠惠的觀點

黃惠惠（民八五：14-15）也指出有效的助人者應具備下列八項特質：

一、對人關懷、有興趣

對人關懷並不是指對人好奇，喜歡探求個人隱私，而是喜歡與人在一起，對人及與其有關之事感興趣，關心「人」往往甚於關心「問題」或「事件」。

二、身心成熟

所謂身心成熟是指情緒穩定、心理調適平衡，並且對事物有客觀成熟的看法，如此對助人工作者較能有正向的影響與意義。

三、具有自我覺察的能力

一個能自我覺察的助人者較能分辨他個人的需求、感受與價值等，以別於當事人的，也較能夠協助他人發展其自我覺知的能力。助人者不斷地檢查清理自己與助人關係的狀況才能避免主觀的介入，並能促使潛能的發揮及有效行爲的產生。

四、彈性的態度

有彈性並非指什麼都無所謂，或任何行爲都贊成。彈性是指包容力，對於不同的看法、意見及行爲能包容，而不是用一套僵硬的標準來衡量求助者，合此標準者輔導之，不合者則排斥。在助人過程中，助人者會發現當事人有自己獨特的人生觀、行爲方式及價值信念，常常與助人者或其他人相當不同，助人者如能以彈性、開放的態度去接納，才能建立專業關係，真正了解對方，有意義的助人工作才能進行。

五、敏銳的觀察力

求助者有時不敢很直接的表明自己的情緒、困擾或期望，而用間接或隱含的方式表達，助人者須培養敏銳的觀察力，用第三隻耳朵、第三隻眼睛來洞察對方的言外之意，才能真正協助當事人。

六、真誠的態度

助人者真心關懷、誠意助人的態度對求助者是最大的鼓勵，也是使求助者放下防衛的最好方法。

七、溝通能力

溝通能力在助人過程中扮演非常重要的角色，助人者藉由溝通表達他對求助者的關懷、了解，及雙方共同關心的課題。

八、豐富的知識

專業知識方面包括：心理學、社會學、管理學、社會福利和生活知識。助人者需要具備豐富的生活知識與常識才能真正體會到求助者的感受與困擾，才能提出真實的生活經驗與對方分享或做參考。

第二節 社會個案工作者的角色

個案工作人員在提供專業服務過程，往往因實務工作的需要、目標不同和服務人口群的差異，其所扮演的角色也有明顯的差異（Dorfman, 1996:41）。事實上，社會工作人員在專業服務過程中，所扮演的角色不是單一的。通常將社會工作人員在專業服務過程所扮演的角色分為兩大類：直接服務（direct service）與間接服務（indirect service）的角色。所謂**「直接服務」是指專業工作人員以面對面、直接的方式，提供案主各式各樣的服務**，如：個案工作、團體工作或社區工作；而**「間接服務」則是指專業工作人員以非直接或非面對面的方式，對案主提供各項服務如：管理、計畫、諮詢、督導、訓練、評估或研究等**（徐震等，民八五：19）。

壹、貝克的個案工作角色分類

當社會工作專業人員在進行直接服務時，所扮演的角色就是所謂的直接服務的角色；而在進行間接服務過程，所扮演的角色就是所謂的間接服務的角色。但是貝克（Baker）也指出角色與角色之間的區隔，其實並不是那麼容易、也不那麼絕對的，因為角色與角色之間是有關聯。社會工作人員角色的多樣化，並不意味著每一位社會工作人員，都必須同時扮演許多角色，而是社會工作人員對自己在特定情境之下所扮演的角色，必須充分了解角色的內涵與意義。

依貝克（Baker, 1976）的主張，社會工作人員在實務工作過程中，其所扮演的角色組（role set）主要包括：**直接服務的角色、間接服務的角色和合併服務的角色三大類型**（如圖5-1）：

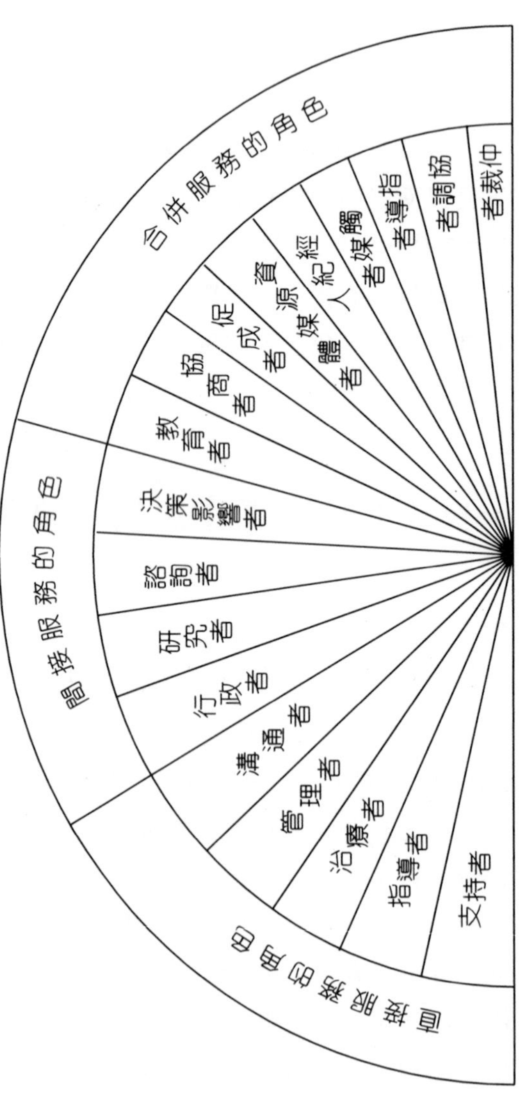

圖5-1　貝克的社會個案工作角色組

貳、李斯特的個案工作角色分類

李斯特（Lister, 1987）提出有別於貝克的分類架構，將社會工作人員所扮演之角色分為五大類，包括：

一、直接服務的提供者

當社會工作專業人員以面對面的方式，提供案主專業服務時所扮演的角色就稱爲直接服務提供者。直接服務提供者的功能包括：

1. 個人服務和諮商。

2. 婚姻和家庭治療。

3. 相關資訊的教育者和提供者。

4. 團體服務。

二、社會系統的連結者

當機構因某些因素而無法提供案主所需要的資源，或案主因個人缺乏相關的知識與能力，無法使用社會中已存在的相關資源時，社會個案工作人員就需要扮演所謂的資源連結的角色，充分有效的連結案主和社會資源的關係（許臨高，民八八：44-47）。資源連結的角色包括：

㈠社會服務經紀人

個案工作者有責任發展簡單且有效的轉介和監督系統，確定案主是否獲得適當的服務，這就是經紀人的角色。要扮演好個案工作的經紀人，首先需對社區現有的資源系統熟悉，才能對案主的需要時做出適當的轉介；同時，社會個案工作者也需要熟悉社區資源的相關政策，並能夠與政策聯絡人密切合作，這些都是決定資源連結有效的先決條件。

㈡個案管理者和協調者

個案工作者同時也應該扮演個案管理者的角色，仔細評估案主的需要，協調現有的服務和資源，確保案主在適當的時間內，獲得真正需要的服務和資源，改善生活品質，提升自我社會功能。

㈢調解者和仲裁者

案主可能因爲某些因素，而無法獲得機構的服務，當個案工作者遇到這些情況時，應適時的扮演調解者的角色，消除服務輸送過程的障礙。當個案工作者扮演調解者的角色時，需小心傾聽雙方對事實的說法和感受，判斷服務中斷的原因；在決定溝通中斷的原因後，個案工作者可採取適當的方式，消除雙方的溝通障礙，澄清雙方的誤解，並且處理雙方的負面情緒，以重新建立服務輸送的管道。

三、系統的維護與促進者

在社會福利機構中，個案工作者有時必須負責評估組織結構、機構政策，以及與其他機構間的關係，了解機構服務輸送過程的困難與障礙。所以系統維護與促進的角色包括：

㈠組織分析者

主要負責分析組織結構、機構政策和行政過程，以了解影響服務輸送過程的缺口，因此，個案工作者扮演分析者的角色時，必須具備組織和管理學相關知識。

㈡促進者和監督者

工作者在指出服務輸送的障礙原因之後，應擬定並實施可促進服務輸送效能的方案，這些工作包括對機構管理者的建議，召開機構會議以討論相關的問題。當管理者反對改善服務的效能時，工作者可結合同儕予以管理者適當壓力。此外，一些必要的在職訓練課程，工作者應積極參與。

㈢團隊成員

工作者在醫療機構中常和其他專業合作，共同評估病患之問題並提供相關服務。在醫療團隊中，個案工作者主要是提供有關家庭動力的專業知識，針對病患家屬提供適當的支持性服務，以期達到全方位的醫療服務，達到「全人化」醫療服務的目標。個案工作者也應充分運用社區資源，以達到資源充分連結的目標，協助案主擬定出院計畫（discharge planning），讓病患能在社區中有良好的社會適應力（Bailey-Dempsey, 1995; Dane & Simon, 1991; Kadushin & Kulys, 1993）。

㈣顧問和商議者

個案工作人員在提供專業服務過程，也可以透過個案諮詢，增加知識及專業技術的發展，並調整其態度或行爲，尋求更有效的服務。除此之外，個案工作者也會提供其他專業相關諮詢服務，達到所謂的「科際整合」的目標。

四、研究者與研究使用者

個案工作者無論是在公部門或私部門服務，都有責任爲案主提供適當的處遇計畫，並評估這些處遇計畫的成效，所以個案工作者應利用相關的研究，從事實際評估工作，了解服務成效與個案行爲改變或社會適應之現況。當然，個案工作者大都依賴臨床的主觀評價，可是這種臨床判斷容易受到個人偏見的影響，因此，在方法設計上應更追求客觀測量，以便個案工作者能夠提供更客觀、更有效的處遇策略。

五、系統的發展者

個案工作者往往透過對案主未被滿足的需求、服務輸送的缺口、預防性服務的需要，以及相關的研究結果，促進或進一步拓展機構的服務內容和功能，稱之為社會系統的發展者（Hepworth, Rooney., & Larsen, 1999）。

㈠方案發展者

社會不斷演變過程，衍生出許多新的需求，個案工作者面對個別案主的獨特需求，必須不斷發展出新的服務方案。

㈡計畫者

在一般社區或新興都市社區中，往往缺乏社區計畫者，因此，個案工作者有時就必須扮演計畫者的角色，與社區中現有人士合作，共同擬定相關計畫，以滿足居民需求。

㈢政策和行政的發展者

個案工作者在參與政策和行政的過程，通常僅限於所服務的機構內，其實個案工作者政策參與的程度，往往可看出管理者的風格，有能力的管理者會採納工作者的建議，以提升服務效能。個案工作者也可能透過參與案主組成的團體過程，結合其他專業促進特定立法通過。

參、朵佛曼的個案工作角色分類

朵佛曼（R. A. Dorfman, 1996：41-7）將個案工作者在實務

工作過程，所扮演的角色分爲八種：

一、經紀人（broker）

經紀人的角色是個案工作者所扮演的角色中最簡單的一種。當個案工作者扮演經紀人的角色時，需對社區現有的資源與使用資源的資格限制（eligibiligy criteria）非常熟悉，才能適當的連結案主需求與社區資源。

案例說明：愛滋病人在發病之後，希望能繼續居住在社區中的自己家中，希望有朋友能定期探訪，偶而爲他準備食物。可是因爲這位愛滋病人已經發病了，無法再像過去每天帶著心愛的小狗散步，或是自己開車去看醫生、拿藥吃。當個案工作者知悉案主的問題與需求時，進一步與社區中有關的志願服務組織接觸，最後終於取得機構的同意，A 機構定期派人接受案主前往醫院看病、拿藥，B 機構派人每天前往案主家中，帶小狗外出散步。

二、倡導者（advocate）

倡導者的角色和經紀人的角色非常接近。當個案工作者在實務工作過程扮演倡導者的角色時，就必須要對現有的社區資源掌握地更清楚，並扮演案主的代言人的角色，積極、主動的爲案主爭取權益。在實務工作過程，案主往往因爲某些原因，譬如：社會價值觀或社會大眾的不了解，使得許多個案不能獲取適當的資源或服務，因此，工作者就需要扮演倡導者角色，推動相關理念與服務。倡導可分爲微觀（microlevel）與宏觀（macrolevel）兩個層次，微觀是針對單一個案所面對的問題，宏觀是針對同類型的個案共同面對的問題。

三、教育者（educator）

在提供個案服務過程，有時候個案工作者也會扮演教育者的角色，提供案主相關資訊與教導相關技巧。例如：家庭機構之工作人員，教導寄養家庭如何教養小孩有關之親職技巧，或在醫療機構中之個案工作人員，教導病患及家屬有關疾病及與疾病相關之照護知識。

四、使能者（enabler）

在個案工作過程，工作者必須創造一種改變的條件與環境，容許案主可以進一步改變現況。在個案服務過程中，由於個案工作人員的鼓勵，才能讓案主的無望轉爲希望，並透過工作人員的建議與忠告，達到改變的行動。

五、個案管理者（case manager）

個案服務是一種持續的過程（ongoing services）。對於個案工作者而言，必須仔細的評估案主的需求與問題，並有效的組織和協調相關資源，提供適切服務。在整個服務輸送過程，個案工作者扮演監督的角色，確保整個服務輸送過程中，案主的確是受到適切的服務，這就是所謂的個案管理角色。

六、諮商者（counselor）

對個案工作者而言，無論在個案工作過程扮演何種角色，諮商者的角色是最基本的。在個案工作過程，工作者往往扮演同理、傾聽的角色；要扮演好諮商者的角色，個案工作者必須具備有人類行爲與社會環境的知識、評估案主需求與社會功能之能力、干預能力的技巧和引導案主的技巧等（Sheafor, Horejsi & Horejsi, 1994）。

七、仲裁者（mediator）

在實務工作過程，個案工作者經常需要扮演仲裁者的角色，協助案主解決與機構、組織有關之溝通或衝突問題，有愈來愈多的個案工作人員投入案主與機構間糾紛、衝突的仲裁角色，譬如：近年來，因爲消費者主體性的提升，在醫療機構中的醫病糾紛，也明顯的有提升的傾向，愈來愈多的社會工作人員投入這種醫療糾紛的仲裁與處理工作（Tower, 1994）。

八、研究者和評估者（researcher and evaluator）

個案工作人員在提供專業服務過程，同時也扮演所謂的研究者和評估者的角色。所謂的研究者與評估者是指工作人員針對個案服務過程，不同階段的處遇計畫，個案的發展和服務成效進行評估。

第三節　評估工具：家系譜與生態圖

個案工作人員在提供專業服務過程中，經常會運用「**家系譜**」（genograms）與「**生態圖**」（eco-maps）做爲描繪與評估受助個案與家庭之互動關係與問題，及了解案主之內在與外在資源。那麼甚麼是家系譜和生態圖呢？本節主要針對這兩者之意義，及在個案服務過程中，工作者如何運用此兩種工具，做爲評估案主與其家庭之問題與需求，由淺入深逐一介紹。

壹、家系譜

「**家系譜**」一詞，就是臨床工作所稱的「**家族樹**」（family tree）。家系譜**運用簡單的符號與圖形，摘記家庭成員基本相**

關資料，並透過不同線條的運用說明家庭的成員與成員間之互動關係，家系譜所含括的家庭成員至少必需要包括三代或三代以上（McGoldrick & Gerson, 1985:1）。家系譜主要的功能是提供個案工作人員在專業服務過程中，以最短的時間，了解個案的家庭結構、家人關係與可能的問題類型。家系譜往往被視爲是家庭評估（family assessment）的主要輔佐工具之一，所以說繪製家系譜是個案工作的基礎入門功夫（Hanna & Brown, 1995:122-4）。

在會談過程中，個案工作人員如何開始建構屬於案主的家系譜呢？在個案記錄中，一項**完整的家系譜至少應包含**三部分：⑴**家庭結構圖**；⑵**家庭成員相關之資訊**；⑶**家庭成員之互動關係**（McGoldrick et al., 1985:9-29）。

一、繪家庭結構圖（mapping the family structure）

首先，家庭結構圖所要呈現的是當然是家庭成員之間的關係，所以個案工作人員需清楚的繪出家庭成員的性別符號與相關之基本資料，如：年齡、出生、死亡、結婚、離婚、兄弟姊妹等（Dorfman, 1996:115）。

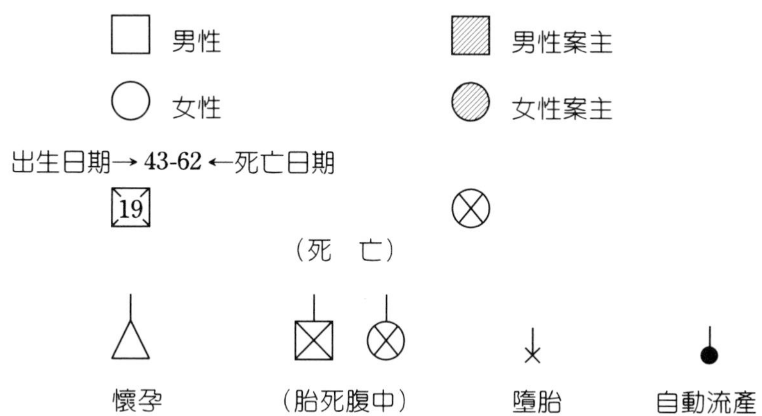

然後，再以線條繪出代表家庭成員之間的親疏遠近關係，在家庭評估中，「線條」通常代表血緣和具有法律關係的家庭成員。在建構家庭結構圖時，通常先生畫在線條的左邊，而太太畫在線條的右邊。M（married）代表結婚； S（separation）代表分居；而D（divorce）則代表離婚。一條斜線「/」代表分居、而兩條斜線「//」則是代表離婚。當多重婚姻時，則以線條遠近代表婚姻關係之先後次序。虛線則代表兩人雖同居，但是並無法律上的婚姻關係。

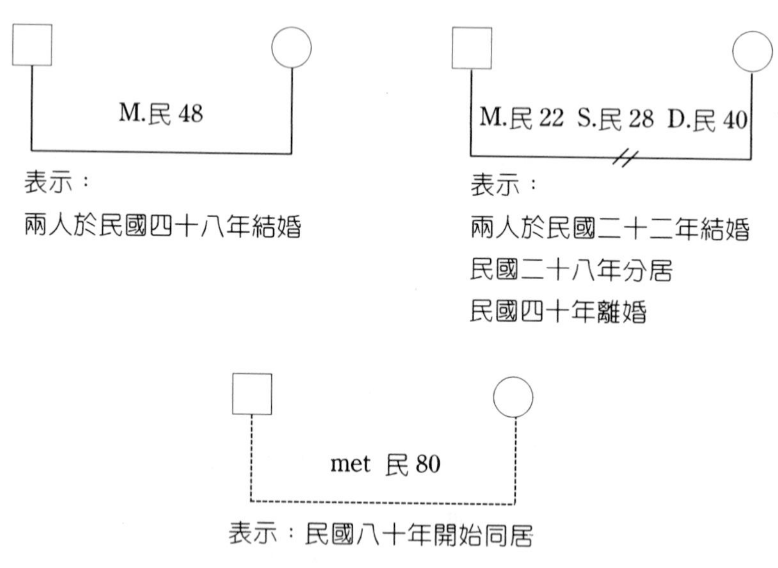

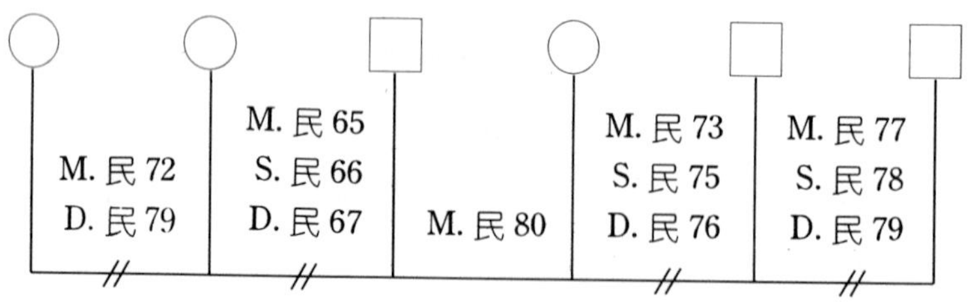

最後，再依據家庭第二代成員長幼次序，由左至右排列。虛線「---」代表收養關係，分叉線代表是雙胞胎。以虛線將家庭成員圈起來部分，表示目前同住一起。

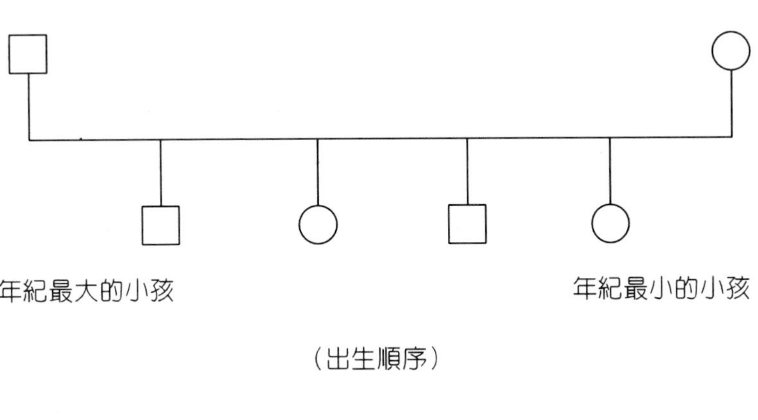

（出生順序）

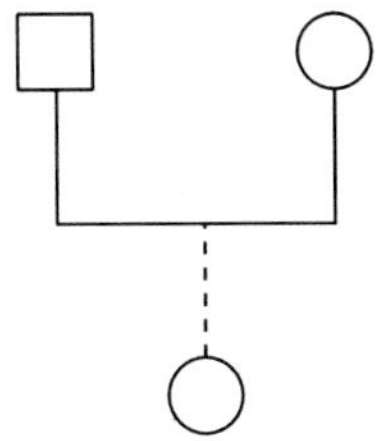

收養或領養的小孩

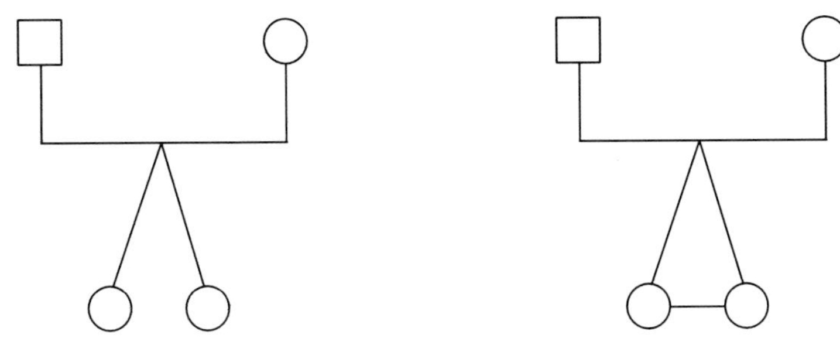

（雙胞胎）

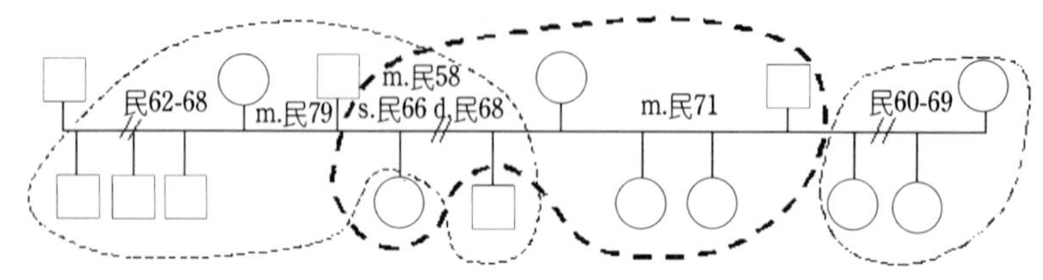

二、記錄與家庭相關之資訊
(recording family information)

當家庭結構已建構完成之後，個案工作者需要開始增加與家庭成員有關之資料如：社會人口資料、功能關係和家庭重大事件（McGoldrick et al., 1985:19-21）：

㈠社會人口資料

社會人口資料應包括：每個成員的年齡、出生與死亡日期、居住地、職業與教育程度等。

㈡功能資料

家庭功能資料應包括：家庭成員的就醫、藥物使用、疾病診斷、住院、情緒和行爲功能（如：暴力、犯罪或及他特殊之行爲）等資料（Dorfman, 1996:115）。

㈢重大家庭事件

家庭重大事件應包括：家庭週期的轉換、成員關係的改變、移民、失落和成功經驗。在家庭評估過程，對於家庭重大生活事件，習慣以其他表格依年代先後列舉，稱之爲「家庭事件發展史」（chronology of family events）。

三、展現家庭關係（showing family relationship）

最後，再以線條說明家庭成員之間的親疏遠近關係對於互動關係相關資料的來源，主要以參與會談的成員的看法與界定爲主，輔以工作人員在會談過程所觀察到的現象。不同線條符號表示不同關係類型，其關係意義如下（圖 5-2）：（Dorfman, 1996:117）

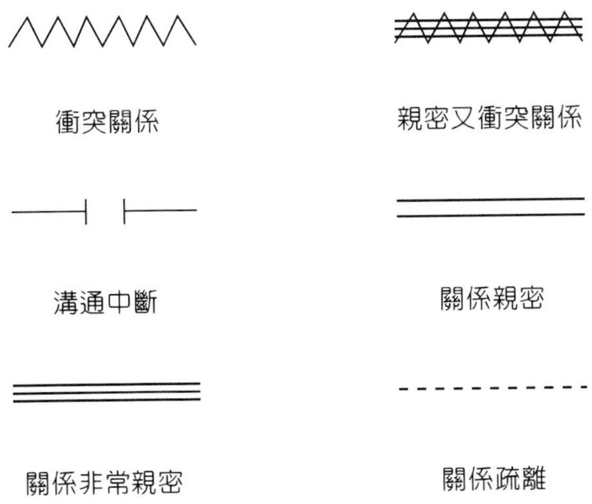

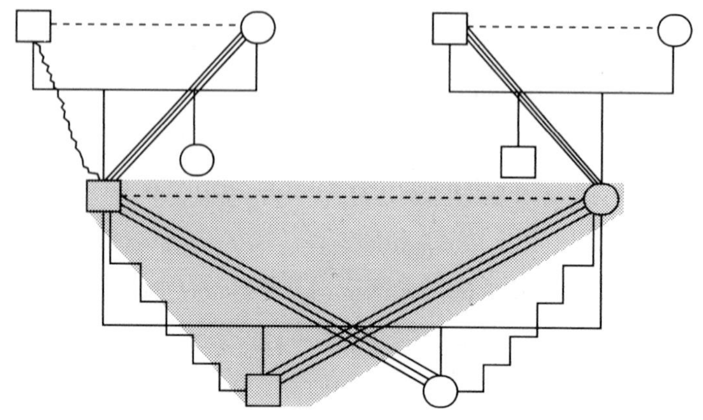

圖 5-2　家庭成員互動關係圖

貳、生態圖

所謂**生態圖是指將家庭視爲是社會大系統的一部分，評估家庭與外界社會環境之互動關係**。個案工作者在建構家庭生態圖時應分**兩部分：⑴內部系統**（internal system）**與⑵外部系統**（external system）。所謂**「內部系統」**是指個案工作者應先用家系譜，將家庭有關之資料呈現在表格中央，並以圈圈表示內部系統與外部系統之界線；隨後再將與家庭有關之**「外部系統」**資源如：教會、廟宇、工作場所、學校、鄰里、專業機構或親友等，依序環繞家庭系統，並以圈圈表示系統與系統之界線（Harold, Mercier., & Colarossi, 1997: 30-1）。

通常圓圈代表與案主或案主的家庭有關之機構、組織或其他單位，而符號與線條則表示案主或案主的家庭與外界社會環境互動之關係的本質。一個完整的個案家庭生態圖所呈現的，應該是個案家庭與所處世界的關係。對個案工作人員而言，生態圖不僅可以成爲工作者與案主，對問題看法與討論的溝通媒介，同時也可以成爲工作者評估處遇成效的依據（Dorfman, 1996: 115）。生態圖對個案工作者最大的好處是，工作者可立即由圖形判斷有關家庭的問題、需求、資源，甚至互動有關之情況（Harold et al., 1997）（圖 5-3）。

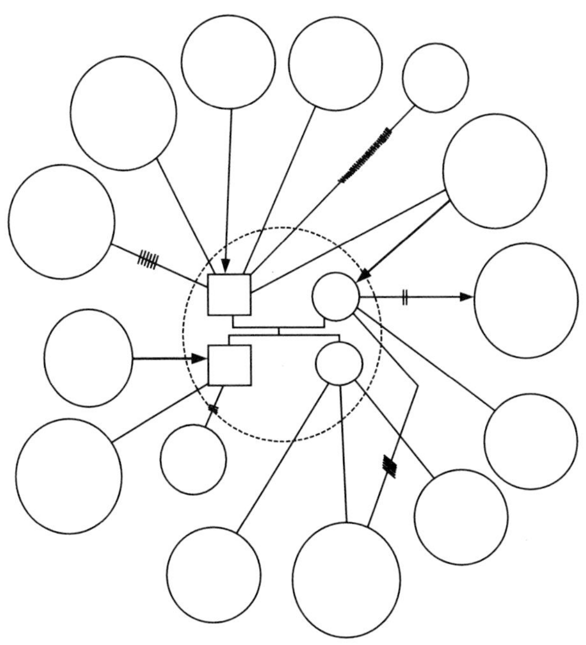

圖 5-3　家庭生態圖

個案工作者在建構家庭生態圖過程，應分爲**兩個主要步驟**：

步驟一：先將與案主或案主家庭有關之外部相關資源，以圓圈之遠近代表親疏遠近關係。

步驟二：然後再以不同線條描述各個圓圈與案主或案主家庭的互動關係。通常"——"代表關係強烈；虛線"-----"代表關係中斷；而"〰〰"代表壓力或衝突關係；"——►"箭頭則代表資源的流向。通常線條愈粗，就代表關係愈緊密，如果線條愈細，就代表關係愈單薄。可是因爲關係類型可能十分複雜，因此，個案工作者習慣在家庭結構圖之外，以另一個家系譜表示家庭成員之互動關係。

在本章中，除了說明個案工作人員在提供專業服務過程中，應扮演的角色與具有的特質之外；同時也透過實際建構過程，說明社會工作的初學者，應如何建構家系譜與生態圖的步驟，並進一步說明家系譜與生態圖對個案服務的意義與重要性。

第六章

社會個案工作的基本過程

對個案工作者而言，無論是運用何種理論模式進行個案工作服務，都需要依據問題解決模式和過程，來協助案主面對問題與解決問題。在個案服務過程中，工作者依據專業知識、技術與方法，並遵守個案工作原則，鼓勵案主積極參與個案工作過程，共同努力尋求問題可能的解決途徑之過程，就稱爲**個案工作過程**（casework process）。雖然大多數社會工作學者，對於個案工作過程的階段，皆持有不同的看法，可是大部分都同意將個案工作的助人過程，依據助人活動之內涵分爲三大階段，包括：⑴探索、訂契約、評鑑和計畫階段；⑵實施和達成目標階段；和⑶結案和持續追蹤階段。本章主要針對個案工作過程之意義，不同階段個案工作之目標、工作內容、運用之專業方法與技巧，逐項說明。

第一節　社會個案工作過程之意義

壹、個案工作過程之定義

「個案工作過程」是指一種針對個案問題所採取的問題解決過程（problem-solving process）。社會工作學者對於個案工作過程皆持不同看法，不過大都同意當案主因爲特定問題前來機構求助，個案工作人員也因爲職責需要，與案主進行第一次會談開始，到整個個案工作結束過程，大約是由對事實之研究、對問題之思考和組織之診斷、行動與行動後之評估和結案後之追蹤服務等一系列活動所構成之個案服務過程。

貳、個案工作過程之分類

每個社會工作學者對個案工作過程的分類，均持有不同的看法，僅將學者、專家之界定與分類，歸納整理如下：

一、將個案工作過程分為三個階段

㈠廖榮利的觀點

廖榮利（民八六）將個案工作過程分爲：接案（intake）、轉案（transfer）與結案（termination）等三個階段。

㈡哈普握斯等人（Hepworth et al.）的觀點

哈普握斯等人也將個案工作過程分爲下列三個階段（引自張宏哲等，民八八）：

階段一：訂契約、評鑑和計畫

1. 收集完整的案主個人、問題與環境的資料。
2. 建立互動式的溝通模式，並激發案主面對問題的動機。

3. 對問題作多面向的評估，察覺與問題有關的社會系統，並尋找已存在的社會資源，或是開發新資源。
4. 工作者與案主協商須消除或解決的問題，建立兩者對會談目標的共識，並簽訂服務契約。
5. 轉介。

階段二：履行和目標達成

1. 促進個人功能：提升案主的自我肯定、促進案主自我肯定、協助案主覺察自己的能力、強調案主在達成目標過程中的改變。
2. 追蹤案主的進步：持續追蹤案主進步的狀況。
3. 定期評估目標的達成與案主的進步狀況。
4. 達成目標的障礙：評估達成目標的可能障礙，如：成員個性、問題行爲、阻礙進步的團體過程，或是重要資源提供者對案主達成目標的抗拒等。
5. 關係的回應：個案工作者與案主共同解決問題過程，一方對另一方的情緒反應如：案主對助人過程抱持不切實際的期待和誤解、案主或其他家庭成員之負面互動效果，或工作者受偏差互動模式的影響。
6. 增進案主的自我覺察：幫助案主自我覺察、運用深層的同理心，或運用面質促進案主的自我覺察。

階段三：結案和評估

1. 評估案主達成目標的狀況，且適時的擬定結案計畫。
2. 有效且成功的結束助人關係。
3. 助人關係結束後，擬定維持案主改變和持續成長的計畫。

4.評估助人過程的效果。

㈢諾森（Northen）的觀點

諾森（Northen, 1982: 168）將此三個階段定義為：初期階段、核心階段及結束與轉換階段。

㈣卡普頓與蓋樂威的觀點（Compton & Galaway）

卡普頓與蓋樂威則稱為接觸階段、中期或契約階段與結束階段。

㈤懷德克（Whittaker）的觀點

懷德克（Whittaker, 1974）則進一步將三階段區分為八個步驟：

1. 開始階段：接案、評估與社會診斷、目標的決定、社會處遇計畫的選擇、工作協議的建立。
2. 中間階段：持續社會處遇。
3. 結束階段：評估和結案與追蹤。

二、將個案工作過程分為四個階段

瓊森（Johnson, 1995）將個案工作過程區分為四個階段：（如圖 6-1）

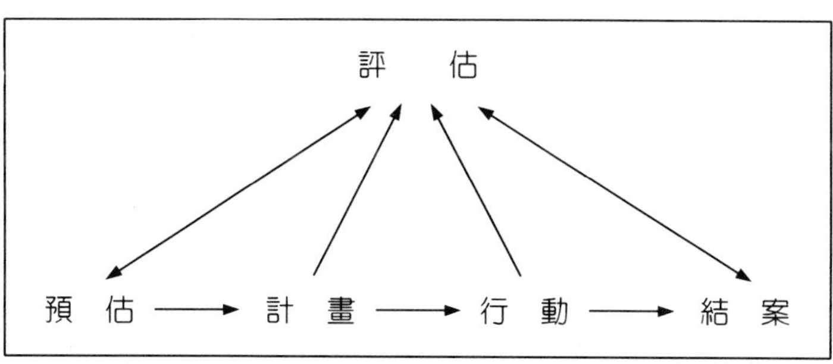

圖 6-1　個案工作過程之四階段

(一)預估（assessment）

1. 預估內涵

(1) 一種持續的過程。

(2)預估主要的目的有二：了解案主和提供計畫與行動之基礎。

(3)預估是一種案主和工作者互動的過程。

(4)無論是橫向或縱向的探討都是重要的。

(5)預估被視為與整個生活情境有關，主要是探討問題、解釋問題的意涵和模式。

(6)預估需重視個別差異。

2. 預估原則

(1)個別化。

(2)參與。

(3)人類發展。

(4)多元化。

(5)有目的的行為。

⑹有系統的轉化。

⑺優點與資源。

㈡計畫（planning）

目標往往因情境不同而改變，所以計畫需考量情境因素，做彈性調整。

㈢行動（action）

工作者透過採取直接和間接行動來協助案主。

㈣結案（termination）

當案主需求已滿足、問題已解決，工作者需進一步做好結束專業關係的準備。

三、將個案工作過程區分為六個階段

㈠周永新的觀點

周永新（民八八）將個案工作過程區分為六個階段：

1. 接案階段。
2. 資料收集。
3. 分析與診斷

診斷包括：

⑴分析和評估受助者面對問題的實際情況、問題的成因和

癥結，以及問題對受助者和身邊有關人士之影響。

(2)分析和評估受助者的心理狀況、思想與行為、人際關係和身處的境況。

(3)分析和評估受助者本身的限制、長處和潛能，特別是找出受助者一些未曾顯露或被忽略的能力和資源。

(4)評估環境因素的阻力和助力，盡量找出環繞受助者的支持力量和可用資源。

4. 服務或處遇計畫

在訂定計畫的過程中，需考慮：

(1)需要處理的問題性質。

(2)受助者的個性、能力和需要。

(3)受助者的環境和支持網絡。

(4)可用資源。

(5)工作員所屬機構的職能範圍。

(6)工作員本身的條件，例如理論取向、個性、能力。

5. 個案介入或處理

(1)支持和鼓勵。

(2)資訊與意見的提供。

(3)情緒的疏導。

(4)觀念的澄清。

(5)行為的改變。

(6)環境的改善。

(7)直接的干預。

6. 結案與評估

結案過程工作者需要做到下列工作：

⑴幫助案主接納結案的事實，並處理其情緒反應，如：焦慮、失落或矛盾。

⑵幫助案主回顧整個個案的過程，摘要重點，並從經驗中肯定案主的能力，強化其獨立生活的自信心。

⑶對服務過程做整體評估，除評估個案服務成效之外，也檢討個案服務過程的得失、案主的參與程度、專業方法、技巧與策略之運用，做日後工作的參考。

㈡廖榮利的觀點

廖榮利（民八六）將個案工作過程區分爲六個階段，包括：申請和接案、資料收集和情報研判、診斷與服務計畫、服務與處遇、結案與評價，以及持續服務等六個階段。

㈢戈登（Gorden）的觀點

戈登也將個案工作過程區分爲六個階段，包括：接案與申請、研究與調查、診斷與分析、計畫、處遇處置（結案）與記錄。

四、將個案工作過程區分爲七個階段

柯諾耶（B. Cournoyer）則將個案工作過程，區分爲七個階段：（萬育維，民八六）

㈠準備期

個案工作者在準備其階段應該的工作內容包括：回顧、探查、諮詢、適當安排、同理心、自我探索、計畫和記錄。

㈡開始期

在個案工作第一次會談時工作者應介紹自己，也讓案主介紹他自己，從介紹中收集資訊、說明會談目的、案主的角色和相關政策和倫理原則，並尋求案主的回饋。

㈢探索期

調查、澄清、反映、部分化和敏銳的洞察力。

㈣預估期

資料組織之後，形成暫時性的預估。

㈤簽約期

反映問題、分享對問題的觀點、說明焦點問題、設定目標、發展工作途徑、確認行動步驟、預估計畫和摘要契約。

㈥執行和評估期

預演行動、檢視步驟、評估、集中焦點、教育、建議、代理、立即性反應、重新建構、當面對質、提醒結案時間和進度的紀錄。

㈦結束期

過程的回顧、最後的評估、分享結束的感受並道再見、記錄結束的摘要。

五、將個案工作過程區分為八個階段

黃維憲等人（民八四）將個案工作助人過程分爲八個階段，包括：接案、初期評估與社會診斷、訂定改變的目標、選擇服務計畫、建立工作協議、持續社會治療、整體評估以及結案與追蹤。

第二節 社會個案工作基本過程

事實上，個案工作過程是由一串連續的服務過程所組成。個案工作過程，始於因案主面對個人問題或困擾，前來機構尋求專業人員的協助，終於服務達成或中斷服務關係。幾乎所有的社會工作學者都同意這種界定，可是對個案工作發展階段之界定與劃分，卻有非常不同之看法，由上述對個案工作過程的劃分，可看出端倪。

誠如上文所言，社會工作學者對個案工作發展過程之界定，變異相當大。本文主要以斯奇摩（R. A. Skimond, 1994: 59-63）

在《社會工作概論》（Introduction to Social Work）一書中，與朵佛曼（R. A. Dorfman, 1996）在《臨床社會工作》一書中，對個案工作過程的分類架構，做為基本架構。同時參酌其他學者之分類，並以個案工作者在提供個案服務過程，實際所扮演之角色與功能，將個案工作過程區分為四大發展階段。

下列僅就個案工作之初期階段、預估階段、干預階段與結案階段等，四個個案工作發展階段之目標、個案工作者角色與功能、工作內容，以及資源與技巧運用等，逐一說明。

壹、初期階段（the initial stage）

在提供個案服務過程，始於案主與工作者接觸開始，工作者透過會談過程，針對案主問題與需求，進行社會心理之探索，此階段就稱為「初期階段」（Brammer, 1985; Dorfman, 1996）。

一、接案（intake）

在個案工作初期階段，工作者首先面對的就是接案過程的處理。所謂**「接案」是指當案主來機構求助時，個案工作人員與案主第一次面對面，工作者透過會談過程，針對案主之問題進行社會心理相關之探討的過程**，並依機構功能與目的評估案主是否能被服務。當然，機構屬性不同，個案來源往往也會不同，譬如：醫療機構個案主要來自其他部門的照會（referral）；

而性侵害防治中心之個案，主要由醫療單位之急診中心或警察局轉介。

在初次會談開始的幾分鐘，稱爲**暖身**（warm-up）**階段**。在初次會談過程，無論案主是因個人需要，自願前來機構求助之**自願性案主**（voluntary clients）、或是因觸法或犯法，而被強迫前來機構接受個案輔導之**非自願性案主**（involuntary clients），在第一次會談時，難免會有尷尬不安、焦慮與不信任的情緒。所以在接案會談開始的十分鐘左右，工作者主要的任務是協助案主減輕焦慮不安的情緒。

如何降低案主尷尬不安的情緒呢？工作者可以由自我介紹開始，先介紹自己的姓名、專業、機構名稱與服務宗旨等；接著再進一步邀請案主自我介紹，譬如：「我應該如何稱呼你才好？」或「你是××先生嗎？」如果案主的焦慮不安情緒仍未減除，那麼工作者可進一步運用會談技巧，引導案主放鬆情緒、並了解助人過程和助人關係之意義。例如：工作者可以試著說：「大部分的人第一次來會談時，都和你一樣有點緊張焦慮、又不太好意思，甚至有些人還會對自己有點生氣，其實這些都是正常的反應。有些人可能會覺得找社工師幫忙是一件很丟臉的事，事實上，我覺得每個人一生當中多多少少總是會有一些困擾，需要別人幫忙或協助的」（Dorfman, 1996: 73）。

二、主要的問題（presenting problem）

在暖身之後，接下來工作者必須直接進入案主求助問題的探討。個案工作者必須意會到主要的問題，未必見得是案主真正需要解決的問題。這些被提出的問題，可能是案主的父母、配偶、小孩、法官或他人所界定的，與案主所認知的問題並不相同。無論如何，工作者必須直接向案主詢問，對於問題的看法，譬如：「可不可以告訴我，妳今天爲甚麼來這裡？」或是「不知道我可以幫你甚麼？」從個案工作的觀點而言，由案主的觀點來界定問題，其實是非常重要的，所以在會談過程，工作者必須要清楚的記錄案主對問題的認知（Dorfman, 1996: 73）。

在此一時期，工作者與案主的互動關係應著重於**「此時此刻」（here and now）的原則**。不過對案主問題的界定，個案工作者應謹守兩項原則（Skidmore et al., 1994）：

1. 對「問題」的界定與處理，應以案主之界定爲主，而不是個案工作者單方面所界定的問題。
2. 個案工作者必須了解剛開始案主所呈現的問題，未必見得是案主真正想要解決或真正想要面對的問題。

三、綜融式的預估（eclectic assessment）

預估是社會工作實務一項基本過程。在初期階段，個案工作者必須針對案主呈現之問題進行預估。有別於心理學或醫學這些助人專業，個案工作對案主問題的預估，著重於針對不同層次來預估案主的社會功能與問題之關聯。對於案主過去功能與目前問題關聯之探討，應包括：情感（affective）、行爲（behavioral）、認知（cognitive）等要素，當然也包括案主內、外在長處（internal and external strengths）與資源（resources）及適應能力（coping abilities）。

通常這種「**全方位的個案工作預估**」（holistic assessment）又稱爲「**社會心理的預估**」（psychosocial assessment）。但是更合理的說法是「**綜融式的預估**」（eclectic assessment），因爲當個案工作者爲了尋求案主問題的最佳解決策略時，可能同時運用多種理論模式或多種干預策略（Dorfman, 1996）。

對案主問題與需求有關資料之收集，是一持續狀態。資料收集的飽和度，必須要透過會談和案主討論，主要是以案主對問題的界定、看法、如何處理這些問題等，收集足夠之事實資料（sufficiency of facts）即可。在此一階段資料之收集，是暫時性的、未必需要對與案主有關之長期資料，進行完整追蹤收集。當資料探索完畢之後，個案工作者可以嘗試預估處遇（干預）計畫的焦點或方向，做爲奠定制訂詳盡工作契約的基礎（萬育維，民八六：173）。

預估是一多面向的過程（multidimensional process），同時可以具有多重目標。在預估過程，工作者可以引導案主進一步了解問題產生的相關因素，這些因素可能是解決問題的助力，但也可能是阻力（萬育維，民八六：174）。在預估模式中最常被運用於社會工作實務工作模式者爲：「DAC 模式」。所謂D就是指描述（description），指把探索過程中所獲取的資訊組成描述性資料；A是指預估（assessment）將已產生的有關「人在情境中的問題」之理念或假設有系統的陳述成暫時性的預估；而C則是指簽訂契約（contract），簡要說明與案主協商後的工作契約（萬育維，民八六：174）。

在初期階段，工作者要與案主建立有意義的互動關係，且會談內容需針對相關資料收集、交換訊息、澄清求助的目的與催化改變，並取得案主之願意接受進一步服務的共識（萬育維，民八六）。當然，案主的參與是重要關鍵，因此，工作者應透過專業知識、技巧與方法的運用，鼓勵案主積極參與整個工作過程，和案主一起探索、思考問題的來源與成因。

當個案工作者完成早期的預估任務，準備讓案主進入目標執行過程，並不表示已完成預估工作，反而要不斷地重新審視初期預估之合適性，並根據新的資料來修正預估計畫，所以預估是貫穿整個個案服務過程的靈魂（黃維憲等，民八四：206）。個案工作人員應盡量讓案主在每次會談結束時，了解進行到預估過程的何種程度，並讓案主了解下一次會談的主要目標與期望。

四、有系統的組織預估之資料

個案工作者必須針對會談過程所收集與個案相關之社會、心理資料，清楚歸類，並視需要增列新項目。通常在會談過程個案之社會心理資料，可歸類爲下列幾項（Dorfman, 1996: 77-81; 萬育維，民八六；張宏哲，民八八）：

(一)基本資料（demographic data）

1. 基本資料

(1)年齡、籍貫、性別、種族、職業、教育程度、婚姻狀況與社會經濟地位等。

⑵案主的疾病史與就醫史，包括：生理上的傷害或異常、有無長期性疾病、遺傳疾病和目前生理狀況等。

⑶身體外表：穿著或外觀整潔等。

2. 其他

其他可被觀察的行爲、情感與情緒反應。

㈡主要的問題

協助案主以自己的語言及看法陳述問題，工作者可表示：「這些問題常常發生嗎？」「已經發生多久了？」「他的嚴重性或對你的影響如何？」。

㈢求助動機

工作者必須澄清爲何案主此時會前來求助？除了主要問題之外，是不是有伴隨事件發生？求助的主要動機與目的？

㈣目前功能（current functioning）

工作者必須仔細評估案主目前在工作方面、家庭關係、學業表現、健康狀態或安全程度等之優缺點或長短處。

1. 心理功能

工作者可運用工具協助評估案主心理功能與人格特質，這些測驗工具包括：智力測驗、興趣測驗、性向測驗及人格測驗等；當然工作者也可以透過會談和觀察方式，進一步評估案主之心理功能（張宏哲，民八八）。

2.社會功能

工作人員需要進一步評估案主的人際關係能力，及社會角色的執行功能，譬如：案主扮演哪些角色？功能如何？有無角色衝突？能否滿足他人及自己的角色期望？案主與他人溝通時，溝通的形式爲何？案主與家庭成員之間的關係？與同輩團體的關係？有無較親密的朋友？（張宏哲，民八八）

㈤日常生活安排（living arrangements）

工作者也必須要對案主之日常生活，及家庭成員之日常生活安排與功能進行評估。

㈥問題發展史（history of presenting problem）

工作者對於求助問題的發生與發展過程，可透過下列方式進一步了解，如：「這些問題是新發生的或是以前也曾經發生過？」「以前發生時，你都怎麼處理呢？」「你的家人或親友都怎麼看待這件事呢？」「對這件事，你覺得你自己可以做些甚麼呢？」。

㈦家庭史（family history）

工作者應熟悉案主完整的家庭史，包括：每個家庭成員的年齡、性別、職業、教育程度，以及成員之間的親疏遠近關係。

㈧個人發展史（developmental history）

工作者應仔細記錄與評估，案主在不同發展階段之關鍵時期所發生之生活事件與問題。

㈨社會文化背景

工作者也需就案主成長過程與生活環境之社會文化背景，如：宗教信仰、生活價值觀、文化傳統、種族、社會階級等，逐一了解是否影響問題的界定或進一步影響專業關係的發展（張宏哲，民八八）。

㈩臨床印象（clinical impression）

個案工作者從上述社會心理資料收集過程，彙整、摘要與分析，逐漸形成對案主問題的初步診斷與工作假設（working hypothesis）。

五、訂定工作契約

在初期會談階段，若案主求助問題或資格等均符合機構的規定，那麼往往需要進一步訂定工作契約，藉由簽約的過程確定問題焦點、工作目標、執行方式及行動步驟。在工作契約訂定過程，個案工作人員應清楚與案主討論有關案主應扮演之角色、個案工作之目標、干預過程與處遇方式（Brammer, 1985）。同時在個案工作過程，無論是工作人員或案主都應遵守專業倫理原則與機構的規定。

六、目標設定（goal setting）

在個案工作初期階段，當個案工作人員對案主之社會心理資料收集完成，並對問題形成初步預估之後，個案工作人員可進一步和案主討論，發展出所謂的個案工作的目標。個案工作目標的設定是一門藝術，目標的設定必須是可行的，並且目標必須以具體方式描述清楚，因此，在目標設定過程，個案工作者應注意（Dorfman, 1996: 88）：

1. 避免模糊不清的目標。

2. 避免範圍設定太廣的目標。

3. 避免不能被具體測量的目標。

案例說明：太太長期受先生虐待，突然向家庭暴力防治中心請求緊急庇護。個案工作人員在庇護中心和案主進行初次會談之後，工作人員向案主說：「讓我們一起來設定未來的工作目標」，案主說：「我不想要這個婚姻關係了！」（引自 Dorfman, 1996: 88）。

由上述個案對問題的描述與目標的設定的陳述中，可看出案主對未來工作目標的設定就是不夠明確。因此，個案工作者此時應協助案主看清事實真相，應先將這個遙不可及的大目標，分成幾個次要完成的目標。個案工作人員或許可先協助案主尋找法律顧問，了解有關此種情況之下訴請離婚可能遭遇的法律問題；再幫助案主尋求就業輔導管道與二度就業機會，以幫助案主能夠獨立生活、經濟自主；案主在緊急庇護之後，可能也需要工作人員協助安排適當的住處，尋找經濟補助的來源，和情緒支持的管道。

貳、干預階段（the intervention phase）

個案工作在干預（或處遇）階段所使用的工作模式，大多是採用綜融式工作模式。所謂綜融式工作模式是指個案工作者視案主實際情況與需要，選擇適當的概念與技巧，運用於個案服務過程。事實上，對個案工作而言，干預或處遇（treatment）工作在第一次會談時，就已經開始了；干預工作不必然一定是在初步預估工作完成之後才進行。

個案工作人員在干預或處遇階段，需注意下列事項：

一、專業關係（therapeutic relationship）

「專業關係」（professional relationship）是助人工作的核心關鍵。專業關係不似一般友誼關係建立在互惠基礎上；專業關係之建立與發展，必須是建立在案主「最佳利益」（the best interest）的原則之上。基本上，在個案工作過程，案主與個案工作者之間是一種伙伴關係（partnership），就是一種平等與對等的關係。

不過由於助人角色的關係，個案工作者是被賦予對專業關係的成敗較大的責任。因此，在干預過程中，個案工作者必須以溫暖、真誠的態度面對案主；並運用良好的會談技巧，引導案主逐漸說出個人的困擾、問題與需求。在案主與工作人員互動過程，唯有在此種信賴關係的前提之下，才能達到個案工作的干預目標。

當然，個案工作在與案主建立專業關係之過程，必須遵守下列幾項專業原則（Skidmore et al., 1994;黃維憲等，民八四）：

1. 尊重案主有自我抉擇權。
2. 不只是消極接納案主的能力與使用資源的權力，同時工作者必須以客觀、中立、不批判的態度（nonjudgemental attitude），面對案主。
3. 堅持每個人都有其潛能的觀點，因此必須著重於案主的長處與優點，並進一步協助案主發揮其潛能。
4. 個案工作者對於案主問題的分析，必須以社會主流價值爲架構。
5. 對於與案主或其家庭有關之資訊分享，必須取得案主的同意。
6. 個案工作者必須堅持個案工作評估是一連續的過程。
7. 個案工作者不僅對案主負有專業責任，同時對自己、對機構、對社會和對專業的發展，其實都需要負有相當之責任。
8. 所有助人專業的行爲都需要與個案工作的目標相互配合。
9. 個案工作人員需連結案主之需求與資源，並視實際情況之需要，開創新的資源與服務，滿足案主的需求及協助案主進一步發展。

二、建立助人過程（structure of the helping process）

在個案工作助人過程，每個階段都有不同的工作目標，譬如：在初期階段，助人過程著重於建立疏通關係、問題預估、設定工作目標、訂定工作契約和澄清工作者與案主之角色。在中期階段，助人過程著重於干預工作之進行，包括：訂定家庭作業、工作目標再確認、轉移與反轉移情緒之處理、或資源整合與運用等。然而在結束階段，助人過程之工作則包括：評估個案工作之成效、處理結案案主之情緒反應、視情況決定是否轉介適當機構、或追蹤以了解案主的發展等（Brammer, 1985; Dorfman, 1996）。

三、工作假設（the working hypothesis）

在干預階段，個案工作人員需針對與案主有關之社會心理資料，有系統的整理，並形成對問題成因的初步看法，稱爲預估。換句話，「預估」可視爲是個案工作者對案主問題進行干預過程或處遇的參考架構。一般而言，干預或處遇的目標，是由個案工作者與案主雙方共同達成共識之協定；個案工作人員必須清楚認知到，案主面對之問題與所需之服務與資源，假如是機構無法提供，那麼工作人員有義務進一步幫助案主尋求適當之資源，並進一步做好資源連結的工作，或將案主轉介至適當之機構（Dorfman, 1996; Skidmore, 1994）。

四、干預技巧

在個案工作干預階段，個案工作人員可運用下列技巧來增進干預之成效（Brammer, 1985; Dorfman, 1996: 103-15）：

㈠關係建立（relationship buildings）之技巧

了解、接納與關懷是建立專業關係的第一步，個案工作者可運用澄清與引導技巧，協助案主陳述問題，並在陳述過程給予積極同理與傾聽（Brammer, 1995）。

㈡想像（imagery）之技巧

想像技巧的運用，是進一步幫助案主降低焦慮、學習自我放鬆的方式。

㈢直接影響（directive influence）之技巧

個案工作在重視案主自決（client self-determination）的原則之下，盡量避免運用直接建議的技巧；但是在某些情況，直接忠告或引導技巧如：強調（underlining）、建議（suggestion）、堅持（insisting）與實際干預（actual intervention）等，是有助於個案工作之成效的。

㈣自我表露（self-disclosure）之技巧

自我表露之技巧是指個案工作者將自我的價值觀、信念、行爲和相關生活經驗，與案主共同分享。

㈤訂定契約（contracting）之技巧

在個案工作過程，個案工作者在與案主協商之後，應進一步針對個案工作目標，訂定工作契約（或合同），其內容應包含下列（張宏哲等譯，民八八，570）：

1. 目標要依先後順序排列。
2. 明確訂定參與者的角色。
3. 可能的處置方式與工作技巧。
4. 個案工作期間與每次會談時間長短。
5. 監督個案進展狀況。
6. 重新修訂工作契約。
7. 說明要求、規定與費用。

㈥角色扮演（role playing）之技巧

在個案工作干預過程，個案工作者視實際需要情況，彈性運用角色扮演的技巧，協助案主重新調整其情緒反應及社會適應之能力。

㈦澄清（clarification）之技巧

指在個案工作會談過程，工作者在聽過案主陳述之後，不表示反對或支持，而改以更清楚的話，將案主的意思重述一遍，表示真正了解案主所說的一切。

(八)模仿（modeling）之技巧

個案工作過程，工作者可以運用社會學習論，讓案主經由觀察過程模仿特定之行爲。

(九)支持性（supportive）之技巧

在整個個案工作過程，只要案主表現正常的、可取的或較前稍有進步的行爲，即加以讚賞和鼓勵。

(十)接納（acceptance）之技巧

接納是社會工作專業關係中的基本要素之一。個案工作者不一定要接納案主的行爲，可是必須接納案主爲一有尊嚴之個體，包括接納案主的缺點、本質、消極的情緒及破壞性的態度與行爲（社工辭典，民八一：477）。

參、結束階段（the termination phase）

對個案工作而言，所謂結案是指在個案工作過程，專業關係的建立是有一定期間限制的，所以在此時間限制之內，當個案工作的目標已達成、或因特殊原因而無法達成個案工作之目標，個案工作者必須結束與案主之專業關係，此稱之爲結案。當然，對個案工作而言，結案並不意味案主的問題已經達到盡頭，而是工作的目標已實現，案主可獨立面對自己的問題，所以可以中斷這種專業關係；結案也可能表示案主在個案工作過程所獲得的進步很少，可是雙方都已經盡了力，所以可以選擇結束這種專業關係；結案也可能發生在案主有了新的問題，但該項問題不屬於本機構所協助範圍，所以工作者必須將案主轉介至適當之機構。當然，當案主不滿意個案工作的成效時、不再需要個案服務、或因特殊事故（如：搬家、急性疾病）等，都可能會中斷這種專業關係（廖榮利，民八六）。

一、結案類型

基本上，可將個案工作過程常見的結案形式，歸納為兩大類型（許臨高，民八八：341）：

(一)有計畫的結案（planned termination）

基本上，在個案工作過程案主應被清楚告知，整個個案服務過程的期間、時間、週數，及正確的起迄日期（Dorfman, 1996）。明確告知案主有關個案工作過程，可以讓個案工作過程更有焦點，且可以減少案主對工作者情感上的依附及對分離情緒的影響。通常，有計畫的結束個案工作之專業關係之情形，包括：

1. 機構功能出了問題，無法繼續提供專業服務，因此必須結案。此時個案工作者需要協助案主尋找適當之資源，並將案主轉介（transfer）到適當之機構或將案主照會（referral）至同一機構不同之部門。

2. 在個案工作期間之內，結束專業關係。
3. 可能選擇的處遇模式或方式是沒有時間限制的，所以視實際狀況，選擇在適當的時間之內，結束個案專業關係。
4. 因個案工作者調職或離職，所以不得不結束個案關係。

計畫性結案是個案工作人員和案主透過討論的過程，共同決定結案的步驟。嚴格說來，對個案工作而言，計畫性的結案是一種較爲理想的結案形式。當然，個案工作者可以視實際情況決定是否延長會談的次數與期間。通常，如果案主提出延長個案工作過程，個案工作者需謹慎進一步評估延長個案工作時間之理由，除非理由充分且必要，否則原則上以不延長個案工作期間爲主。如果工作者決定延長個案工作期間，在延長期間，工作人員仍舊必須視案主之需要與問題，訂定工作契約與工作目標。

除此之外，開放性的個案工作模式也是另一種有效處理延長會談關係的方式。所謂開放性的個案工作模式，是將專業關係轉爲「開放性」或「無時間限制」的工作模式，不過會談內容仍須維持在工作目標，所以工作者仍須與案主確定工作目標、訂定新的工作契約、著重任務完成和監督與評估處遇成效等，這才能避免開放性會談流於漫無目標的缺點（許臨高，民八八）。

㈡非計畫性的結案（unplanned termination）

當案主主動提出提早結束專業關係或單方面結束專業關係時，稱之爲「非計畫性的結案」，這種結案方式對個案工作而言是較不恰當（萬育維，民八六：293）。當然，案主突然中斷專業關係的原因有許多種，可能因爲案主抗拒（resistance）、沒有錢繼續接受會談、或對個案進展不滿意等理由，導致案主故意缺席或找理由搪塞，造成結案過程有些草率。

這種非計畫性的結案，經常是在沒有任何預兆的情況下發生。不過個案工作者必須盡可能尋求澄清，盡量說服案主再回到機構接受個案服務（Dorfman, 1996: 122）。通常個案工作人員可以進一步和案主取得聯繫，並澄清案主何以中斷專業關係的原因，譬如工作者可以詢問案主：「是不是有甚麼特別原因，導致你不願繼續接受會談？」「你是不是期望發展與以前不同的協助關係？」或「對於這種改變你是不是覺得很無助呢？」

當然，也有可能案主在接受一次會談之後，就不願再回到機構接受專業服務。在這種情況下，個案工作者經常都沒有機會深入探究原因，唯一能做的只能向案主說明結案的重要性，並要求案主慎重考慮是否再給予機會探究不繼續專業關係的原因。個案工作者在此種情況下，同時必須尊重案主自決的權利，又必須扮演專業的責任與義務傳達訊息：

> 妳說妳的問題已經解決了，我當然希望看到這樣的結果，可是我覺得問題其實還存在，妳的改變可能只是短暫的，我相信妳還可以有更多的進步。當然我還是會尊重妳個人決定，但是我想讓妳知道，只要有任何需要，任何時候都可以回來，我還是很願意盡可能的協助妳（許臨高，民八八：342）。

二、結案目標

在結案階段，個案工作主要的目標應包括下列（Dorfman, 1996: 128-9）：

1. 確定所有的干預或處遇目標都已達成。
2. 負面的情緒反應都已妥當處理。
3. 案主的適應能力的確增加。
4. 案主確實達到自我成長的目標。
5. 案主已經清楚了解個人的動機。
6. 案主覺得自我能力已增強，並相信自己有能力去解決問題。
7. 案主深深覺得自己是個有價值的個體。
8. 評估個案工作成效。
9. 確定工作者與案主之專業關係，對案主是有正向的幫助。

三、結案反應（termination reactions）

在結案階段，無論是個案工作人員或案主，對於結束專業關係，往往都會有一種失落的情緒，這種失落情緒和生命中結束任何關係時，所產生的失落情緒是相同的。由於在個案工作過程，案主對個案工作者已建立一種強烈的依賴關係，導致對於要結束這種關係，可能會產生強烈焦慮或抗拒的情緒反應。

㈠案主對結案過程的情緒反應

個案工作發展到結束階段，案主對結案過程常有的負面情緒反應有下列幾種（Dorfman, 1996: 124-6）：

1. **行爲反應**（acting out）

以負面的口語或行爲，表達對結束專業關係的不滿與憤怒。

2. **否認**（denial）

以冷漠或不回應的方式，表達對結束專業關係的不滿或憤怒。

3. **症狀回復**（return of symptoms）

原來的症狀可能又再度恢復，讓案主有足夠理由要求不結束這種專業關係。

4. **悲傷**（sadness）

案主對結束專業關係可能會產生強烈的失落感。

5. **迴避**（avoidance）

以迴避方式避開有關結束專業關係之話題。

6. **要求額外服務**（asks for extra sessions）

以要求延長服務，做爲延續專業關係的理由。

7. **丟炸彈**（drops a bombshell）

在結束專業關係之時，案主臨門一腳丟下明顯的問題或訊息，得以讓專業關係持續。

8. **被背叛的感覺**（feelings of betrayal）

案主可能覺得有被背叛的感覺。

(二)個案工作人員對結案過程的負面情緒反應

個案工作人員在面對結束個案工作關係之過程，也可能有負面情緒產生：

1. **罪惡感**（guilt）

個案工作者對結束專業關係可能會有莫名的罪惡感。

2. **迴避**（avoidance）

個案工作者也可能採用迴避的策略，迴避結束專業關係的事實，譬如：延後告知案主要結束專業關係，致使案主並沒有足夠或充分的時間做好情緒準備。

3. **提供額外服務**（offers extra sessions）

個案工作者可能要求提供額外的服務。

4. **延緩結案**（delays the termination）

個案工作人員也可能自動延長結束專業關係之期間。

四、影響結案反應的因素

並不是所有個案工作在結案過程都會有負面的情緒反應，Dorfman（1996: 126）指出在個案工作結案過程，工作人員與案主對結案過程也會有正面的情緒反應（positive reactions），對結案過程的情緒反應端視案主與工作員之互動關係而定。如果經由個案工作之專業關係，能進一步幫助案主與工作人員對問題與行爲有所了解，那麼結案過程對工作人員而言，將會是一種樂見案主問題解決、且自我有成的喜悅與驕傲。當然，成功的結案關係往往可以帶給工作人員一種成熟、成就感、對未來充滿信心和放鬆的感覺（Northen, 1982; Palombo, 1982）。

哪些因素可能影響個案工作人員與案主對結案過程的情緒反應呢？ Dorfman（1996: 127-8）將之歸納為下列八項：

1. 個案工作處遇的成功與否及案主對專業關係的滿意度。
2. 處遇模式與形式的運用，都會影響結案過程的反應，假如是運用短期職務中心模式、家族或團體處遇，往往會降低結束階段的情緒反應。
3. 對結案過程的情緒反應往往也受以前失落經驗（previous experience with loss）影響。
4. 目前生活如：工作、學業、婚姻和家庭關係之情況，也可能影響案主對結案過程的情緒反應。
5. 專業關係對案主本身的意義可能也會影響對結案過程的情緒反應，誠如雅魯（Yalom, 1980）所言，在個案工作過程工作人員對案主的意義與影響，往往大於案主對工作人員的意義。因此，個案工作人員必須警覺、並敏感到專業關係對案主的意義與影響。
6. 不同社會文化傳承（cultural tradition），也可能影響在結束專業關係的反應與表達方式。
7. 每個人對環境的調適能力，也會影響對結案過程的情緒反應。
8. 人格特質（personality traits or features）往往也會影響結案過程的情緒反應。

五、結案技巧

在結案階段，表示個案工作已經告一個段落。如果個案工作的目標已經達成，那麼個案工作人員必須對個案的進展進行評估，同時也對個案工作完成之目標做簡單摘要。假如個案工作的目標未達成，那麼必須設想甚麼理由導致目標無法達成（Brammer, 1985: 58）。結束個案工作關係之方式有許多種，工作者可以依據實際需要，發展出個別的結束專業關係之方式與形式。

個案工作者可以運用下列列舉之結案技巧，幫助個案工作在結束專業關係過程，進行的更順利。這些結案階段使用之技巧包括：

㈠過程回顧（reviewing the process）之技巧

回顧技巧是個案工作者協助案主回顧工作過程所發生之經驗分享。通常，工作者可以請案主回想從第一次見面到現在，由回顧過程，協助案主探討其感受與想法，並分享發現（萬育維，民八六：295）。

㈡最後評估（final evaluating）之技巧

在結案階段，個案工作人員需要針對案主問題、解決方法和目標成效，做最後的評估。工作者可以運用前、後測方法或發展曲線圖等，說明工作成效，並與案主分享主觀感受，做為評估之依據。除此之外，個案工作者也需要進一步協助案主認清尚未完全解決的問題（萬育維，民八六：296），或提供案主機會表達心中對工作者的評價，並透過評估過程的回饋，讓工作者得以了解未來改善服務效能的資訊。

㈢分享結束的感受與道再見之技巧

案主經歷關係結束的感受會因人格特質、接受服務時期、問題和目標、角色、社工員提供的功能和過程的程度而有所不同。因為在多數案主的生活中，結束是個特殊的事件，必須給他們機會來表達對於結束的感受。通常，當工作人員在分享情緒時，案主會以更多的情感做為回應，在這種過程完成結束，並互道珍重再見（萬育維，民八六：298-9）。

㈣建立紀念冊（creating a memory book）

結案過程對未成年的兒童個案，更是難以處理。對兒童而言，在面對結束專業關係過程時，都會有強烈的無助感（helplessness），結束專業關係對於那些曾經經歷過多次親人生離死別經驗的小孩，更是一種痛苦的經驗。而且未成年的兒童仍不善於關係的轉移，因此結束個案工作，其實就是意味著一種真正的失落。

個案工作者與兒童（個案）共同建立紀念冊，從紀念冊的回憶過程和案主討論個案工作的目的、專業關係的意義、哪些目標已經達成、及哪些未完成、或哪些問題是未來需要去面對的。在建立紀念冊的討論過程，工作者要幫助個案了解在專業過程中，工作者由案主身上所獲得的與案主的經驗描述。或許工作者也可透過贈送小禮物，來達到成長與離別的象徵，讓結案過程更平順（Dorfman, 1996: 131）。

㈤記錄結案摘要（closing summary）之技巧

雖然是最後一次會談，但對個案工作仍有深刻意義，因此，工作者仍須把握結案之會談。對個案過程進行簡單摘要，也是一種有效的個案工作之結案技巧。在結案過程，個案工作者可以邀請案主對個案工作過程，做個簡單的摘要，工作人員也可以透過討論和交換意見，與案主進行個案過程之摘要工作。

六、轉介個案（transferring clients）

在整個個案工作過程，個案工作人員所扮演的角色是在案主與資源之間，架起一座橋梁。因此，個案工作人員不僅需要良好的助人技巧、熟悉機構的服務功能和程序，同時也需要對社區的資源有通盤的了解與豐富的知識（黃維憲，1985：200）。

通常在下列幾種情況發生時，個案工作人員需要考慮是否將個案轉介給其他工作人員、部門或機構：

1. 案主的問題不符合機構的服務範圍。
2. 案主求助意願非常低。
3. 工作人員考慮個人的能力或其他因素，無法處理此一類型之個案。
4. 案主接受機構的服務已經告了一個段落，接續服務並非本機構所能提供。

因爲特定因素，必須將個案轉介給其他機構或工作人員時，個案工作人員必須以誠懇的態度，向案主說明轉介的原因與必要性，並進一步評估案主的能力與動機，工作人員應該避免逕自將個案轉介出去。在轉介過程，個案工作人員視實際需要，協助案主做好轉案的準備工作。某些時候，個案工作人員只需要讓案主知道，如何去申請另一個機構的服務即可；某些時候，個案工作人員可能要幫助案主，進一步預演如何向其他機構申請的手續；甚至，個案工作人員需要進一步陪同案主，前往轉介之機構。

當案主同意轉介至另一位工作人員或機構時，個案工作人員應該寫好轉介單（或轉介記錄），並主動和被轉介之機構相關人員聯繫，說明轉介個案的理由，並對個案問題進一步溝通，讓被轉介之機構與工作人員，對案主的問題有初步了解。

個案工作人員在進行轉介工作過程，必須做到下列各項工作：

1. 確定案主已經準備好被轉介至其他機構。
2. 必須考量與決定何種資源最能滿足案主的需要。
3. 雖然轉介過程，工作人員要提出個人對案主最佳利益的建議，但仍須尊重案主自決。
4. 避免幫助被轉介之機構，做出不必要的承諾或不切實際的保證。
5. 雖然需要澄清被轉介機構的功能和可能選用的方法，但要避免明確指出被轉介之機構，將會如何處理個案。

肆、評估階段（the evaluation phase）

對個案工作而言，「評估」是責信制度之基礎。如果個案工作人員不重視服務成效的評估，就無法確實說明案主在服務過程中的進展情況。因此，「評估」可說是評斷個案工作成效的主要依據。在個案工作過程，工作人員除了要對直接提供服務的案主負責之外，同時也需要對案主的家庭、雇主、督導、贊助者和社會大眾等負責，因此必須重視責信制度，具體說明案主進步狀況。

何謂評估呢？評估常與診斷交換使用。漢彌爾頓認爲「評估」是針對與案主個人功能有關之了解，而「診斷」是了解案主的社會暨心理問題。甘比爾（Gambrill）認爲診斷是對行爲特質給予一種診斷類別，而評估不僅是把行爲視爲內在心理原因的徵兆，同時也包括探索目前的想法、感受、外在環境事件與行爲表現之間的關聯，及探討人在特定情況下，會做什麼或感受哪些因素影響他的行爲等（黃維憲，民八四：201）。所以，評估和診斷具有不可分割的關聯。診斷是一種對案主問題的診斷性陳述，不應該被視爲是個案服務的結果，而是一種具體的改變目標和調適計畫的手段。所以診斷的結果，並不只是用來審查案主的問題，同時也需要對案主問題之間的相互作用，做明確的了解（Whittaker, 1974: 120; Hollis, 1972: 268-9）。評估主要的目的是個案工作者依據案主的個別差異性與需求（individual differences and needs），提供不同的策略，做爲處遇的基礎。評估工作主要的目標是工作者與案主，針對案主的問題、需求與可提供之服務，達成一致協定。

長期以來，社會個案工作人員面臨所謂的「責信危機」（the crisis of accountability）問題。自一九七〇年代，單一主題設計（single-subject design）興起之後，成爲個案工作人員，評估個案服務成效的方式，解決了個案工作長期以來所面臨的責信危機問題。下列僅就何謂單一主題設計及其運用方式與步驟，逐一介紹。

一、何謂單一主題設計？

近年來，「單一主題設計」已經廣被運用於臨床工作個案服務成效之評估。單一主題（single-subject）、單一個案（single-case）或單一系統（single-system）等名詞，經常交互使用。無論評估者使用何種名詞，其所指涉都是以單一案主（a single client）爲評估單元（unit），當然單一案主可能是指一個人（individual）、一對夫妻（couple）、一個家庭（family）或一群人（group）（Dorfman, 1996: 136）。

單一主題設計運用於評估工作，主要將個案接受個案服務前之表現，與接受個案服務過程，不同階段中之表現，進行對照、分析與比較工作，做爲評估之準據。單一主題設計有許多種不同模式，最常被個案工作人員運用於個案服務成效評估者爲「A-B 設計」（A-B design）。所謂「A-B 設計」是將個案在接受個案工作服務之前，所呈現之問題或目標問題（the client's presenting problem or target problem），建立基準線（base-line）。然後再確定個案處遇或服務之目標（the client's treatment goal or outcome goal）之後，開始進行個案干預或處遇工作，直到結束個案服務爲止。因此，在「A-B 設計」中，A 是指個案評估的基準線、B 則是指干預階段。在整個個案處遇過程，個案工作人員不斷收集相關之資料，對案主問題解決與進展狀況，進行評估，個案工作人員並視實際情況，不斷修改處遇策略。

二、執行單一主題設計之步驟

在個案服務過程中，個案工作人員可運用單一主題設計方式，協助個案服務成效之評估工作。整個評估過程可分爲下列六個步驟（Dorfman, 1996: 138-43）：

步驟一：選擇目標行為（selecting a target behavior）

首先，個案工作人員應將案主所呈現之問題，轉化爲具體、精確、且可被測量的個案服務之目標行爲，也就是對問題進行操作性定義（operationally define）。在整個評估過程，工作者必須具有高度敏感度，使發展出之處遇計畫與案主之問題情境密切結合，因此對問題的界定（defining the problem）就必須非常清楚、具體。當然，有些個案所呈現之問題行爲是很容易被測量的，如：睡不著覺（insomnia）可被定義爲每晚只睡二～三個小時；然而，有些行爲卻是較爲主觀，所以很難被具體測量，如：焦慮、盜汗。

步驟二：選擇目標行為之測量（selecting the outcome measure）

在進行干預或處遇過程，個案工作者應針對案主問題與案主進行詳細討論，確定初步的治療或處遇目標，並將處遇目標轉換爲可被具體測量的準據，如：目標行爲出現的次數、頻率、期間、增加或減少等。例如：個案工作人員想要了解其干預或處遇對學校功課表現不佳的青少年之影響成效，那麼個案工作人員可以以每週五天，家庭作業是否如期繳回學校的次數，做爲評估之依據。

步驟三：測量的方法（methods of measurement）

三種最常被運用於單一主題設計之方法，包括：直接觀察（direct observation）、標準化測量（standardized measures）和個案自我報告（self-report）等方式：

1. **直接觀察**

直接觀察可說是三種資料收集方式中是最直接、最簡單的方式。對於個案服務成效評估工作之觀察資料收集，可由個案工作人員、與案主有關之關鍵人物（如：老師、配偶、父母等）或案主本身來執行。

2. **標準化測量**

個案工作人員選擇一種標準化的測量工具，針對個案行爲表現進行測量，對個案問題行爲的發展與進展進行測量。這些測量工具包括：問卷、測驗卷、量表或檢查項目表等。

3. 自我報告

當目標行爲是著重於個案的想法、情感、信仰、罪惡感或無助等內在的心理狀況時，自我報告是三種方式中較爲適合評估的方式。

步驟四：建立基準線（establishing a baseline）

當問題行爲與目標行爲都被選定之後，下一個步驟就是建立基準線。所謂基準線就是透過不同方式觀察、報告或記錄問題行爲在一定期間發生的次數，記錄成一穩定模式（stable pattern），做爲未來干預或處遇後之對照或比較之參考。

步驟五：干預或處遇階段（intervention phase）

當個案工作進入干預階段，工作者需有系統的、前後一致的記錄目標問題行爲，工作人員同時也需要視實際情況，做爲衡量是否需要調整干預或處遇策略的方式。

步驟六：評估干預或處遇結果（assessing treatment outcome）

個案評估的主要目標是在測量案主目標行爲改變與實現的程度。個案評估工作最後的步驟是對所收集之資料進行比較與分析工作；再由資料的比較、對照與分析過程，對資料進行解釋，以了解個案工作是否成功達到目標。當然，評估工作除了針對具體結果進行評估之外，同時也可針對整個助人過程進行評估工作，並找出影響或阻礙的因素。

第七章

社會個案工作的會談技術

如果專業關係是影響社會個案工作專業服務品質與成效的關鍵，那麼**「會談」**（interview）可說是**社會個案工作進行的基本工具與技巧**。個案工作人員透過會談過程與技巧的運用，使個案工作者與案主產生互動關係，透過會談進一步了解案主，並促使案主自我成長、發揮潛能，達到解決問題與自我實現的目標。通常每個個案工作人員在個案服務過程，透過經驗的累積與知識、技巧的結合，都會發展自己的會談風格。不過對個案工作人員而言，會談不只是技巧、也是一門藝術，會談指南可以進一步引導學習，讓個案工作者學會良好的會談技巧，但是個案工作人員如何整合專業知識與臨床經驗靈活運用，卻是不可忽略之事實。本章僅就會談前的準備工作、會談不同階段、會談的原則、與會談技巧等逐一說明。

第一節　會談的定義與特質

壹、會談的定義

「會談」一詞是由英文interview翻譯而來，普遍爲專業人員所使用，通稱爲協談、面談、約談、晤談或商談等；其所指涉均與一般閒談有明顯區別。不過助人專業所使用的會談方式，主要**以面對面交互談話（face to face interview）的方式進行**。

對助人專業工作而言，**「會談」**是一種特殊的溝通形式，工作者與案主透過談話過程有效的交換兩人的意見與觀念；會談也是一種特殊的談話方式，藉由會談過程工作者與案主可以充分的交換經驗、表達態度與看法。**對所有助人專業而言，會談不僅是一種藝術、也是一種科學，個案工作者在整個會談過程藝術化地運用會談的原理與原則，建構有條不紊的雙向溝通與互動關係，透過這種過程達到特定目的的一種專業性談話**。簡言之，會談是個案工作者爲了達成案主的權益與服務成效，所設計的一種溝通過程。個案工作者透過會談過程，提供案主各種適切的服務，以解決案主的問題、滿足其需求（黃維憲等，民七四：157）。

根據《社會工作辭典》（民八一）的定義：**會談是社會工作專業服務的一種具體程序，透過社會工作者與案主之間面對面的語言和非語言之溝通，表現其專業服務活動**（p. 572）。雖然社會工作的專業活動包括會談以外的活動，但社會工作者往往花在會談的時間多於其他服務活動，尤其是提供直接服務之個案工作人員，幾乎大部分的專業服務都是依賴會談來達成。

廖榮利（民八六）認爲會談是一種有目的的談話，談話的目標被參與者共同認定和接納，它與一般談話有些相似，兩者都是人與人之間共同交換思想、態度感受的口語或非口語溝通（p. 344）。黃維憲等人（民八四）進一步指出：會談是個案工作者與案主相互接受有特定目的的專業性談話。既然會談是個案工作者的基本工具，建構案主與工作者互動關係的主要橋梁，那麼會談的主要目的是用以獲取與會談目的有關之資料、滿足案主之需求及解決案主的問題（Johnson, 1995: 179）。

雖然會談是爲了某一特定的目的，而將會談內容集中於特定內容，運用語言及非語言（verbal and non-verbal communication）所進行的一種溝通、傳達形式。通常會談方式是透過兩人進行，但也有例外，譬如：個案工作人員視需要同時與夫妻雙方舉行聯合會談（joint interview）；在某些文化背景之下，某些重大的討論和決定通常都是在家族會議中達成的，因此最重要的會談往往是全家族的人或與長者們會商，而不僅僅是與一些人單獨個別舉行，此時個別會談就必須靈活運用，且必要時應加以變通，以適應與較大的家庭組織會談的需要（張思忠、鄭基慧譯，民六七：41）。

會談是爲了達到個案工作目標所實施的一種專業性談話，那麼**會談的目的**應該包括：⑴**收集和診斷與案主情況及社會功能有關之資料**；⑵**建立良好的專業關係**；⑶**分析及評估所收集資料以作爲診斷**；⑷**決定案主的資格**；及⑸**提供服務和處遇性之活動**（徐震＆林萬億，民八二：143）。

要達到會談的目的，那麼在會談過程談話內容應著重於下列十點（黃維憲等，民八四：158-9）：

1. 雙方使用口語、非口語的方式表達，以交換意見、態度與感覺。
2. 藉由面對面之交互行動以相互影響。
3. 會談內容選擇較易達到會談目的的話題。
4. 會談者與接受會談者的角色與職責須明確區分。

5. 會談者對接受會談者有提供服務之必要，但受會談者則無此義務，雙方非互惠關係。
6. 會談者行動須經詳細計畫、深思熟慮、做有意識選擇後形成。
7. 在會談期間會談者因受會談者請求，須與其維持接觸協助之義務。
8. 會談時間長短、地點場合之選擇須經正式安排。
9. 有效用的會談不避諱談不愉快的事實與感受。
10. 會談的結果盡量使雙方均感到滿意及愉快。

貳、會談的特性

助人專業大多運用「會談」來達到所謂助人的目標；然而，由於每個專業的目標不同，導致會談內容也會有所差異。下列僅就會談與一般談話相似之處提出說明（徐震、林萬億，民八五：142-143）：

1. 參與者之間用語言與非語言之方式交換意見、態度與感覺。
2. 面對面關係的交互影響。
3. 使參與者獲得樂趣。

會談與一般談話差異之處

誠如上述所言，會談是有一特定目的的互動與溝通過程；因此，會談與一般閒談或談話（conversation）差異之處包括

（Kadushin, 1972）：

㈠會談之內容主要以會談之目標為標的，應排除無關之內容

個案工作之會談有一種既定的目標，會談內容之選擇須著重於目標的達成，話題不論多有趣，若無助於會談目標的完成，就不宜使用。相較之下，閒談只是一種無中心主題的談話方式；但會談是有特定目標，內容也是一整體性、漸進性與連續性的談話過程。

㈡會談過程，無論是工作者或案主都有其角色與職責

爲了達成會談之目標，個案工作者需負起推動會談程序之責任，引導雙向互動達到會談目標。基本上，會談過程雙方角色關係是具有結構性的；反之，閒談或談話對於地位與角色之區分就不明確。

㈢會談不是一種互惠關係

在會談過程，個案工作者與案主之間存在一種非互惠的互動關係（nonreciprocal relationship）。在會談過程，個案工作者有義務扮演引導者引導會談，而且會談的內容必須是爲案主最佳利益而設計，行使任何對案主有益的服務。相較之下，一般閒談或談話並無此責任與義務。

㈣會談是一種有計畫的行動

在會談過程，個案工作者對會談行動與過程應在詳細計畫、深思熟慮、及有意識的選擇之後而形成；然而，一般閒談或談話是非常隨性的，並不需要經過事先周詳之計畫。

㈤會談是一種接受案主請求、責任的過程

在個案服務過程，個案工作者必須接受案主對會談的要求，無論工作者本身期待如何，因爲會談的目標是在滿足案主的需求，因此個案工作者有義務與案主保持聯絡，直到目標完成或目標很明顯的不能達成爲止。由於會談需要全神貫注的注意與互動，所以個案工作者必須要比參與一般閒談更密集。在一般閒談中沒有人有義務要引導談話，參與談話者也可以因爲談話內容枯燥而退出，不需感到罪惡或負起任何責任。

㈥會談重視事前相關工作之安排

會談之時間、地點與期間都需要經過事前之安排；一般談話對於談話之時間、地點與持續度，均不需要經過事前周密之安排。

㈦會談不具有娛樂性質，因此對於不愉快之感受不需避免

會談內容除了愉快之外，還有其他目標，因此在會談過程不應該避免不愉快的事實或感受。有時因爲對案主有益，雖然會引發不愉快的事實或感受，個案工作人員仍不可迴避。然而，

對一般談話或閒聊而言，談話之內容應盡量以愉快爲主，盡量避免不愉快的感受與情緒（李保悅，民六五；廖榮利，民八六：344-346）。

既然會談與一般閒談是有明顯區別，那麼對社會個案工作而言，會談到底具有甚麼特質呢？其特質包括（黃維憲等，民八四：159-60）：

1. 會談是工作者最直接的助人技術。
2. 會談是工作者爲了幫助案主個人與環境調適良好社會功能才進行。
3. 會談不論是否在工作者所屬機構進行，工作者仍代表社會工作者的任務與身份。
4. 會談進行常順著案主的特質與喜好，自由參與會談。
5. 會談中先著重工作者與案主建立關係，首重人際互動。
6. 會談過程任案主自然的抒發情感，故工作者較難預料可能的完整談話架構。
7. 會談高度自由，常激發案主坦露具隱私性與情緒性之主觀反應。

第二節　會談的基本原則

持續性的會談是個案工作服務成效的主要關鍵；然而，個案工作人員在實務過程經常要面對案主流失率高的事實。因此，在會談過程如何激發案主積極參與會談及降低會談流失率，可說是個案工作者之首要目標。波爾曼（Perlman）在一九六八年的研究指出，個案工作者可藉由對案主求助動機的了解、求助關係本質的說明以及期待和事實間差距的澄清，降低案主的流失率。換句話說，若個案工作者能進一步澄清案主對會談的期待，建立彼此對助人關係的共識，就可以提高案主參與會談的機率。許多專家、學者也證實利用**「角色說明會談」**（role induction interview），可提升案主會談的持續性。一九八五年維克（Zwick）和愛肯森（Atkinson）運用錄影帶當作教材，舉行案主會談前之說明會，也得到了類似的結果。

維克和愛肯森進一步提出當個案工作者在運用角色說明會來增加案主參與會談之機率時，應遵守之指導原則包括（萬育維譯，民八六：155-156）：

1. 確定案主的期待。
2. 簡短說明會談的過程，並指出個案工作者在解決問題過程中，所扮演的角色。
3. 了解並同理案主的期待，以及問題的急迫性。
4. 表達幫助的意願。
5. 解釋無法滿足案主期待的原因。
6. 強調合作關係的重要性，並賦予案主責任，以激發參與問題解決的動機，並選擇願意採取相關行動。

個案工作在實施會談過程，除了需盡到個案工作者之職責之外，仍須把握下列幾項**基本會談原則**（黃維憲等人，民八六：

171-172）：

1. 從會談過程中案主所呈現出來的語言及非語言訊息，了解案主獨特的內心感受與需求，重視案主個別化原則。
2. 建立案主接受會談的信心，工作者宜主動、積極的表達所觀察與了解的訊息讓案主知曉。
3. 引導案主面對困境、不良或負面情緒後，能理性的思考與反應。
4. 以不批判的態度去澄清案主價值混淆、情緒錯亂、言行不一致的自我狀態。
5. 對案主有控制的感情介入，如果發現有情感轉移或反轉移現象，必須要馬上處理。
6. 有耐心的與案主進行會談，不因案主反應慢、溝通困難或自我調適力退化等，就拒絕與案主繼續會談，應進一步探究阻礙之因素。
7. 善用專業判斷力，協助案主察覺問題與偏差行爲。
8. 尊重案主自尊、自重的原則，應盡量讓案主自我選擇與抉擇。
9. 除了專業需要之外，對於相關之資料應予以保密，做好保密隱私之工作。
10. 每次結束前預留時間給案主詢問，並對此會談做結語，同時做好下次會談的約定和準備。

根據《社會工作辭典》（民八一：572），個案工作者在運用會談過程，需注意**八項原則**（張隆順，民七三）：

1. 工作者態度要親切、明朗、快活又誠懇。

2.工作者要善於觀察案主之表情和反應。

3.充分傾聽案主敘說，並把握其要點及弦外之音。

4.間接方式質問，發問時間要適切。

5.工作者不與案主爭辯與批評，需和藹解釋。

6.工作者要諒解與善用案主之轉移情感。

7.尊重並鼓勵案主自主權之使用。

8.會談結束時應給予摘要，並鼓勵案主努力與合作。

總而言之，個案工作者在會談過程，為提高個案參與會談之機率，應充分做好事前準備工作，同時善用會談技巧，並遵守會談原則，以增加個案服務之成效。

第三節 會談前的認識與準備

無論是資深或資淺的個案工作者，在每次會談之前，都必須將會談視為是與全然陌生的人進行的一種全新的談話工作，所以在會談之前必須要有充分之準備。在會談之前，個案工作者需要反覆不斷的問自己幾個問題：(1)會談的對象是誰？(2)雙方對彼此的期待為何？(3)如何進行可使會談運作順暢？(4)會談過程雙方可能面臨的壓力或文化價值差異如何？如果個案工作者能夠在會談之前，就做好充分的自我準備工作，那麼就比較能達到事半功倍的效果。

根據黃惠惠（民八十）在《助人歷程與技巧》一書，將會談前之自我準備工作歸納為環境布置與心理準備兩大項工作；廖榮利（民八六）在《社會個案工作》一書中將會談的安排區分為場所與時間；而黃維憲等人（民八四）則將會談前的準備工作詳細地區分為十大項，包括：(1)工作者的儀表；(2)會談場所安排；(3)會談開始時的社交瑣事；(4)工作者與案主的相互稱呼；(5)會談時間長短與頻率；(6)會談費用；(7)非自願性案主的預備；(8)會談中的筆記；(9)會談輔助器材運用；與(10)會談時雙方健康狀況檢視等。瓊森（L. C. Johnson, 1995）指出個案工作者在會談過程應對會談情境做準備、會談內容做安排，以及覺察自我心理反應與態度等三項任務。

綜合上述意見，本文將**個案工作者在會談前應準備之工作區分為三項主要任務**：

壹、會談情境的準備

個案工作人員對於會談場所必須要有所安排，如果會談場所是在辦公室，那麼對會談情境的布置必須事先安排。**會談情境**（the physical conditions of the interview）的布置與安排，不僅是要使雙方感受到舒適而已，更重要的是要傳達「安全」及「尊重」的訊息給案主。一個安全與尊重的會談場所是指會談過程不被干擾、不被偷窺與不被偷聽等。會談室的室內環境要單純清靜，使會談在不受任何干擾情況下進行；室內光線要充足，空氣得要流通，冷熱要適宜；房內的布置以整潔素雅為原則，個案工作者的桌椅與案主的桌椅要呈四十五度斜對爲主；顯露出溫暖親切的感受，可以讓案主達到身體舒適與心情放鬆之目的，這才是良好會談關係的開始（Johnson, 1995；黃惠惠，民八十）。

貳、會談內容的安排

(in planning for the content of the interview)

個案工作人員對於**會談的內容必須事先計畫與安排**。工作人員必須預先思考機構服務的目標、個案會談的目的，預覽前次會談記錄，並對所欲詢問之問題事先做好安排。不過個案工作者需謹記**預先安排之會談內容，必須有彈性**，並且不要讓預先安排之內容造成對會談的干擾。

參、心理準備

個案工作人員在會談之前必須做好一些心理準備，要把自己的身心狀況調整到最好的情況，以最佳的狀況進入會談情境。帶著疲憊的身體或注意力不能集中，不但對問題的了解與處理均無益處，同時也是對當事人一種不尊重的表現。試想在會談過程個案工作人員心中仍想著前面一位案主的事情，或者公務仍盤桓心中，這些都會使工作員在接觸當事人時，產生干擾或分心，而傷及當事人的權益。

在會談之前若有下列事情發生，就必須做好自我調整。**個案工作人員可透過下列兩種方式達到自我調整的功能**：(1)將前一個會談之個案做好個案記錄，或與督導討論做個結束；(2)把手邊之工作暫時擱下，將私事做個整理，重新調整自己的情緒或適當休息恢復精神。總之，個案工作人員要進入會談關係，就好像演員或歌星要登台演唱一樣，上台前需要培養情緒，讓整個心情及注意力都進入歌曲的意境。

除了個案工作者自我心理的準備工作之外，同時也必須思考案主在會談過程中可能的需求、感受和情緒反應，及工作者對這些需求與感受的反應。工作者必須敏感察覺在會談過程自我的情緒反應與態度，可能進一步干擾會談效果，如此才能降低對會談效果的影響。

會談前的準備工作就好像演員上台表演一樣，必須事先做好彩排工作、準備相關之道具、熟記劇本，並做好事前暖身工作。唯有個案工作人員做好充分的會談前之準備工作，才能引導案主進入情境，有效的達成會談的目標。

第四節　會談的階段

對所有助人專業而言，會談應包括三**個階段**，分別是：(1)開始階段（the opening or beginning stage）；(2)中期或工作階段

（the middle or working-together stage）；⑶結束階段（the ending stage）。在不同階段之會談重點與任務往往都不一樣，所花費之時間長短也不一，個案工作者必須視個案工作進展情況、案主之需求與專業關係，做適度之調整（Johnson, 1995: 181-2；黃維憲等，民八四）。以下僅就會談過程之不同階段工作人員應準備之工作及會談之重點，逐一說明：

壹、開始階段

當會談事前工作準備就緒之後，個案工作者可以以簡要的開場白與案主展開會談工作。首先，工作者應禮貌地與案主打招呼，並適切地接待案主，讓案主感到自然舒適，會談過程中工作者須注意自己用字遣辭及表達方式，是否配合案主的次文化水準。

在會談初期，工作者也同時應該盡量降低案主的焦慮與不安；工作者可以透過和案主分享具體事件（significant events）過程，進一步澄清和討論案主不友善的反應，使案主能盡速融入會談情境。在會談初期，個案工作者需要清楚界定會談目的，並讓案主有機會討論對會談主要目的之看法，及了解個人對此次會談的特定需求，必要時工作人員必須視實際情況適度調整會談的目的。

貳、中期階段

當個案工作者與案主已經建立初步的良好印象與關係，彼此順利地溝通，那麼會談的重心就可以轉至以案主所關心的問題做爲會談內容，同時著重問題的深度與廣度之擴展，讓會談內容得以持續進行。

當個案工作人員認爲案主已經做好心理準備，而且已經準備好調整會談的焦點時，可以說會談工作已經進入中期階段。在此一階段，會談內容主要視個案工作之任務而定，不過整個會談過程，個案工作者主要的角色與任務是著重於聚焦、控制時間、協商會談目的與會談效果的監控等工作。

參、結束階段

當會談的目標已經達成之後，個案工作者必須將會談焦點轉移至準備結束專業關係。在會談結束階段，工作者主要任務是摘要整個會談過程所發生之事，和整個會談過程所提供之服務。如果只是結束此次會談，那麼工作者可於結束前三、五分鐘之內，緩和案主的情緒，並針對此次會談內容進行簡短摘要。若有未盡事宜，也可以讓案主詢問，工作者予以說明，同時可以鼓勵案主回去思考、聽取相關意見，於下次會談中再討論。

如果是最後一次會談，那麼工作者除了需要和案主道別之外，同時也需要清楚告訴案主，如果有其他相關問題或需要，案主可以再回到機構，工作人員很樂意協助案主。

第五節 會談的技巧與運用

在個案會談過程，個案工作人員可視實際情況，運用不同的會談技巧，來催化專業關係及增進會談的效果。這些會談技巧可綜合歸納爲五大類：

壹、觀察技術

觀察案主在整個會談過程的非口語行爲（nonverbal behaviors）所蘊涵的意義，工作者必須敏感察覺案主非口語行爲的意義，適度對照其語言表達內容，並給予適度回饋。哪些非口語行爲必須注意呢？工作者應觀察的非口語行爲共有七項（Johnson, 1995: 182）：

一、肢體語言（body language）

肢體語言包括：手勢、表情、神態、身體動作、聲調之抑揚頓挫、速度、語氣、結巴等。在整個會談過程，這些肢體語言扮演兩種功能：⑴一種強調、調整、修飾或代替說話者的語言訊息；⑵當與語言矛盾時，可以表達說話者真正用意（黃惠惠，民八十）。

二、開放或封閉式語句的內容（the content of opening and closing sentences）

從案主所表達的語句是採用開放式或封閉式語句，來判定案主對自己及對會談情境的態度。

三、談話內容的轉換（shifts in conversation）

從案主轉換談話主題與內容過程，可以判定哪些內容是會引起案主不快與痛苦、觸及禁忌，或是案主不願多談的主題。

四、意念的連結（association of ideas）

將案主談話的意念相互連結，讓工作者能進一步清楚了解案主所表達的感受與情緒反應。

五、反覆出現的訊息（recurrent references）

對於會談過程，案主不斷重複提及的相關人物，工作人員應該敏感到這對案主而言可能是關鍵人物，不可輕易忽視。

六、不一致（inconsistencies）

當案主所表現的語言或非語言行爲是前後不一致時，那麼意味著討論的主題或內容可能對案主有潛在的威脅，或是案主願意開放與人溝通或分享此一相關領域。

七、壓力或衝突點（points of stress or conflict）

由於文化差異所造成的不恰當想法或偏見，工作人員應明白具體指出案主的偏見或不恰當看法、行爲或態度。

貳、傾聽的技巧（listening skills）

傾聽技巧對個案工作的會談扮演相當重要的角色。所謂**「傾聽」是指聽案主說了甚麼與案主對問題所做的反應爲何**？剛開始時，工作人員大多將會談重點擺在案主問了甚麼問題或說了甚麼？好的問題當然可以進一步激發更多的思考空間，可是如果工作者沒有足夠的傾聽技巧，那麼也無法充分達到會談的價值；因此，在整個會談過程，積極的傾聽（active listening）是有其必要性。有時候對於使用不同母語的案主在表達過程中，工作人員也有必要積極傾聽，試著由案主的語言表達，了解案主所欲表達的意義、對案主的意義與感受。傾聽其實就是一種開放與接納的態度，讓工作人員在一定的時限之內將重心擺在案主所說和所表達出來的非語言行爲（Johnson, 1995:182-3）。

傾聽可說是個案工作人員最重要的行爲之一，透過傾聽了解案主的痛苦、煩惱與感受。其實，傾聽本身就具有治療的功用，藉由傾聽過程讓案主有機會將傷痛、委屈和不滿的情緒宣洩出來，使其感情得到淨化作用，就能達到某種程度的治療目的（黃惠惠，民八十）。

傾聽（listening）與聽（hearing）是不一樣的；聽是感官的，是只用耳朵的；而傾聽不僅是用耳朵，還要用心（mind）去聽。**「積極傾聽」**也不同於**「消極傾聽」**（negative listening）。後者只是被動的聽；而積極傾聽則包括：

1. 傾聽當事人口語表達的內容（verbal messages），從其口中所言談的內容來了解其情緒、事情過程及困擾。
2. 對於所聽到的、觀察到的，給予適當而簡短的反應，使案主知道工作者聽懂了，更鼓勵案主繼續表達，關係就能建立起來。這時所做的反應只是爲了表達工作員專注在聽、聽懂了，接受案主的說法與感受，所以不必說明、解釋、詢問，更不必面質、分析。因此只要簡短適當的反應即可，如「嗯哼」、「我懂」、「我了解」、「原來如此」、「難怪你生氣」、「對的！對的」，或者點點頭，用非語文行爲表達接收到他的意思即可（黃惠惠，民八十：39-41）。

參、問問題的技巧（questioning skills）

不同類型的問問題技巧對會談將有不同的功用，所以工作者應熟悉各種問問題技巧之功能，才能善用技巧強化會談效果：

一、開放式或封閉式問題

封閉式的問問題技巧主要是爲了獲取案主對特定問題的回答，譬如問案主：「你多大年紀？」或「您貴庚？」通常在詢問案主有關事實性的資料（factual information）時，都會運用封閉式的問問題技巧。開放式的問問題技巧通常是運用於進一步了解案主的情緒反應或個人觀點時，譬如問案主：「你認爲甚麼原因讓你的小孩功課變得不好？」如果是在探討案主的生活史時可以交叉運用封閉式與開放式的問問題技巧，讓工作人員可以同時與案主討論一些事實性的資料與案主的生活經驗（Johnson, 1995: 183）。

二、引導和回應問題的技巧 (leading and responding questions)

當工作人員期望案主能夠持續目前正在探討的主題時，可以運用引導問題（leading questions）的技巧，譬如工作者可以問案主：「你曾經嘗試處理小孩功課不好的問題，是不是？」當工作人員想要讓案主繼續對這個問題有所回應時，可運用回應問題的技巧，譬如：當案主說明如何嘗試處理小孩功課不好的問題之後，工作人員可以回應問題：「可不可以告訴我，你是怎麼幫助你的小孩的？」

當個案工作人員在運用問問題的技巧時，必須要注意好的問問題技巧是每個問題只有一種涵意，不可以含有多種涵意。至於事先問特定或廣泛的問題，則視會談討論的主題而定，當然個案工作人員的會談風格也會左右問問題的方式。譬如，有些個案工作人員喜歡先問廣泛的問題，再問細微的問題；可是也有工作人員認爲會談應該先問小範圍的特定問題，再討論大範圍廣泛的問題（Johnson, 1995: 183-4）。

肆、聚焦、標定和詮釋的技巧
(focusing, guiding and interpreting skills)

當個案工作人員希望透過會談過程，有效的達到會談的目的時，可以運用簡述語意、摘要、反映感覺、面質和闡釋等技巧。

一、簡述語意或摘要
(paraphrasing or summarizing)

在會談過程個案工作人員可以運用自己的話，簡要的複述案主所陳述的事實內容，如此不但可以表達工作者認真的態度，也能正確的把握會談談話的含意。當工作人員運用簡述語意的技巧時，應該避免用與案主先前所說的話完全相同的內容，譬如：案主描述如何和同學吵架的過程，工作者可針對描述做簡述語意：「你是說他先罵你，你才反罵他，愈罵愈厲害，最後他動手打你，你才順手拿起花瓶丟他，因此而打傷了他」（黃惠惠，民七四；Johnson, 1995: 184）。

二、標定感覺

在會談過程，個案工作者必須由案主的訴說內容中，針對含有情緒語句的類別與強度，幫助案主標定感覺（如圖 7-1）。

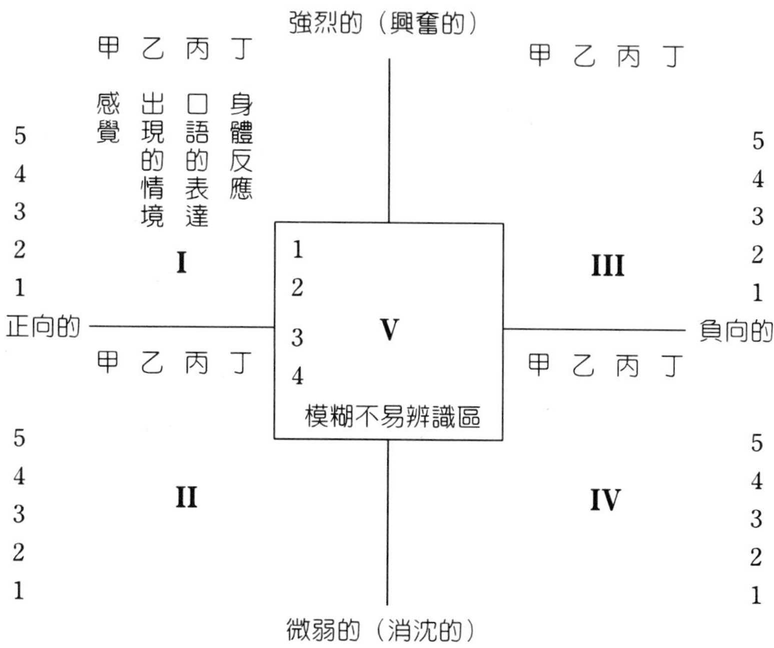

圖 7-1 標定感覺區域

三、情緒反映（reflect feelings and ideas）

當個案工作者協助案主將情緒標定清楚之後，還需要進一步將情緒表達出來，在表達情緒時，不是用分析或評價的角度，而是需要恰如其分的反映。情緒反映其實就好像是在照鏡子，鏡中所呈現的就是案主內在的情緒，當案主看了鏡中的自己，可以了解到自己的態度與情緒狀態。情緒反映的深度應以適當爲宜。太淺了，會讓案主覺得工作人員對他的了解不夠；太深了，則會讓案主不同意或感受不到被了解的感覺。通常在對情緒作反映時，工作人員不加入自己主觀意思，反映的感覺正是案主所要表達的感覺（黃惠惠，民八十；Johnson, 1995）。

四、面質（confrontation）

在各種會談技巧中，面質是最受爭論的會談技巧之一。所謂**「面質」就是當個案工作人員發現若將與案主的爭論、不同意或感覺等隱藏起來，可能會干擾會談的進行時，將這些爭論或不舒服的感覺直接帶入會談中討論，並且透過討論過程尋求可行的解決方法**（Johnson, 1995: 184）。對很多人來說，面質好似有攻擊的意味，甚至可能夾雜憤怒、暴力與爭鬥的層面，可能帶來與案主對立而非合作的關係，因此必須小心使用面質技巧（黃惠惠，民八十）。

當然面質不是給個案工作者替案主療傷的機會，也不是讓工作者發洩、表達憤怒或操縱案主；面質更不是打了就跑、不負責任的攻擊，而是一種負責任、出自關懷的挑戰。個案工作者將會談中所看到案主的不適當行爲，如何導致不良後果及困擾，提出來給案主參考，刺激案主思考問題的真正關鍵，以便對問題真正了解，有助於會談目標之設定。換言之，**面質是邀請案主重新檢查那些可能自我破壞，或傷害到別人的行爲或想法，並且發現有必要改變時，勇於改變，所以是一種幫助案主**

成長的機會。

㈠使用面質的時機

工作人員何時可以使用面質技巧呢？當案主在會談過程表現出不一致或過度防衛行爲時，工作者可以思考並謹慎運用面質技巧。在會談過程常見的**不一致現象**包括四種：（黃惠惠，民八十：120-126）

1. 案主所認知的訊息與正確的資訊不一致。
2. 案主的知與行不一致。
3. 期望與結果的差異。
4. 口語行爲與非口語行爲的不一致。

當下列防衛行爲發生時，個案工作者也可以謹愼思考是否運用**面質技巧**。這些防衛行爲包括（黃惠惠，民八十）：

1. **扭曲**（distortion）

   案主發現某些事實，但是不能或不願面對，反而將事實加以扭曲，使自己可以免於痛苦或挫折。

2. **挑戰自我破壞的內在經驗與行爲**（challenging self-defeating attitude and beliefs）

   當個案工作人員在協助案主探索的過程中，會發現很多案主的思考方式就是其困擾的主要因素。

3. **把戲、詭計或煙幕**（games, tricks and smoke screens）

   案主玩把戲或放煙幕的主要目的是因爲不敢或不願去面對問題的真象，害怕改變或爲了達到某種目的，而將自己的真意或真實情況隱藏起來，利用一些表面上看起來冠冕堂皇的話或理由遮掩過去，使人看不清真正的樣子、事情的實況，甚至還會讓對方陷入他預期的行爲陷阱裡。

4. **逃避或藉口**（evasions or excuses）

案主有時不願面對自己的真正問題，而將責任推諉給別人，例如：上班遲到抱怨路上塞車，而不願承認自己賴床偷懶；考試考不好推說是老師題目出太難，而不願承認自己不用功。

㈡使用面質時的態度

面質是一種對案主挑戰的技巧，因此當個案工作人員使用此種技巧時不僅應注意使用原則，同時也應注意**使用時之態度**（黃惠惠，民八十：126-128）：

1. **秉持高度同理心的精神**

個案工作人員應秉持高度同理心，表達對案主的了解，並協助案主走出困擾，案主在感受個案工作人員深層的了解之下，自然願意放下防衛，進一步審視自己、了解自己。

2. **以假設的語氣進行**

以武斷或權威的語氣來面質案主，往往會讓案主更加防衛；如以假設口氣進行，會使案主感到受尊重，並刺激思考可能性。

3. **以一種投入的態度**

工作者在面質案主時，不是自外於案主的世界或是以一種高高在上的對抗立場，質詢或指導案主；而是要能投入彼此的會談關係，以案主的立場與最佳利益爲考量前提。

4. **以漸進的方法**

因爲面質往往會帶給案主很大的震撼，所以宜用漸進的方式，從案主可能接受的層次開始，然後慢慢進入較深的層次。

伍、氣氛設定或支持性的技巧 (climate-setting skills)

在會談過程，個案工作者也可以運用氣氛設定技巧如：真誠和同理心，進一步催化人際互動，產生更開放、更了解和更誠實的互動關係。

一、眞誠（genuineness）

眞誠是指個案工作者以發自內心的眞心誠意與案主互動，讓案主一方面感受到工作人員也是人，另一方面可以感受到工作人員想要幫助案主的眞誠。當事人覺察工作人員真誠的態度，往往有助於案主對工作員的信任，因此更願意進入更深層的探討。真誠是讓人放下防衛心，以更開放、真誠的態度相對，所以是工作員與案主之間非常重要的一種溝通行爲，也是助人關係中，最基本的行爲之一（黃惠惠，民八十：79-80；張宏哲等，民八八）。

二、同理心（empathy）

卡高夫（Carkhuff, 1969）把同理心分爲兩個層次：初層次同理心（primary level of empathy）與高層次同理心（advanced level of empathy）。**「初層次同理心」是指針對案主明顯表達的意思及感覺做一個基本了解的溝通，通常適用於自我探索的階段，用以協助案主從自身的參考架構，來探索及澄清自己的問題**。在自我探索階段，工作者不打算深入案主的問題時，可留待下個階段，於是就屬於高層次同理心的階段了。**「高層次同理心」階段是爲了協助案主對自己及其問題產生新的觀點、新的了解**。同理心是指站在案主的立場，設身處地去體會案主的感受，並將之表達出來，使案主感受到被了解與被接納，如此不但可以強化專業關係，並且鼓勵案主繼續探索、澄清。簡單的說，同理的溝通的技巧是正確的了解案主，敏銳覺察案主內在的感受，並將這些了解以符合案主當時的感受，以語言的表達，讓案主知道（張宏哲等，民八八）。

會談可說是人與人溝通的一種形式，會談是所有助人工作者最常運用來協助案主解決問題、滿足需求的工具。個案工作者如何善用會談技巧，來協助案主了解自我、開發潛能、解決問題與滿足需求呢？個案工作者唯有做好事前的準備工作，並在會談原則的引導之下，視會談進行情況，靈活運用會談技巧，才能有效的達到會談的目標。

第八章

社會個案工作之記錄

在個案工作過程中，除了會談技巧之外，個案記錄（various kinds of recording）也被視為是助人專業的重要技巧之一，在助人服務過程中扮演相當重要的角色（Timms, 1972: 66）。本章中主要針對個案工作過程中，個案工作者如何運用個案記錄、個案記錄之重要性、個案記錄進行之原則、個案記錄之方法、與個案記錄應具備之內涵等，逐一說明。

第一節　個案記錄之重要性

壹、個案記錄之定義

何謂「個案記錄」？**「個案記錄」**（case record）係指：**個案工作人員對其日常所服務之個案的會談及有關聯絡事項，以文字記載方式記錄，並將之保存於特定之個案資料夾中；基本上，每個完整的個案資料夾應包括：個案申請表、接案表、服務登記表、個案服務記錄、轉介紀錄，及結案記錄等資料**（Barker, 1991: 196；社會工作辭典，民八一）。

貳、個案紀錄之功用及重要性

個案記錄到底對個案工作具有何種價值呢？這是一個經常被提出討論的問題。一般說來，除非有特殊目的，否則個案記錄並非是毫無目的的或毫無選擇的全部記錄下來；相反的，個案工作人員必須經過深思熟慮，以專業知識做爲判斷的基礎，適當選擇會談的內容，加以組織、排列之後，再賦予文字記載。漢彌爾頓（Hamilton, 1946）認爲個案記錄不應該被視爲是死的工具、而應是一個彈性的工具，這個工具不僅可以反應個案類型、機構功能、服務實際狀況、何種團體運用記錄以及何人可運用記錄等，同時也可以進一步幫助個案工作者提升個案服務品質與成效（p. 20）。**一個好的記錄是社會工作良好服務的基本要素，因此，記錄的內容與方式，如果不能協助機構和工作人員提供良好和正確的服務，以完成助人專業的服務目標，那麼就應該放棄和改進**（Kagle, 1983: 149；黃維憲等，民八四：296）。

一般來說，個案記錄的目的並非只是在提高或維護個案服務品質而已。根據《社會工作辭典》（民八一），**個案記錄之主要功用有四**：(1)爲連貫與提高對案主服務之成效；(2)爲工作者連貫服務與提高服務技術；(3)爲教學與訓練工作之參考；及(4)爲機構與行政責任之達成（p. 374）。哈里斯（Harries, 1970: 14-16）也指出個案記錄可以提供正確診斷和有效處遇的依據，良好的記錄也可做爲轉案之參考，並可運用於研究、計畫和教學過程，因此好的個案記錄對個案服務過程是一項不可或缺的要素（廖榮利，民八六）。

根據基督教中華兒童福利基金會編印的《CCF 社會工作手冊——社會工作實施綱要》（1975）也指出個案記錄的價值，包括：⑴直接的價值：做爲社會工作服務的資料、做爲評估社會工作服務效果的依據、爲保護案主所必需；⑵間接的價值：做爲轉案、照會和個案討論的依據、做爲督導的依據、做爲機構評價服務功能及制訂政策的參考、做爲社會研究及社會計畫和教學的材料（pp. 21-3）。哈里絲（E. J. Harris）認爲個案記錄的主要目的有三：⑴做爲個案處遇的依據；⑵轉介個案時之參考，藉以保障案主的權益；⑶良好的記錄可以做爲研究和教學之基礎（徐震&林萬億，民八五）。

凱葛麗（Kagle, 1983: 149）則指出個案記錄對個案工作而言，具有九項目的：⑴服務數的計算；⑵督導；⑶同輩間的查閱；⑷工作員的自我評估；⑸專業間的溝通；⑹組織間的溝通；⑺專業的自我保護；⑻處遇的工具和⑼資料的保存與訂正等。由此可知，記錄的功能與價值，應該不只是在記錄個案服務的概況而已，事實上應包括更多、更廣之功能。

本文以威爾遜（Wilson, 1982: 3-5）所提出之架構爲主軸，參酌上述學者與專家之意見，將個案記錄之功用與重要性綜合整理爲十一項（引自黃維憲等，民八四：298-303）：

一、提供服務的證明

個案工作人員在提供專業服務過程，往往需要面對責信問題，如何獲取贊助者及社會大眾的信賴與支持，獲取更多社會服務資源，個案工作人員就不需提供服務成效之證據，個案記錄可以提供更多、更有系統的資料，證明個案服務之質與量之成效。

二、持續服務工作

個案服務是一項持續性的服務過程，為了使個案服務順利進行，個案工作人員需將每次與案主接觸、會談情形，摘要記錄下來，做為持續服務之參考，才不至於因時過境遷而遺忘或產生混淆。當然個案服務記錄也可成為其他工作人員進一步提供服務，或個案工作人員離職時，做為轉介之媒介。

三、服務品質的掌握

個案記錄所呈現的內容通常必須包括：案主背景、主要問題、影響問題有關之因素及如何解決問題之過程。從記錄內容可以檢視工作員資料收集的方向、問題診斷的正確性、處置的妥當性等，可做為評估服務之品質與適當性。

四、組織工作員的思慮

通常當案主的問題愈複雜，則愈不是短時間或幾次會談可解決的，每次會談內容是相當多，幾次累積下來，個案工作員不可能牢記所有細節，看出因果關係，因此當工作員結束會談，就必須要邊記錄、邊回想，如此不僅可以自我評量，增長專業知識，同時可以發現哪些重要因素在會談中被忽略了，可以在下一次會談中與案主討論。

五、督導員的察閱

督導對於個案工作人員負有行政督導與專業教育的職責，因此基於行政上督導的責任，個案記錄可提供督導員進一步了解工作人員是否依據機構規定提供服務，在提供服務過程是否兼顧案主的權益，及服務的品質與流程如何。基於專業教育之職責，督導員有必要了解工作人員對專業知識與技巧運用之情形，以便針對需要，提供協助。

六、專業間的溝通

有時候案主所帶來的問題，並非屬於機構服務範圍或其問題需要整合不同屬性之機構共同提供協助時，個案記錄正好可提供轉案、照會或個案研討會之參考。

七、服務提供的適切性

當需要了解案主對機構的期望或問題及需求，與機構服務功能之吻合性時，個案記錄正好提供行政之審查與核可。

八、法律行動中的機構自衛工具

隨著社會進步，消費者權益提升，個案工作者在提供專業服務過程中，難免會遇到一些法律糾紛或爭議問題，特別是醫療單位與保護性工作，工作人員不僅要盡量避免類似情況發生，同時也要有預防與保護措施，此時個案記錄就是一項有力的佐證，可提供給專業協會做爲判定之依據。

九、治療工具

對個案記錄是否和案主分享，有不同看法。以前視個案記錄爲隱私，不隨便公開，當然包括案主本人；然而，近年來，許多個案工作者開始認爲個案記錄本身也具有治療的功效，所以開始要求工作者將個案記錄在會談過程中與案主共享。

十、教學工具

個案記錄可以呈現出個案工作員如何運用專業知識的原理

原則，協助案主、收集資料、診斷和處遇，這些記錄可以做爲學校教學或機構新進工作員訓練之教材。

十一、評價與社會研究

個案工作人員不僅要對案主負責，尋求更完善、更高品質的服務，同時也需要對社會盡一份職責，個案記錄是機構實施自我評價研究的一個重要來源。機構可透過各種統計描述與分析之技巧，實施量的研究；或以個案研究之方式，進行質的研究，以發現服務對象的特質、問題特徵和服務成效等情形。不僅可提供機構工作員在自我訓練、判定發展計畫、改進服務過程與方式等方面之參考，也能夠對前來機構尋求服務的案主群，進行整體性的統計分析，以促使社會了解目前社會需要和社會問題的可能趨向，以供制訂社會政策和社會計畫之參考。

第二節　個案記錄之形式

在助人服務過程，往往由於機構的功能不同，對個案記錄撰寫的格式要求也會不同；隨著個案服務過程在不同的階段，往往也因爲案主的需要與會談目的不同，使得個案記錄撰寫的種類會有所不同。以下針對個案工作者在提供個案服務過程，主要運用的個案記錄方式及個案記錄的形式，逐一說明。

壹、個案記錄之方式

個案工作人員在提供專業助人服務過程時，對於個案服務記錄的方式，依其記錄之方式分爲：**錄音記錄、錄影記錄和文字記錄**等三種方式。每一種個案記錄方式均有獨特之價值與功用，當然也有其限制；換句話說，沒有任何一種個案記錄方式是可以達到盡善盡美的目標。因此，個案工作人員在個案服務過程運用不同個案記錄方式時，應仔細了解、比較，並評估每一種個案記錄方式運用之可行性，並參酌實際情況與個案服務之需求，做爲選擇個案記錄方式之參考。

表 8-1 針對主要的三種個案記錄方式，包括：錄音、錄影和文字記錄等之優、缺點，做一比較說明：

表 8-1　個案記錄方式之比較

錄影記錄	優點	1. 完整性高，可以將社會工作員與案主在會議過程中的互動狀況完全的記錄下來，包括雙方語言和非語言的溝通。 2. 方便社會工作員對會談技巧的自我評估和自我了解非語言的行為表現，以及督導員對新進社會工作員的督導。 3. 示範社會工作專業知能運用與教學之良好教材。
	缺點	1. 設備及器材費用高，並非每一個機構均有財力裝置。 2. 錄影帶資料存放與管理不易。 3. 不方便瀏覽整個協助過程，且對案主整個問題的了解與診斷不一定有最大幫助。 4. 無法從錄影帶中了解社會工作員內在心理的想法與感受，以及行為表現之原因。

（承上表）

錄音記錄	優點	1. 可以將社會工作員與案主在會談過程中的互動狀況，大部分記錄下來，包括：雙方口語的溝通和部分非口語溝通如：音調。 2. 方便社會工作員對會談技巧的自我評估以及督導員對新進社會工作員的督導。 3. 示範社會工作專業知能的運用及教學上良好的教材。
	缺點	1. 同錄影記錄缺點 2. 3. 4.。 2. 由於沒有影像，比起錄影記錄而言不容易吸引人注意聽完整個會談過程。
文字記錄	優點	1. 能了解社會工作員的內心想法與感受，以及行為表現之原因。 2. 較經濟不需要太多的設備，且易於存放和管理。 3. 可以在短時間內瀏覽案主與工作員數次的會談情況，並易於掌握案主的整個問題。 4. 可以用不同的格式記錄，以適合不同之需求，如統計分析、轉案、示範與教學等等。
	缺點	1. 無法了解社會工作員與案主會談過程的實際情形。 2. 記錄內容受個人主觀因素及專業知識之影響，無法完全正確的提供實際情形。

（引自黃維憲等，民八四：303-4）

貳、個案記錄之形式

個案記錄的形式有許多種，沒有任何一種個案記錄的形式，可以完全滿足個案工作過程多元的目的。通常個案記錄的形式主要可以區分爲：敘述形式（narrative style）和摘要形式（summary style）之個案記錄。所謂**「敘述形式」是指對於會談過程方面的事實報導，**工作者可以運用濃縮形式（condensed style）**或過程形式**（process style）**兩種形式予以記錄**；而**「摘要形式」之個案記錄，則較偏重於運用在靜態、客觀之事實記錄**，如：個人發展史、診斷記錄、定期記錄、治療評價記錄、評價記錄、轉案記錄和結案記錄等（黃維憲等，民八四：309）。

個案記錄的方式和種類需視機構服務之功能與需要有所不同，一般包括：(1)**流水帳式**：將所有有關案主的資料全部記錄下來，優點是內容詳盡，缺點爲浪費時間、且缺乏條理；(2)**對話方式**：主要爲記錄案主與工作員在會談過程中，彼此的互動及溝通內容，這種方式是最詳盡的記錄，使閱讀者能夠了解案主內在感受、會談技巧與案主和工作員互動過程等，這種方式適用於教學及督導新進工作者；(3)**分段方式**：以事情發生先後順序，分段記錄並加上標題，使內容清晰可見，這種方式的個案報告最爲實用（徐震&林萬億，民八五）。

如果依會談及個案服務的目的與需求，可將個案記錄的形式（forms）區分爲三種：**過程記錄**（process recording）、**摘要記錄**（summary record）**和問題取向的記錄**（problem-oriented record）等三種（Johnson, 1995: 382-4）。

一、過程記錄

所謂過程記錄是一種敘說報告（narrative report）形式，針對從個案接觸、到結束個案的整個專業服務過程，所發生之任何事件及內在感受與外在口語（verbal）或非口語（non-verbal）的訊息，均予以詳實記錄。過程記錄的內容可以隨實際情況的需要，採用逐字、逐句的敘述記錄，也可以以簡單敘述的方式描述整個會談過程，而非準確的記下每一部分，此種記錄又稱爲濃縮式記錄（condensed record）（黃維憲等，民八四）。

過程記錄形式最常被用於教育訓練、實習或對新進工作人員之督導與訓練過程（Johnson, 1995: 382）。

一個理想的過程記錄，至少應包括下列要素（Wilson, 1980: 18-20）：

1. 基本資料：如會談日期、時間、會談者與案主的姓名、案主相關之基本資料及第幾次會談等。
2. 記述案主與會談者會談之內容。
3. 描述雙方任何語言與非語言行爲。
4. 會談者的感受和情緒反應。
5. 對會談的內容，會談者的觀察和分析性思考。
6. 診斷性摘要與會談者的印象需記錄在過程記錄結束之後，也就是說，對會談內容的分析性思考需撰寫於過程記錄之後。
7. 在診斷性摘要之後，工作者可以寫下下次服務計畫或處置計畫，以利會談之進行。

二、摘要記錄

摘要記錄的形式主要視機構服務的目標與政策而定，不過至少應包括：基本資料、個人發展史、干預行動計畫、定期性的記錄與行動相關之訊息，以及結案的描述等。摘要形式之記錄以簡短、易用爲主要考慮原則，記錄重點則較偏重於發生在案主身上之事、而非個案工作人員對服務的反省與思考（Johnson, 1995: 383）。摘要記錄頗適合運用於長期持續性的個案服務，這些摘要式的紀錄剛好可以提供對案主完整的印象。

摘要式的記錄通常會透過明確的大綱與標題，將收集得來的資料和對案主問題的探索分析及服務概況，記載在內。摘要式記錄往往因目的與需要不同，再細分爲下列幾種（黃維憲等，民八四）：

(一)診斷記錄（diagnostic records）

工作員與案主經過數次會談後，當資料收集到某種程度，就必須針對資料加以組織分析，以探究案主問題產生的可能原因，及可能需要之服務。因此，診斷記錄的內容應包括：個人社會史、家庭生活動態關係、問題發展史及處置計畫等四大部分。

(二)定期摘要記錄（periodic summaries records）

工作者在提供案主服務一段時間之後，經由評價方式查閱服務處置計畫是否妥當，所以定期摘要記錄內容應包括：案主的概況、問題改變情況、下一階段的處置計畫和步驟等。

㈢轉案摘要記錄（transfer summary records）

當結束個案服務或因需要而將案主轉介至其他機構或單位進行服務時，應主動撰寫轉案記錄，可以進一步讓被轉介之機構能順利提供相關之服務，所以轉案記錄不應該只是簡略的摘要個案記錄而已，還應該包括機構所做的處置內容，以及案主對轉案所做的準備和反應。

㈣結案摘要記錄（closing summary records）

當結束對案主的服務時應撰寫結案記錄，結案記錄是用來檢討服務內容與方式之適當性，及確知案主之需求是否妥當處置，所以結案摘要記錄應包括：何時、何處及如何結案。

三、問題取向的記錄

問題取向記錄的形式最常被運用於專業整合的機構中，所以普遍盛行於醫療機構，主要目的在於使不同專業工作人員能有效的溝通，增進彼此之間的了解，以便能使參與團隊服務工作的各專業人員避免誤解衝突。這些記錄的內容應盡量以特定焦點爲記錄內容，並方便轉換爲電腦儲存資料的形式爲主。個案工作者以問題取向記錄會談資料時，其內容應包括：基本資料、主訴與問題描述、工作目標與計畫，以及追蹤情形等四大部分。常用的問題取向個案記錄之形式有兩種：

(一)核對表（checklists）。

(二) soaping：這種形式是以 S、O、A、P 的方式撰寫記錄，說明如下：

1. 主觀感受（subjective）：案主對自己所處的情境或問題的看法，譬如：問題爲何、哪些因素造成、案主自己認爲最迫切的需要爲何、對問題的主訴或對問題主觀的界定。
2. 客觀感受（objective）：臨床所觀察到的客觀事實資料。
3. 預估（assessment）：問題本質的描述，做爲探討和分析案主行爲之原因和真正問題之所在。
4. 計畫（plan）：協助案主處理問題的方式和步驟。

參、個案記錄的要項

基本上，每個個案接受服務過程，就應該建有一份個案記錄檔案。一個個案記錄應包括下列幾個要項：

(一)個案卡：卡片上註明求助者的姓名、性別、年齡、住址等基本資料，開案及結案日期、主負責社會工作人員姓名及個案記錄號碼，便於工作員隨時查考（表 8-2：高雄市婦女聯合會報個案接案資料表；表 8-3：財團法人中華民國肌萎縮症病友協會個案基本資料表）。

(二)個案記錄：

1. 首頁或摘要表：首頁格式大多由各機構視需求而定，而共有的欄位爲：(1)申請日期；(2)個案號碼；(3)個案基本資料；(4)案主家屬基本資料；(5)其他關係人或機關資料；(6)個案來源。

2. 個案史或工作經過：這一部分通常不採填表方式，而採用自由敘述方式，工作員要詳記有關案主的一切實況與問題，以及會談、調查、診斷、設計暨處置的經過。注意事項如下：(1)應分段記錄並附標題；(2)註明日期，並按工作日期依次填寫；(3)工作的每一步驟告一段落應作摘要，以便查考；(4)敘述應簡明扼要，且重具體、確實；(5)每次會談日期、地點、出席人員及機關名稱均詳細註明；(6)全案結束或轉介其他機構後，應記錄日期並作全案摘要；(7)每一分段記錄或摘要後應附簽工作員的姓名（表8-4：財團法人中華民國肌萎縮症病友協會個案探訪記錄表；及表8-5：高雄醫學大學附設中和醫院社會服務室個案處理記錄）。

㈢工作人員的工作報告表，如：日報、週報、月報等。

㈣其他申請表、登記表、轉案表、照會表（表8-6：高雄醫學大學附設中和紀念醫院社會服務室照會單）以及實施財物補助的各種報表。

表 8-2　高雄市婦女聯合會報個案接案資料表

保密文件　　　　　　　接 案 號：□　□□　□□　□□□

甲 聯　　　　　　　　接案時間：□□年□□月□□日□□□□時

　　　　　　　　　　　接 案 者：________________

一、個案資料

姓名：________ 性別：____ 年齡：____ 婚姻：____ 教育：____

職業：________ 住址：____________________ 電話：________

二、施虐者資料

姓名：________ 性別：____ 年齡：____ 婚姻：____ 教育：____

職業：____ 與案主關係：____ 住址：__________ 電話：______

三、舉發者（求助者）資料

姓名：________ 性別：____ 年齡：____ 與案主關係：________

地址：____________________________________ 電話：________

四、舉發（求助）方式

□①電話　□②面談　□③信函　□④機構轉介

□⑤機構主動發掘　□⑥報章雜誌刊載　□⑦其他

五、如何知悉本會報

□①報章雜誌　□②電台電視　□③文宣資料　□④親友介紹

□⑤機構轉介　□⑥電話查詢　□⑦其他

六、家系圖（成員、年齡、教育、職業、收入）

表 8-2（續）

七、個案主訴問題及求助事項

八、受虐類型（可複選）

□①身體虐待　□②精神虐待　□③性虐待

□④被押賣　□⑤被強暴　□⑥其他

九、危機判斷

□①高度危機　□②中度危機　□③低度危機

十、評估結果

□①不屬婦保案　□②確為婦保案

□不開案，原因：＿＿＿＿＿＿＿＿

□開案

個案號：□□□□

負責社工員：＿＿＿＿＿＿

主管批示	接案單位	
	轉介單位	
	轉介日期	

註：1. 需轉介之個案，請填此表一式三聯，甲乙聯先寄轉介單位，乙聯經轉介單位勾選，評估結果後，逕寄本會報個案管理組，丙聯由接案單位保存。

2. 不需轉介之個案，請填此表一式三聯，乙聯寄本會報個案管理組，甲丙聯接案單位自存。

表 8-3 財團法人中華民國肌萎縮症病友協會 個案基本資料表

案號：＿＿＿＿＿＿＿＿

一、個人資料

姓名：＿＿＿＿＿＿＿＿　籍貫：＿＿＿＿　性別：□男　□女

出生日期：＿＿年＿＿月＿＿日　婚姻狀態：□已婚　□未婚

殘障級別：＿＿＿＿＿＿＿＿　教育程度：＿＿＿＿＿＿

目前狀態：□就學：（學校＿＿＿＿＿，□特殊班　□一般班）

□就業：（工作性質：＿＿＿＿）□其他：＿＿＿＿

宗教信仰：□佛教　□道教　□基督教　□天主教　□其他　：＿

住　　址：＿＿＿＿＿＿＿＿＿＿＿＿＿＿＿＿＿＿

電　　話：(H)＿＿＿＿ (O)＿＿＿＿ BB-CALL 或大哥大：＿＿＿

二、疾病資料

確定為肌萎縮症於＿年＿月＿日，經由＿＿＿醫院，＿＿＿醫師

症狀類別：□杜顯型（裘馨型）　□貝克型　□肢帶型

□顏肩肱型　□肌強直型　□眼肌型

□其他型＿＿＿＿＿＿＿＿ 尚待鑑定

現在固定就診醫院：＿＿＿＿＿＿＿＿＿＿，醫師：＿＿＿＿

現在身體狀況：

手　□左、右萎縮　□左、右無力　□左、右僵硬　□肥胖

腳　□左、右萎縮　□左、右無力　□左、右僵硬

□左、右肥胖

臀部　□左、右萎縮　□左、右無力　□左、右僵硬

□左、右肥胖

身體　□脊髓側彎　□肩膀萎縮　□僵硬　□無力

眼部　□眼瞼左、右萎縮　□眼瞼左、右無力

□眼瞼左、右僵硬　□眼瞼左、右下垂

表 8-3（續）

其他（請說明）＿＿＿＿＿＿＿＿＿＿＿＿＿＿＿＿＿＿＿＿

使用輔助工具：□輪椅　□支架　□呼吸器　□抽痰器

□其他：（請說明）＿＿＿＿＿＿＿＿＿＿＿＿＿＿＿＿＿

三、家庭資料

家庭成員稱謂	姓名	年齡	職業	健康情形

家族中是否有人患此症：□是（請說明關係、年齡）＿＿＿ □否

家中主要照顧個案者：

□自己　□父　□母　□配偶（姓名）＿＿＿＿＿＿＿＿＿＿

□其他（請說明關係姓名）＿＿＿＿＿＿＿＿＿＿＿＿＿＿＿

四、社會福利資源取得狀況

□殘障日間托育補助　　　□殘障居家生活補助，月領：＿＿＿

□重大傷病卡　　　　　　□低收入戶卡，級別：＿＿＿＿＿

□輔助器具補助，種類：＿＿＿＿＿＿＿

□殘障子女或學生就學減免補助學雜費

□殘障教育代金補助　　　□其他：＿＿＿＿＿＿＿＿＿＿＿＿

表 8-4　財團法人中華民國肌萎縮症病友協會個案探訪記錄表

案號：______

探訪日期：____________

一、個案姓名：
二、探訪情況：（如就學、就業、家庭互動、社會適應或人際互動、經濟狀況、情緒問題等各方面敘述）
三、病友希望得到之協助 □求學問題解決　□就業協尋　□家庭諮商　□婚姻協助 □心理建設與輔導　□醫療通訊　□病友醫療經驗 □社會福利申請須知　□保險理賠　□病友聯誼交流 □其他（請說明）
四、問題評估與建議
五、處置與追蹤

記錄日期：　　　　記錄者：　　　　主管：

表 8-5　高雄醫學大學附設中和紀念醫院
社會服務室個案處理記錄

受轉介單位：＿＿＿＿＿　　　　　　　　　　　　案號：

<table>
<tr><td>姓名</td><td></td><td>性別</td><td>男　女</td><td>出生</td><td>年　月　日</td><td>身份</td><td></td></tr>
<tr><td>住址</td><td colspan="5"></td><td>電話</td><td></td></tr>
<tr><td>科別</td><td colspan="2"></td><td>病房號</td><td></td><td>病歷號</td><td colspan="2"></td></tr>
<tr><td colspan="2">個案來源</td><td colspan="3"></td><td>身分證字號</td><td colspan="2"></td></tr>
<tr><td colspan="2">接案日期</td><td colspan="3"></td><td>受訪者</td><td colspan="2"></td></tr>
<tr><td colspan="8">一、家庭狀況：（家庭圖、收支情形、住屋狀況）</td></tr>
<tr><td colspan="8"></td></tr>
<tr><td colspan="8">二、病情資料：（入院日期、診斷、處置、預後等）</td></tr>
<tr><td colspan="8"></td></tr>
<tr><td colspan="8">三、問題評估：</td></tr>
<tr><td colspan="8"></td></tr>
<tr><td colspan="8">四、工作計畫：（處理過程或輔導方向）</td></tr>
<tr><td colspan="8"></td></tr>
<tr><td colspan="7">五、轉介處理：（轉介日期，原因）</td><td>主　任</td></tr>
<tr><td colspan="7" rowspan="3"></td><td></td></tr>
<tr><td>社工員</td></tr>
<tr><td></td></tr>
</table>

聯絡地址：高雄市十全一路 100 號　聯絡電話：(07)3110675、3208141
高雄醫學大學附設中和紀念醫院

表 8-6　高雄醫學大學附設中和紀念醫院
社會服務室照會單

照會人＿＿＿＿＿＿　日期＿＿＿＿＿＿

△姓名＿＿＿＿＿＿　病歷號碼＿＿＿＿＿　科別＿＿＿＿　門診＿＿＿＿＿

△住院病床＿＿＿＿＿＿＿＿　年齡＿＿＿＿＿　性別＿＿＿＿＿＿

△照會人：□醫師　□護理人員　□物理（職能）治療師　□其他

△診　斷：病情摘要

＿＿＿＿＿＿＿＿＿＿＿＿＿＿＿＿＿＿＿＿＿＿＿＿＿＿＿＿＿＿

治療情形

＿＿＿＿＿＿＿＿＿＿＿＿＿＿＿＿＿＿＿＿＿＿＿＿＿＿＿＿＿＿

特別說明

＿＿＿＿＿＿＿＿＿＿＿＿＿＿＿＿＿＿＿＿＿＿＿＿＿＿＿＿＿＿

問題類別	內容
□ 經濟問題	1. □住院治療費　4. □看護費　7. □保險費自付 2. □門診醫療費　5. □生活費　8. □其他 3. □高貴藥劑費　6. □喪葬費　9. □生活輔助器材費
□ 家庭問題	1. □夫妻感情不睦　5. □家庭關係背景複雜 2. □家中有孩童無人照顧 6. □無親屬或家庭支持少或協尋家屬 3. □親子或手足關係欠佳 7. □其他 4. □家人成員間溝通不良
□ 家屬情緒態度	1. □面對病人生病或瀕死的情緒適應　8. □遺族追蹤輔導 2. □不知如何向病人說明病情　9. □其他 3. □對病人過分保護或焦慮擔心 4. □對病人冷漠或照顧意願低落或欲放棄治療 5. □不了解病情及照顧方式 6. □家人對治療意見不一 7. □因長期照顧引起之調適問題

表 8-6（續）

□ 病患適應	1. □不曉得病情及治療預後 2. □因病情產生之情緒反應 3. □憂鬱或有自殺傾向 4. □在病房不合作或有其他妨礙醫療進行之行為 5. □住院中無人照顧 6. □臨終關懷或安寧照護服務 7. □長期住院引起之適應問題 8. □須床邊陪伴或教學 9. □其他
□ 出院準備服務	1. □滯留或拖延出院 2. □疾病、殘障或其他因素，造成心理及社會適應困難，心理輔導、鼓勵 3. □須職業或課業輔導 4. □家屬缺乏居家照顧之意願或能力 5. □缺少居家護理之醫療器材 6. □出院後病人須收容或安置 7. □持續追蹤 8. □須復健治療或居家護理之安排轉介 9. □協辦入出轉院手續 10. □其他
□ 特殊個案處理及諮詢服務	1. □老殘福利諮詢 2. □全民健保諮詢服務 3. □勞資糾紛及賠償問題 4. □意外事故爭議及賠償問題 5. □保險及福利諮詢 6. □就醫與病友團體資訊介紹 7. □受暴虐個案危機處理或保護諮詢 8. □路倒遊民、棄嬰、藥酒癮、精神病患個案處理 9. □早療諮詢與轉介 10. □其他
□ 醫病關係	1. □家屬或病人對醫療過程有爭議 2. □家屬或病人對醫護人員服務態度不滿，醫病關係建立不易 3. □醫護人員與病人家屬溝通不易 4. □醫護團隊與警衛人員協調困難 5. □其他
□ 器捐工作	1. □家屬或病患表示器捐意願及院內相關單位協商 2. □發現符合捐贈條件之患者 3. □捐贈者家屬哀慟輔導 4. □捐贈者喪葬問題處理 5. □其他

第三節 個案記錄之原則

個案記錄的撰寫往往表露出個案工作人員專業知能、組織分析的能力及遣辭用句的溝通能力。許多個案工作人員在面對工作及個案量壓力之下，往往會抗拒撰寫個案記錄，當然也有部分原因是因為對案主問題之需要、情境處置不甚清楚有關。當對個案之問題、需求與情境愈不清楚，就愈無法寫好個案記錄。通常工作經驗愈短的工作人員，愈不容易寫好一份具有專業特色的個案記錄報告，除非重視記錄的功能，並且肯願意用心去學習，才能用越短的時間，寫好一份好的記錄。

壹、個案記錄之原則

一般來說，撰寫一份完整的個案記錄，需把握下列幾個原則（黃維憲，民八四：303-304；Hepworth et al., 1997: 83）：

一、完整的個案基本資料

不僅記錄案主生長過程與經驗、案主待助的問題與期望、問題真正的原因及有哪些資源可運用等，而且也要有個案完整的基本資料包括：年齡、性別、教育程度、婚姻狀況、職業及家庭結構等。許多經驗不足的個案工作人員經常忽略個案基本資料對問題的診斷和處置方式具有重大影響（Lukas, 1993:3-4）。

葉楚生（民五三）認爲個案記錄的首頁應具備：⑴申請日期；⑵個案號碼；⑶個案姓名、性別、年齡、籍貫、教育、職業（並應載明服務機構名稱及地址、宗教、婚姻狀況及詳細地址（如係學生，應載明學校名稱、地址及班次）；⑷案主家屬的姓名、性別、年齡、籍貫、教育、職業、宗教、婚姻狀況、住址及其與案主的親屬關係；⑸其他關係人或機構之姓名或名稱及地址；與⑹個案來源（案主申請或其他機構轉案）等資料（p.46）。

二、記錄方式必須切合機構和案主的需要

記錄方式並不是一成不變的格式，因此工作人員在撰寫個案記錄時應依機構的需要、服務的功能和案主問題與特性撰寫。除了首頁之外，所有的記錄表格切忌以印好的固定格式，限制工作人員爲了遷就固定格式，忽略個別差異，致使記錄內容無法詳盡深入。

三、記錄內容是協助工作人員做正確的診斷和擬定有效的處置計畫之依據

個案記錄最主要的是提供一些客觀性的事實資料，而不是談話的全部內容。至於哪些事實資料是有意義的、有價值的，除了必須依據工作人員的專業知識做爲選擇和判斷的基礎之外，尚須工作人員從訓練和實務工作中不斷學習。因此，記錄呈現之內容與個人專業能力有關。

無論是何種記錄形式或方式，進行個案記錄的原則爲，事先將個案相關之資料加以分類，然後將個案記錄內容予以組織、進而分類、分項加以記述，任何個案記錄必須具體分析結論與建議事項（社會工作辭典，民八一：374）。徐震等人（民八五）指出撰寫任何個案記錄需要注意的要點爲：

1. 記錄方式宜簡明扼要，能明確表達。
2. 記錄中宜有完整的資料。
3. 記錄格式、內容及方法必須適合機構要求及案主的需要。
4. 應正確使用專業術語。
5. 清楚記錄案主資料及會談日期，避免混淆。
6. 記錄內容應客觀公正。

貳、記錄時應注意之事項

對於新近之工作人員而言，撰寫記錄是一件非常挫折的事情，原因是三十～六十分鐘的會談，有許多內容，不僅在選擇上有困難，而且有時連記憶都會變得模糊。爲了方便會談後記錄的完整性，有些人認爲應該在會談中就進行記錄要點工作，以便會談之後能做好更完整之個案記錄；可是也有部分人士並不同意這種看法，認爲有下列值得商確之處（黃維憲，民八四：308-309）：

1. 如果案主與工作人員的專業關係尚未能建立好，就在會談中做筆記，會不會讓案主擔心，疑慮工作人員到底寫些什麼，而引起案主的防衛心？
2. 工作人員在會談中做筆記，自然無法做到全神傾聽與專注，這是否有害專業關係的發展，及因爲做筆記而忽略了案主的某些言行舉止，進而影響資料的收集和對案主的了解？

一般來說，當建立專業關係與做重點筆記兩者之間有衝突時，工作者應放棄進行筆記記錄，以建立專業關係爲優先。最佳情況是個案工作人員在會談過程中，在腦海裡先記憶一些關鍵的字句，會談後能立即用五～十分鐘的時間寫下簡要大綱後，再詳細的寫下案主在會談中所表現出的感受和事實。當工作人員撰寫較詳細的記錄之後，再銷毀原來的大綱，以達到保密目的（Wilson, 1982: 7-8）。對於案主個人的秘密，工作人員及機構均予以絕對保密，除負責及有關的工作人員之外，任何人不得調閱個案記錄（Hepworth, 1997; Johnson, 1995）。

第九章

社會資源的運用

在過去三十年，台灣社會工作專業的發展，已經逐漸走出慈善的陰影、邁向專業化的發展過程。在此一發展過程中，社會工作專業不僅要面對內部專業自我認同的問題，同時也需要面對外部政治結構、經濟發展與社會變遷的衝擊與壓力。社會工作人員在現有內、外部的衝擊與社會資源有限性的限制下，如何因應環境變遷之需要，對現有之社會資源做進一步規畫與整合，以達到有效提供案主各項服務，則是社會個案工作人員應努力的目標。本章針對社會個案工作人員在提供案主相關之專業服務過程，可能影響個案服務成效之社會資源之定義、社會資源運用之原則、方法與限制，逐一說明。

第一節　社會資源之定義

社會工作是一項助人專業，在助人過程中社會資源的運用與助人工作服務的成效有著密切的關聯。何謂**「社會資源」**（social resources）呢？根據《社會工作辭典》（民八一）的定義：**「社會福利資源是指對社會環境不能適應的那些人，提供人力、物力、財力、社會制度或福利設施及個案工作人員等，提供使其過著正常的社會生活的事與物而言」**（p. 276；郭江北，民七八：11）。黃維憲等人（民八四）進一步指出「社會資源」是指個案工作人員在提供專業服務過程中，一切可動員的力量，這些力量可以進一步協助個案工作人員完成助人的目標或任務。一般而言，**社會資源包括：有形的物質資源和無形的精神資源**。所謂有形的資源是指：人力（領袖、專家、志願者）、物力（土地、設備、房舍、器材）或財力（金錢）等；而無形的資源是指：社會價值、意識型態、信念、專業技術、知識概念、社會關係與社團號召等（p. 265）。

美國學者開普敦（Compton, 1980）指出個案工作人員在助人過程中，最常**運用協助案主的工具有兩種：⑴內化的知識和技巧**（internalized knowledge and skill）；⑵**外在的資源**（external resource）。由此可見，社會資源及專業知識與技術對專業服務的品質與成效，扮演同等的影響力與重要性。

個案工作是社會工作專業最基本的方法之一，所服務對象主要以社會生活適應困難的個人及家庭爲主，達到協助適應困難的個人和家庭；進一步發揮潛能，增進其適應能力。不僅能達到有效的處理問題，同時也能進一步預防問題再發生。要達到此一目標，個案工作人員在整個助人過程中，不僅要具備豐富的專業知識與技巧，同時也能善用各項社會資源，才能在內、外部雙重結構限制下，有效的協助案主解決問題、滿足案主的需求、達到個案工作助人專業所追求的實現社會正義的目標（許培溫、莊淑惠，民七八）。個案工作人員唯有充分整合有形及無形資源，才能克服各種障礙，有效的爲案主謀求最佳福祉。

個案工作對社會資源的運用是建立在生態觀的基礎之上。**生態觀主要是建立在兩種基本假設：⑴每個人都有其生理及社會心理的需要，這些需要必須透過與外界的互動，才能獲取資源的交換；⑵社會和個體之間存在一種互爲交換的立場**。既然每個個體都無法離群索居，就必須和環境產生交換關係，才能進一步滿足需求，獲得最佳適應。一般而言，案主對社會資源的需要，往往遠超過資源所能負擔和個人能力所能及，所以個案工作者主要的任務，就是在協助案主獲得需求與資源之間兩者互動的平衡關係（王玠、李開敏、陳雪真，民八七：108）（如圖 9-1）。

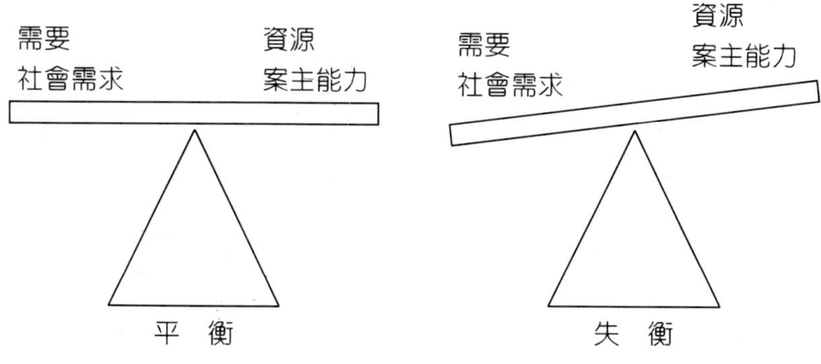

圖 9-1　案主需求與資源的平衡關係

個案工作者要協助案主在需求與社會資源之間取得平衡關係，首先必須要評估案主和環境之間的互動關係，是否達到一種連續狀況。需求與資源之間要達到持續有效的連續關係就需具有**四項特質**：

1. 資源存在可用性：如果資源是沒有可用性，那麼就無聯繫的必要可言，如：失業的人沒有就業機會。
2. 資源可信賴性：好的聯繫是穩固且持續的，短暫、偶發式的資源對滿足案主需要是不足的，如：兒童不固定上學。

3. 資源妥適：需求與資源產生聯繫過程，應盡可能避免壓力，譬如：家長爲了孩子的行爲問題與校長的聯繫，可能是充滿壓力而談不上妥適。
4. 資源平衡：需求與資源兩者之間的交換是建立在相互平等的基礎，如：親人單方長期辛苦的付出，若不被珍惜，如此的聯繫失衡終將難以爲繼（王玠、李開敏、陳雪真，民八七：109-110）。

第二節 社會資源的種類

社會個案工作對「社會資源」往往採用廣義的定義：凡指協助案主發揮潛能、解決問題、滿足需求、增進其適應力之相關資源，均稱爲社會資源（social resources）。對社會資源類型的分類則有多種，較常被運用於個案服務過程的有兩種：以案主或以機構爲主體，來區隔社會資源。若以案主爲主體區分社會資源，則將社會資源分爲內在與外在資源；若以機構爲主體區分社會資源，則可將社會資源區分爲有形與無形社會資源。

下列僅就這兩種**社會資源分類**逐一說明：

壹、以案主爲主體

以案主爲主體，則將社會資源區分爲**內、外在社會資源**。內在社會資源是指個人潛力、人格特質與家庭中的某些有助於解決問題或滿足需要的特性，包括：知識、能力或態度等；相反的，外在資源是指具體的物質或服務。

一、內在資源

㈠家庭

家庭成員之間的忠誠度、同理、情緒支持，以及互動與溝通方式。

㈡個人

有些內在資源是天生的，如：智力、體力與健康狀況；但也有些是後天發展出來的，如：了解自我需要並能對人表達、有效傾聽並在訊息不清時要求澄清、了解自我處境、行動得宜、決定目標、作具體的計畫、明瞭不同的選擇、做聯繫工作、克服內在障礙、認識並運用自我力量、對別人的協助表達謝意等（王玠、李開敏、陳雪真，民八七：101-104）。

二、外在資源

指可以提供物資或服務的人或機構，這些外在資源可進一步使個人、家庭維持合理的生活品質。一般將外在資源區分爲正式和非正式兩種。

㈠正式資源

正式資源又分政府與民間，前者是指由稅收支持，所以受法律或相關規定規範，一般案主無須直接付費，如：政府的失業安全委員會；民間資源多由募款捐助，但也可能收費，並有正式政策與程序，如家庭服務等，營利團體或獨立執業者也屬此類。個案工作者在提供服務過程，往往依據機構經費來源，明列案主申請條件的規定及所提供之服務內容與種類。

㈡非正式資源

個案工作過程，對於非正式資源的運用比較沒有明文的申請條件，其所提供之服務涵蓋也很廣，因爲限制少，相較之下，比正式資源更能自發且彈性的滿足案主個別需要。非正式資源可能是案主或自然助人者，也會因此使他們對案主的介入有所不同，後者與案主的關係通常並非以問題的出現做前提，他們多以親友鄰人自居，其次才想到是助人者，志工多半對案主全然陌生，直到問題出現有待協助時，才被引介來照顧案主之需，任務達成後，關係也就結束（王玠等人，民八七：104-106）。

貳、以機構爲主體

第二種社會資源的分類是以社會福利機構爲主體，**將社會福利區分爲有形與無形社會資源**。原則上，個案工作在提供專業服務過程中，主要是以**有形的物質資源爲主、以無形的精神資源爲輔**。有形的社會資源包括：人力（領袖、專家、志願者）、物力（土地、設備、房舍、器材）、財力（金錢）等資源；而無形的社會資源則包括：社會價值、意識型態、信念、專業技術、知識概念、社會關係或社團號召等要素。

下列僅就有形的與無形的社會資源逐一說明：

一、人力資源（human resources）

很多企業都是由原始原料生產貨品，再讓批發商或零售商購買貨品；然而，在社會福利機構所依賴的是潛在案主群，機構將案主群的需求，依據政策的規定，轉化爲具體的服務方案。換句話說，政策創造了之前並不存在的潛在案主群，但政策立法通過也並不表示會提供新的或適當的服務給案主，如：家庭暴力防治法在民國八十七年通過之後，家庭暴力案件激增，可是並不表示每個家暴個案都能接受適切的服務以解決其問題、滿足需求。

影響社會福利機構服務成效的第一個外在環境因素是人力

資源，人力資源主要是指人力資源的可用性，亦即提供服務給案主的工作者。社會福利機構是**「人力密集的組織」**（labour-intensive organizations），大部分的財政預算皆運用在員工薪資和維繫人力之使用；因此，必須善用和改善**「人力資源」**（human resources）之方法（Hepworth et al., 1997: 450）。在一般社會福利機構或團體中，所需的人力資源大致有四種：

㈠專業工作者

在社會福利機構中，專業工作者主要是提供服務，並透過服務品質的保證，消弭環境中對機構的敵意。如果社會大眾認爲機構之社會工作人員具有專業能力，那麼機構所提供之服務就會被視爲較有價值，也會降低對機構的敵意。社會福利機構的工作者與傳統企業機構的受雇者，對組織之意義是大不相同。企業受雇者強調對組織的承諾，而社會福利機構之社會工作人員，則重視對社會工作專業的承諾、而非對組織的承諾。因此，社會福利機構在招募和維持人力資源方面，應著重符合個人興趣的機會、而不只是優渥的薪資（胡慧嫈譯，民八六）。在理想情況下，機構應只聘用經驗豐富、最適合學歷的工作人員，可是機構所處的環境之立法強制性、專業工作人力的可得性、公會要求與機構的聲譽，都會影響機構工作人員的組成。

既然社會福利機構大部分的財政預算，都是運用在員工薪資和維繫人力資源之使用方面，那麼就必須好好規畫「人力資源發展」（human resources development, HRD）。所謂人力資源發展是有計畫的提升員工技巧、工作能力、判斷力和成熟的程度，以滿足組織之需要。其中，以「員工訓練和培育」（staff training and development）是人力資源發展程序之主要活動，也是機構主管之職責之一。員工訓練和培育大多透過員工的學習，以增加員工的能力；或是改變員工的態度，增進員工技巧，以期改善員工現在或未來之工作績效（梁偉康，民八三：163）。

在社會福利機構中推動人力資源發展程序主要活動有三：

1. **員工訓練**（staff training）

對新聘任之員工或因能力不足以至於工作績效未符合理想的員工有計畫學習的機會，用以提升員工的工作知識、能力或態度，促使員工有效的執行工作。

2. **員工教育**（staff education）

提供員工各種教育機會，開擴員工視野，並提供更廣泛的準備，提供個人事業的流動。

3. **員工培育**（staff development）

有系統的規畫、進行訓練及其他活動，使員工獲得更全面的知識、技能和經驗。

㈡地方領袖

地方領袖也是個案工作過程豐富的人力資源，如：政黨人物、鄉鎮長、基金會會長、社團人物，可藉由地方領袖良好的人際關係與豐富的人脈，集結更多人力共同協助機構，推展相關業務。

㈢志願服務人員

隨著社會問題日益複雜，政府在推動各項社會福利時，傾向於扮演主導角色，結合民間志願服務團體之力量，共同推動各項社會福利。雖然民間社會福利機構可以省去複雜的行政程序與人事經費，可是人力不足是所有社會福利機構普遍面對的事實，在未能及時擴充專業人力之下，就只好運用志願工作人員〔簡稱志工（volunteers）〕，以求舒緩工作負荷及人力匱乏（馬慧君、施教裕，民八七：159）。

根據社會工作百科全書：「志願工作者是在社會有需要時，以一種社會責任的態度去行動，不求實質回饋。志願工作者是超乎個人本身的義務與角色期待，其行動不是出於脅迫，如果因爲從事志工而有損於自己原先角色地位，那麼並不符合志願工作者意義。因此，如果不是出於自願、無金錢報酬及具利他行爲的目的，就不能稱爲是志願工作者」（Patricia, 1995）。

志願服務有何特質呢？林啓鵬（民八二）將志願服務之特質歸納爲八項（pp. 257-9）：

1. 志工自願的投入，其動力源自對周遭事務及個人內在自我的覺察與關懷。
2. 能較充分的反映社會需要，因而易具有理想主義傾向。
3. 可加速社會變遷的速度，但受時空因素影響很大。
4. 服務動機複雜而多元化，而其過程則是雙向而互惠的。
5. 服務內容是志工所熟悉或經過短時間訓練即可提供的。
6. 志工的角色是輔助、擴充而非取代專任人員的工作。

7. 志願服務是一種間接而非正式的教育過程。
8. 志願服務是滿足個人需要，完成組織目標並促進社會進步的工作。

志工服務通常附設在教會或其他社會福利機構之下，有時提供的服務很有彈性，但也視個別志工的情況而定。一般短期服務如：家庭暴力防治之志工可能持續一年，但並不常見。雖然志工多半是善心人士所組成，但志工對自己參與服務過程往往有所期待，所以需要透過不同的訓練課程，自我充實、滿足成就感（王玠等人，民八七：107）。

近年來，志願工作人力急速膨脹，在各個社會福利機構中提供各項服務。機構若能充分利用志工資源，有系統的組訓，透過督導發展志工潛能，善用每位志工的長處，就能進一步彌補機構人力不足的事實，有效的推展各項社會服務（蔡啓源譯，民八七；Hepworth et al., 1997: 449）。有效運用志願服務者的策略與方法如下（林啓鵬，民八二：259-260）：

1. 促成自覺、鼓勵並帶動民眾的參與。
2. 知人善用、適人適事，消除人事不符的現象。
3. 彰顯服務意義，激勵工作成效，並減少負向、不良的經驗。
4. 以精神領導激發參與的熱情，以完善及富人情味的制度設計來維繫服務的意願。
5. 妥善籌備規畫，並貫徹力行各種制度。

㈣臨時義工

對社福機構或團體所舉辦之活動，自動給予協助之義務工作人力，這種臨時義工大都屬於臨時性質。

二、物力資源

社會福利機構的硬體設備與設施大多以簡單、實用爲原則，社會福利機構在受制於財力資源的有限性之下，往往相當缺乏硬體設備等物力。可提供社會福利機構或團體，相關物力資源之來源大致可區分爲四種：社區內各機構的場地及設備，如：社區活動中心、學校、圖書館、公園或文化中心等；民眾的住所；觀光區、特產或其他自然資源；商家或企業機構，如：捐贈電腦、圖書或其他硬體設備。

三、財力資源

對於社會工作人員而言，了解機構經費來源與可使用之資源，往往直接影響社會工作人員提供案主服務的能力。稱職的社會行政人員除了要爲機構或基金會尋覓不同的財源，也要知道編列預算的價值。當行政者知道財物資金來源之後，就必須進一步運用有效的方法來執行預算。社會福利機構往往由不同資源取得財源，這些財源包括（蔡啓源譯，民八六）：

1. 政府機構：由中央、地方縣市政府，或鄉鎮公所等取得經費補助。
2. 私人部門資源：來自基金會、企業團體、對該機構服務宗旨認同之個人、義賣、活動收入，或其他孳息等。

第三節 社會資源評估的架構與理論取向

個案工作者在提供服務過程，對於社會資源的運用必須對案主的問題與需求進行全面評定的工作，也就是對案主面臨之問題與需求，及相關之內、外在支持系統與資源，進行全面性的評估工作。圖 9-2 顯示個案工作人員針對案主問題、需求及相關之社會資源進行全面性的評估過程之參考架構（引自王玠等，民八七：110）。

圖 9-2 上半部所顯示的是潛在的支持資源，所代表的是改變案主現況的助力，這些潛在支持資源可進一步協助案主改變現狀；上左方是正向的外在社會資源，上右方是案主及其家庭的內在社會資源。相對的，圖 9-2 下半部所顯示的是案主生活中的阻力，左下半是目前的使用相關社會資源的阻力，而右下半則是案主未滿足的需求，及案主使用社會資源的內在障礙。個案工作人員在提供個案服務過程，可藉由資源評估的架構做爲分析的工具，對案主內外在資源進行全面性的評估，藉此增加案主的能力、資源，並減少案主的內、外在資源運用的阻力（王玠等，民八七：109）。

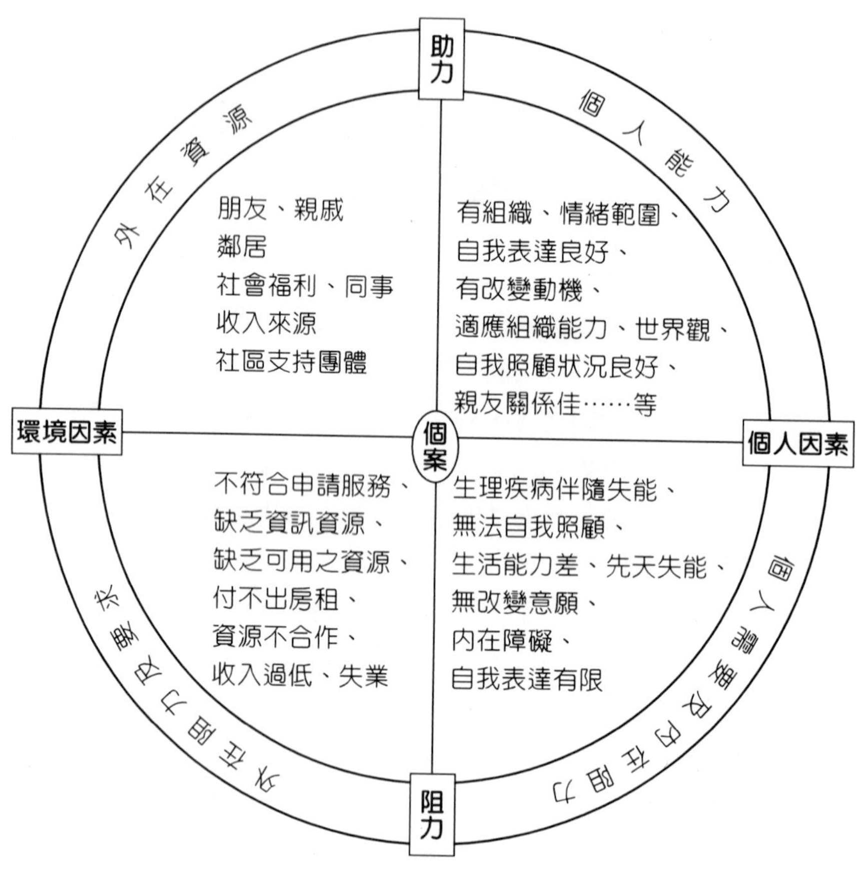

圖 9-2　案主社會資源之評估架構

個案工作者在結合社會資源提供個案服務過程，必須思考下列幾項指標，做爲評斷轉介與否及資源運用之適當性（黃維憲等，民八四：278-9）：

1. 所屬機構功能及服務特定之對象？
2. 機構功能發揮過程中哪些人可參與協助？
3. 哪些是機構中可協助案主的關鍵人物？
4. 前來機構求助的案主常見的需求與案主服務？
5. 機構協助方案之策畫？
6. 機構工作人員的組織與培訓？
7. 有效的協助工作的方法、技巧與途徑？
8. 機構財力來源？
9. 個案工作期間之進度與督導？
10. 機構設備來源？
11. 機構工作成果之資料管理？
12. 機構之公關與資源開發？
13. 機構常往來的單位？
14. 機構轄區內之當地與外來資源？
15. 運用資源達到目標之價值？

個案工作者對運用社會資源進行全面評估過程，可參考之**理論架構**有五（黃維憲等，民八四：279）：

1. 差別潛力的功能論

使每個人或機構截長補短、相輔相成，以達到最大的效能。

2. 互為資源的互動論

使每個人或機構可主客易位、相互支援、互通有無與互成資源。

3.優先順序的行動論

使每個人或機構先行運用現有的各種資源，再繼續發掘潛在資源備用。

4.教育動員的過程論

對已發現的資源須提供管道運用，並使運用過程系統化。

5.系統運用的結合論

即綜合規畫運用，一個機構的資源包括：機構內之資源、機構外之資源以及機構與機構互為資源後的再創資源。

第四節 社會資源運用的技巧

個案工作人員在運用社會資源過程，可經由不同的組合單獨或合併存在，最具體的實例是透過社會服務機構結合不同社會資源。透過社會福利機構串聯多種社會資源的目的，主要是個案工作人員運用轉介技巧，讓案主獲得最多社會資源的協助，達到案主最大利益的目標（黃維憲等，民八四）。

壹、社會資源運用的取向

個案工作對社會資源的運用，包括：發掘、規畫、運用及評鑑等系列過程，不斷交互使用才能發揮最大功能，而資源的擷取需配合機構的目標，一般所訂的目標有三種：

1. 以調查或開發爲主體而運作的社會資源。
2. 以長期規畫配合機構發展計畫。
3. 執行機構各項活動調配運作的資源。

貳、社會資源運用的技巧

個案工作者對社會資源運用是否適當或成功，在於仰賴靈活的智慧、良好的人際關係，並需組合專業知識、累積經驗、技巧熟練、正確溝通，才能在最短的時間之內，獲取最大的成效。因此，對於社會資源運用的技巧，包括（郭江北，民七八：11-17）：

1. 了解政府年度編列預算中與機構業務相關者，可以進而協調、爭取。
2. 機構有關人員應廣結善緣，透過參加其他社團或慈善團體舉辦之各項慶典或特殊活動，充分把握機會宣傳機構服務之功能，同時認識社團靈魂人物，建立友誼，做爲資源連結之基礎。
3. 主動提供媒體工作者有關機構各項服務成果，透過報導過程，不僅可以提高機構的知名度，也可以進一步讓社會大眾對機構功能的了解，讓社會大眾樂於加入服務的行列。
4. 主動接觸社區內學校、醫院或其他相關機構，了解社區內可用之設備資源及熟悉醫院之特質及規定，方便個案工作人員轉介個案或申請免費服務等項目。

5. 個人方面應培養氣質及服務精神，其原則是熱心坦誠、講求信用、待人公平、犧牲奉獻、富時間觀念、注意本身操守。

如果個案工作人員都能同時具備以上要件，那麼一定能夠輕易取得各種資源運用於個案服務，使個案服務的成效達到案主最高福祉的目標。

助人過程常常引用轉介的技巧，但是如何運用自如，以增進助人效果，則見仁見智。對於新進工作人員，很多時候在做個案與社會資源連結過程，往往只是熱心的指引案主參閱某一本社會福利機構手冊，並進一步告訴案主哪些機構可能適合其需要，至此轉介服務就終止了。對於經驗豐富、又具有責任感的個案工作人員，可能會與對方機構之工作人員做進一步之接觸，甚至陪同案主前往該機構。當然，在現有台灣社會福利體制，每個個案工作人員在面對個案量大及高度工作壓力之下，陪同案主前往轉介之機構，未必可行；但是，個案工作人員最起碼應先摒棄「一個機構名稱和一個電話號碼」的轉介服務方式，應追求轉介過程之質量並重的服務，在轉介個案之際，應同時考慮求助者的真正需要和可能引起的反應（黃維憲，民八四：268-269）。

參、提供社會資源者的分析

資源提供者的意向和動機，不論是個人或社團，都會有不同差異，然而根據參與者的意向、動機、理念，可歸類爲五：

一、互助論

以血、地、職緣的組織爲中心，互相關懷。

二、濟弱扶傾論

各種宗教以愛人、愛世的教義與精神，爲社區內之中、低收入民眾提供服務。

三、中國積德論

過去農業社會的大財主爲了積德，常提供各種資源救助有困難的百姓，因行善而心中得到安寧，爲典型中國式公益服務，今日社會仍沿襲這種思想。

四、成就感

在社會上擁有地位及龐大財力，熱中公益事業，從參與過程中得到民眾的認同、信任、愛戴，並從中獲得讚美。

五、歸屬感

以社會公益爲己任，積極參與所信賴的福利機構與機構成員打成一片，自有機構之一員的感覺。

肆、提供資源者與機構的關係

資源的提供有兩種形態，一是自動式，可能是許願或自發性地與機構聯繫；一種是被動式，由機構有關人員主動與之協商、爭取資源。爲使雙方保持長期合作，共同開創和諧社會，可依下面四個原則建立關係：互爲關心、接納意見、平等對待與成果分享（郭江平，民七八：15-17）。

第十章

個案管理

在二十世紀末的今天，社會工作專業的發展面臨許多的不確定性。這些不確定性有些是來自專業本身，有些則是來自社會變遷所衍生的衝擊；其中，以財源的不穩定與服務的成本效益的不確定性等，成爲社會福利機構共同面對的難題。**管理照護**（managed care）**或個案管理**（case management）的概念，就是在這種歷史背景下因應而生。

近年來，個案管理在社會工作專業領域的運用，有日漸增加之趨勢。個案管理不同於傳統個案工作、團體工作和社區工作方法，最大的差異在於對案主提供一整合性的服務，透過資源的連結，達到有效助人的目標之同時，也能展示社會工作專業的責信態度，建立專業的權威。在本章中，主要針對近年來管理理念如何運用於社會個案工作實務工作過程，並針對個案管理的源起、定義、目的與功能、程序與工作模式等逐一說明。

第一節　個案管理之源起與發展

「**個案管理**」此一名詞乃是於近十多年始見於美國社會工作文獻，但最早卻可溯至一九六三年。當時，爲了照顧貧窮者與病患，於麻州成立全美第一個慈善理事會，主要職責在於統籌、協調公共社會救助金，以及妥善運用社會服務經費（Weil & Karls, 1985）。早期的睦鄰公社與慈善組織會社等組織，其實也是運用此一概念，協助解決當時移民家庭所面臨的各種問題及生活調適，這就是早期個案管理的發展雛型（高迪理，民七九：98-99）。

一九〇一年**芮奇孟**則以較正向觀點探討協調服務，並且擴大了工作內容與方法。芮奇孟認爲當時快速增加而造成似乎過多與重複之服務，其實只是由於機構間不良溝通以及沒有相互協調所導致之結果，因此他極力**提倡機構之間服務合作**（inter-agency cooperation）。雖然當時芮奇孟並沒有運用「個案管理」此一名詞，但所建議之服務合作與協調的觀念，卻奠定了當今個案管理運作之基礎。

在二次大戰之後，貧窮、失依之殘障榮民、偏差行爲、兒童被虐待、青少年犯罪等社會各種不良之現象，導致美國的社會中有多數家庭面臨多重問題，因此對各項社會福利服務之需求，有日益增加且複雜的發展趨勢。六〇年代以後興起的人權運動，對貧窮作戰策略及社區行動方案等均強調個人有獲得社會福利服務之基本權利。在觀念上，對案主之角色也從負面、消極的求助者或患病者，轉變爲主動積極之參與者、甚至消費者。因此在七〇年代之後特別重視服務協調之重要性，尤其是在社會福利行政與管理這一層面。賦予案主爭取其應有之權利是當時社會工作者的職責重心，此影響了社會工作者與案主之關係，由傳統的單向輔導轉變爲協同案主一起計畫和解決問題。八〇年代之後興起的消費者意識，所倡導之**保護消費者權益觀念**，亦使社會工作者更加重視服務之品質與責信之服務工作（張苙雲，民八七；高迪理，民七九：100-101；潘淑滿，民八八；Reamer, 1998; Sherwin, 1996; Tower, 1994）。

從上述簡略的個案工作發展史，可窺見在七〇年代前個案管理在社會工作專業領域的運用，僅有概念上的運作、並無正式之名稱。然而，當面臨社會中高度複雜之問題與需求、片斷式之社會服務、資源運用之浪費、缺乏協調和低服務效率等困境，於是美國衛生、教育與福利部實施了一系列之示範性方案，試圖驗證各種整合服務取向之可行性，以期改善聯邦、州與地方政府各項服務措施之協調工作。在這些「整合服務」方案中所運用之技巧包括了案主追蹤系統、諮詢與轉介服務、單站服務中心、特定之諮詢管理系統、機構間計畫提供服務協議、資源記錄電腦化（高迪理，民七九：102）。

莫雷（Moxley）認爲促使**個案管理模式興起**的原因歸納爲六：⑴**去機構化**（deinstitutionalization）**的發展趨勢對人群服務之影響**；⑵去中心化（decentralization）**的社區服務**；⑶**發現社區中案主之功能與問題**；⑷**社會支持與社會網絡對個人之重要性**；⑸**片段式的人群服務**；⑹**重視人群服務之成本效益**（楊瑩，民八七：3-4）。近年來，社會服務提供之趨勢已漸漸由「**機構式的照護**」模式，轉變爲「**社區式的照護**」模式，這種發展取向也進一步影響了個案管理之發展。尤其個案管理的照護模式策略更是影響需要長期照護之案主群，例如：較輕微之精神病患、心智殘障者、無依之老年人、受虐兒童，或剛出院之病人等（Rubib, 1987）。

由上述美國個案管理的發展歷程，了解個案管理在社會工作專業之運用乃是由於工業化、都市化興起，對社會結構產生的影響，促使人們所面臨之問題與需求、提供服務之機構體制以及服務方式均日益複雜，而「個案管理」應運而生，正反映了此種社會變遷下之自然發展（Reisman, 1986: 387）。若個人所面臨之問題單純，則不會有個案管理這個概念的出現，由此觀點可解釋爲什麼個案管理，較適用於複雜且屬長期之問題（高迪理，民七九：102-103）。

在台灣，「個案管理」（case management）也有日漸受重視之趨勢。許多社會福利機構，特別是各縣市政府之社會工作人員所扮演的角色，已不再侷限於從事傳統之個案工作或團體工作，而是逐漸朝向整合性之個案處理工作模式。雖然目前國內還沒有機構設置「個案管理者」此一職位或職務，但不可否認的，目前社會工作實務之運作，特別是對發展遲緩兒童的早期療育與各種保護性工作等實務工作領域，無論是對個案管理的理念或運作的模式，幾乎人人耳熟能詳。

第二節 個案管理之意義與功能

壹、個案管理的定義

無庸置疑的，近年來個案管理已經成爲社會工作中專業工作方法之一。何謂**「個案管理」**？對個案管理最直接、最簡單的定義就是：**案主在一互動的服務網絡內，受到支持並且透過條理分明的不同步驟，取得實際又有效的服務**（陳慧媚，民八二）。奧斯丁等人（Austin & Caragonne）也認爲個案管理是一種有系統的問題解決過程，此一過程包括一系列連續性的相關任務，以便輸送各項服務給案主（引自鄭麗珍，民七九：18）。

除上述簡略的定義之外，**全美社會工作專業人員協會**（NASW, 1987）也根據管理照護理念運用於個案工作過程，對「**個案管理**」一詞提出說明：「**由社會工作專業人員爲一群或某一案主統整協助活動的一種過程。在此過程中藉著各個不同福利及相關機構之工作人員相互溝通與協調，而以團隊合作之方式爲案主提供其所需之服務，並以擴大服務之成效爲其主要目的。當提供案主所需之服務必須經由許多不同的專業人員、福利機構、衛生保健單位或人力資源來達成時，個案管理即可發揮其協調與監督之功能。**」根據《社會工作辭典》的定義：「**個案管理是指一種計畫的過程，主要由單一機構工作人員負責，對與案主問題與需求相關之服務，提供資源整合、協調與監督服務品質與成效之設計與資源管理流程**」（Barker, 1991:29）。

從**廣義觀點**而言，個案管理可視爲是一種連結、協調與整合各種不同服務活動體系與資源運作之方式，此種方式主要之目的是爲了確保能運用最完善的方式來滿足案主被照應之需求（Austin, 1983）。換言之，個案管理是一種社會工作服務的方式，主要是針對具有複雜、多重問題之個人與家庭，透過個案管理者對案主問題與需求的評估，和對內、外在及有形、無形資源，進行協調、評估與整合，使案主能夠獲得及時且適切之服務（Rubin, 1987; Johnson & Rubin, 1983）。

部分學者以**「過程取向」**來界定個案管理的概念，如：魏爾和卡爾（Weil & Karls, 1985）認爲「個案管理」係指：「**一連串的行動、活動與過程，或一套循序層次性之工作步驟，所構成在一服務網群中互動之過程，藉此以確保案主能接受或得到其所需要以及應得之服務、處遇、照顧與協助機會，而此一過程必須盡量合乎支持性、有功效、有效率、合於成本效益之原則**」。寶露和明克（Ballew & Mink, 1986）則將「個案管理」定義爲：「一種協助的過程，所協助的對象因面臨各種問題，而呈現生活上之需求無法滿足、失意、無成就感，這些協助需要同時從不同的管道資源來獲得」（引自高迪理，民七九：106）。

無論是由狹義、廣義，或由過程取向來界定個案管理的概念；基本上，可由這些定義中抽取出幾個**基本要素**（王玠，民七九：4）：

㈠過程導向

個案管理係指由社會工作專業人員爲一群或某一案主之問題與需求，所做的統整與協調的活動的一種過程；在此過程中個案管理者藉著各個不同福利及相關機構之工作人員相互溝通與協調過程，以團隊合作方式爲案主提供完整之服務。

㈡專業整合

個案管理所需要的服務往往是需要由不同專業背景及不同屬性之機構或人力，共同整合提供各項服務，才能達到滿足案主需求及追求案主最佳利益之目標，在整個個案工作過程，個案管理師的主要功能就是發揮其協調、監督與評估的功能。

貳、個案管理之內涵

當然，個案管理師的功能不只是對個案之資料，進行歸檔的工作而已；而是運用專業整合的概念，對人、事、物等各項資源進行有效的統整，達到以案主最高福祉爲依歸的目標（Rubin, 1987 & 1992; Intagliata, 1992; Williams & Swartz, 1998）。在個案管理者提供各項服務的過程中，個案管理者的角色像經紀人一樣，對案主的問題與需求必須仔細、正確的評估，並充分掌握內、外在資源，才能有效的統整各種資源，解決案主的問題與滿足案主的需求。

一、個案管理工作之互動關係

對個案管理基本的結構，可由圖 10-1 了解案主群、個案管理者與資源體系三者間之互動關係。個案管理者在個案服務過程中，可說是扮演案主體系與資源體系兩者間之居間協調與聯繫的經紀人角色，那麼個案管理者與案主體系及資源體系，都會產生不同層次的互動，說明如下：

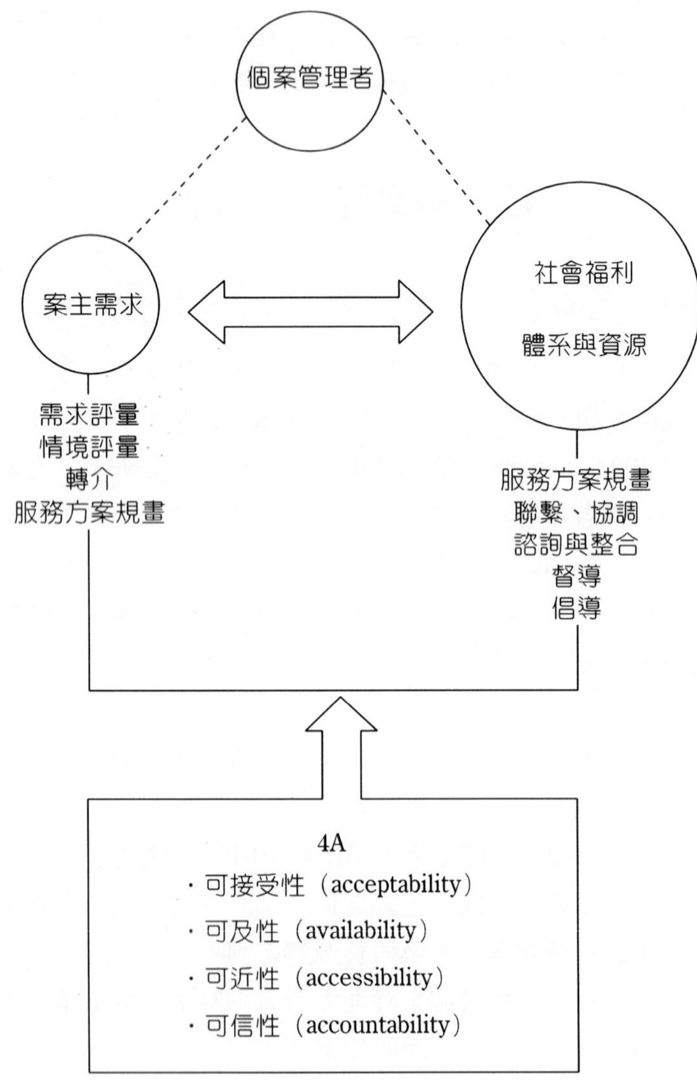

圖 10-1　個案管理工作之互動關係

㈠個案管理者對案主體系之雙向互動關係

由圖 10-1 中，可清楚看出個案管理者在個案服務過程，對案主體系之需求與案主所處之情境，進行詳細評估，並根據評估結果發展出服務方案，必要時須對案主進行適度之轉介工作。

㈡個案管理者對資源（或福利服務）體系之雙向互動關係

由圖 10-1 中，可清楚看出個案管理者在個案服務過程，對於社區所擁有之資源必須全面了解、充分掌握，才能根據所規畫之方案，進一步諮詢、聯繫與協調相關之資源，發揮資源整合服務之成效，達到有系統的監督與管理服務品質與成效之目標。

㈢個案管理對案主體系與資源體系之三角互動關係

在整個個案服務過程，個案管理者需根據對案主之評量，規畫適當之服務方案，並進一步協調、聯繫相關的福利資源，提供案主相關之服務；在整個個案服務過程，更應進一步達到監督與管理的功能，並根據案主之需要做進一步的社會倡導的工作（宋麗玉，民八七：131-33）。

資源是否能有效的連結案主的需求呢？在整個個案服務過程，個案管理者可運用**「四Ａ」模式**，做爲評量個案管理服務成效之指標（施教裕，民八五）。

在四Ａ模式中，所謂的四Ａ是指：⑴**可接受性**（acceptability）：視案主爲一有價值的個體，無條件接受、協助案主；⑵**可及性**（availability）：案主可根據需求尋求適當資源之協助，資源之使用不會受限於個人特質或其他因素之限制；⑶**可近性**（accessibility）：案主可根據需要進一步獲取相關之服務與資源；與⑷**可信性**（accountability）：整個個案服務過程中，展示出個案工作方法與服務之成效，並獲得社會大眾的認同（社會工作辭典，民八一；Barker, 1991； Skidmore, 1995）。

二、個案管理運作相關體系之互動內涵

圖 10-2 顯示個案管理者在提供專業服務過程，不同體系之互動內涵，包括：案主體系、資源體系、改變司體系、運作體系與目標體系等五個體系（高迪理，民七九：107-108）（如圖 10-2）：

㈠案主體系

案主體系可以說是整個個案管理運作之重心，包含了案主個人能力以及面臨的問題與需求，個人之能力所指的是案主本身具有的知識、生活技巧、處事態度，然而這些不一定是造成問題的原因或形成不能滿足需求之障礙，有時候能力也是代表案主之優點及長處。除此，一些與案主相關之他人，亦屬於案主體系。

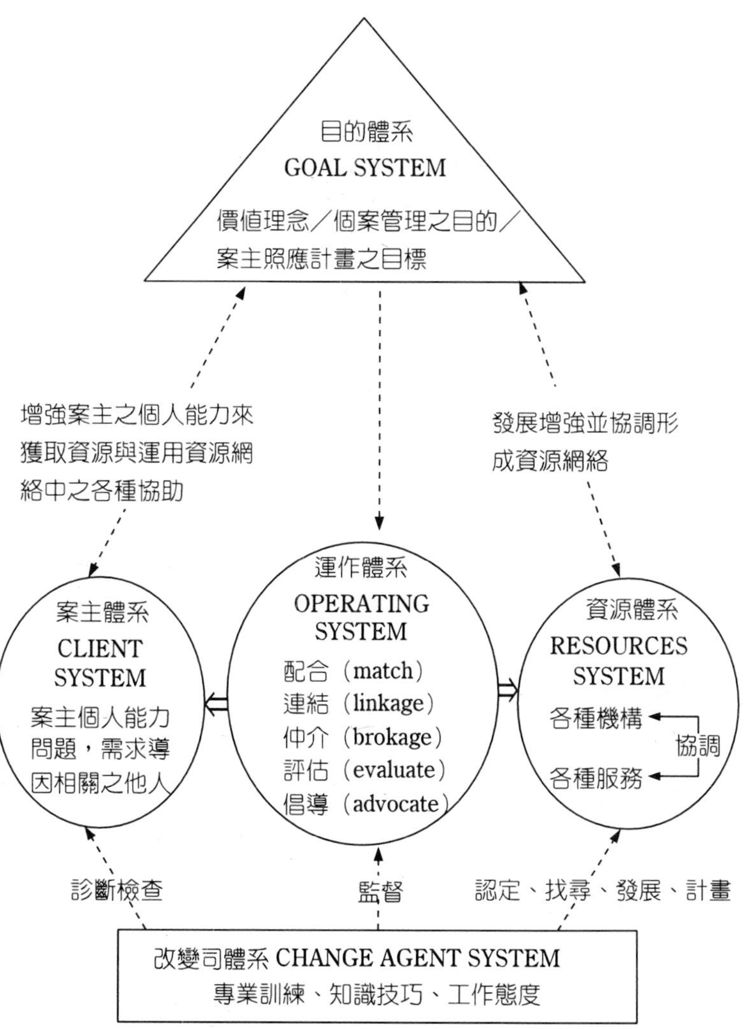

圖 10-2 個案管理運作相關體系之互動關係

（註：引自高迪理，民七九：127）

㈡資源體系

指存在於案主周遭之各種相關的機構以及其所提供的服務，有時亦稱爲服務網絡或資源網絡，此爲結合一切可能運用解決案主問題時所需要的服務、財務、人力及資訊之一種非正式的串連組合。

㈢改變司體系

個案管理運作中參與協助過程之專業工作者及相關人員，一般個案管理體系中之個案處理主管，大多是由專業社會工作者來擔任。在國外，對專業社會工作者的觀念已逐漸從傳統的協助者而轉變爲改變司的角色，其所重視的是藉由專業之訓練來培養一具備知識、技巧、工作態度，並以實力爲取向之司職改變者，以期在與案主之互動中，能使案主了解如何去改變不理想之自我以及環境現狀，進而能培養案主日後自行處理問題之意願與能力。

㈣運作體系

個案管理在付諸實踐時，所採用之工作步驟和程序，有時亦稱之爲工作要項；改變司體系是藉此體系之運作將案主體系與資源體系結合在一起來達成目的體系。

㈤目標體系

包括價值理念、個案管理體系之目的、案主照應計畫之目的及目標等三個不同層面。

參、個案管理的目的

個案管理主要的功能是聯繫不同界限及類別的服務需要，從而保證其責任（accountability）及效率（楊瑩，民八七：4；宋麗玉，民八七：130-1；張宏哲等，民八八：122-3；Intagliata, 1992）。既然個案管理不只是對個案檔案之歸檔工作而已，而是對資源有效整合，以滿足案主之需求，達到個案服務之質、量兼顧的目標；那麼在整個個案服務過程，主要是要達到下列幾項功能：預估、計畫、連結、監督與倡導的功能（Moxley, 1989; Kurtz, Bagarozzi & Pollane, 1984）。

一、個案管理的功能

對個案管理各項功能之界定如下（楊瑩，民八七：7）：

㈠預估（Assessment）

包括接案、社會史與家庭史之收集、特殊問題之評量等。

㈡計畫（planning）

包括訂定服務計畫、與其他相關專業人員及機構協調聯繫、安排及參與個案研討等。

㈢連結（linking）

目標在連結案主與服務，並確保服務之使用。

㈣監督（monitoring）

此乃屬Moxley所提之評估的過程評估部分，主要是了解服務執行是否如計畫一般。

㈤倡導（advocacy）

協助案主獲得其所需之服務，參與開發案主所需而目前欠缺之資源。

㈥評估（evaluation）

主要在了解服務的成效，亦即是否達到預期的成果以作為未來訂定服務計畫的參考。

二、個案管理的角色

王玠等人（民八七：4-6）將個案管理的角色與功能區分為三：

㈠諮商者（counselor）

個案管理師的工作是了解案主並教導案主發展及維持一定之資源網絡所需的知識與技巧。

㈡整合者（cordinator）

個案管理師需評定出案主的問題及需由其他助人者得到協助的事有哪些，預先擬定一定之服務計畫，根據計畫進一步幫案主做有效的接觸、溝通與整合之作用，以減少彼此間之衝突和增加資源網絡之效率。

㈢倡導者（advocate）

有時資源並不存在或拒絕提供給某一特定案主時，個案管理者需努力使案主獲得所需之協助。在此時，個案管理者扮演倡導者的角色，調整社會的要求或者協助減輕因無法滿足這些要求所造成的後果。

三、個案管理的目的

依塔立塔（Intagliata, 1992）根據個案管理之特性與功能，進一步將個案管理之目的區分爲三（引自楊瑩，民八七：4-5）：

㈠服務之連續性

從橫斷面而言，服務之連續性是指所提供之服務應是全面且統整的；就縱剖面而言，在每個時間提供連續而完整的服務之外，還需要隨時反省案主需要之改變。

㈡促進服務之可近性與責信

各福利機構對案主往往有不同資格之要求、規定、政策及服務程序，面對如此多樣的機構要求，案主可能因不知如何應付而無法獲得服務，因此個案管理的目的就是在協助案主獲得所需要之服務。當有許多機構介入服務時，責信問題變得很難區分。

㈢增進服務輸送之效率

確保服務提供與程序之確實，個案管理者可監督服務是否確實提供，且以有效的模式進行，如此才能達到成本效益提升的目標。

針對身心障礙者之個案管理舉例說明（身心障礙者「個案管理」服務網址爲http://www.eden.org.tw/a_index/a_31_2 htm/）：

許多身心障礙的朋友因爲沒有機會接受完整的復健服務，以至於身心功能受到極大的限制；也有許多障礙者或家人因爲不清楚自己真正的需要，而四處尋求協助，不僅造成社會資源的重複浪費，也沒有真正解決問題。此時，「個案管理」就是基於這樣的需要，發展出一種服務模式。對於問題較複雜、資源需求較多的身心障礙者，如果在他的生涯發展中能有一個專業的人員或團體，相信可以讓他的一生有不同的轉變，而社會資源更可以在這樣專業的運作過程獲得最大的使用價值。

在此時，個案管理對身心障礙之案主可發揮之功能，包括：

1. 使身心障礙者的需求能有全面性、專業性的評估，並與適當資源做連結。
2. 避免社會資源的重複使用與浪費。
3. 確實反映社會資源供需間的差異，以積極開拓符合身心障礙者實際需求的服務方案。

第三節　個案管理運用之原則與過程

威廉及史瓦茲（Williams & Swartz, 1998）在《個案管理關係中的處遇界線：臨床案例與討論》（Treatment Boundaries in the Case Management Relationship: A Clinical Case and Discussion）一文中，清楚的指出將個案管理的理念與技巧，運用在心理衛生或精神疾病領域時，可能面臨之問題是個案管理者在實務工作運作過程，往往缺乏可做為專業行為判斷指標的明確引導原則，譬如：不同專業之合作與互動關係、權力的使用、自我暴露之使用、工作時間後之涉入與相互互動關係等（Carey, 1998: 313）。

羅門・史坦柏格和其同事收集了有關個案管理的完整資料，最後歸納出工作過程應遵循的幾個指標（陳毓文，民八二：121-2）：

1. 沒有任何模式會適合所有的團體。
2. 大多數使用具有各項目標的新制度或個案協調合作計畫的

人，都不是這些特殊計畫當初設計時所著重的標的人群。

3. 和其他機構有工作關係的單位，不應該行使直接服務。
4. 合作計畫往往耗費鉅資並且困難重重，別試著一次和太多機構合作行事。
5. 公共或自願服務機構的資金契約通常可行，但成功的合作仍須適度的壓力。
6. 消費者和社區團體的投入不免有些困難且浪費時間，由於不同的目的，使得社區團體的控制行為有不同程度。
7. 一起工作並不一定等於合作，不同服務內容結合，並不能保證合作可能產生，即使是在同一行政體制下。
8. 政府當局能夠幫忙，卻不一定保證合作關係的建立，通常純粹的合作模式是很少成功的。
9. 會計責任不太容易維持，但能及時產生效益。
10. 一項計畫必須有進化及累積的作用。
11. 一項合作計畫的潛在效率及效用在第一、二年裡是無法評估出來的。
12. 一項合作計畫的領導人必須是具備優良的政治手腕、行政處理能力、有強烈使命感和對整個服務範圍有通盤了解的全能者。
13. 在合作的所有階段中，必須特別注意各機構代表間頻繁而真誠的接觸交往是整個計畫成功的關鍵。

既然個案管理是一種循序漸進、專業整合的個案服務過程，那麼在提供實際服務的運作過程，專業與專業間之界線與互動關係，應如何拿捏界線（boundaries）呢？是否有一套基本的準則，可做爲個案服務過程應遵守之原則與步驟呢？蕭孟珠（民七九：13-5）提出「BRACES」做爲個案管理運用於個案工作過程應遵守之原則；

B：**行爲取向**（Behavior-oriented）

個案管理者必須了解什麼是案主或案主群的問題行爲，案主本身對他或他們行爲的看法爲何？何種特定的行爲模式是案主應該遵循的？

R：**轉介至其他機構**（Referring to related agency）

個案管理者應該評估案主的問題，對於非機構服務範圍內或管理者無法解決者應轉介至有關機構。

A：**負專業責任**（Accountability）

個案管理者應對案主的處置負責任，有責任提供適當的服務，案主亦有責任參與處置計畫，並執行計畫中約定事項。

C：**協調**（Coordination）

當案主的問題是複雜的，需要二個以上機構或專業共同處理時，個案管理者應該能夠協調、並召集這些機構共同幫助案主。

E：**評估**（Evaluation）

個案管理者應隨時注意案主的情況，並評估方案的可行性、適切性和案主改變的程度。

S：**系統傾向**（System-oriented）

個案管理者較著重個體所存環境內各系統狀況，任何分析、診斷、輔導計畫和評估都需包括在與案主有關之任何系統內。

個案管理主要運用於遭遇多重問題和困難之個人或家庭，強調以全貌式的服務方式，找出能提供有效解決案主、滿足案主需求之服務網絡，並促進服務網絡中提供各項服務系統彼此間之互動關係。在這套網絡中，不同學者與專家根據其經驗與研究，區分爲四項工作要素：診斷與檢定（assessment）、計畫（planning）、連結（linkage）與監督考核評估（monitoring/evaluation）及八種工作要項（高迪理，民七九：110）：

1. 案主之認定與外展工作，此在決定案主是否合於服務之條件；
2. 鑑定與診斷個案，判定案主之生活功能及其對服務需求；
3. 協同案主與服務網中之相關人員計畫服務方式及內容，並認定資源；
4. 聯繫案主與能提供其所需服務之機構；
5. 服務之協調、執行，以期能解決問題；
6. 監督服務之提供；
7. 協同案主在服務網中爲案主作倡導之工作；
8. 考核評估服務之運作與個案管理之運作（包括決定是否繼續、修正、結案或追蹤）。

不過本文採用王玠等人（民八七）所提出之分類，將這套服務網絡之工作模式區分爲**六個階段**（王玠等，民八七）（如圖 10-3）：

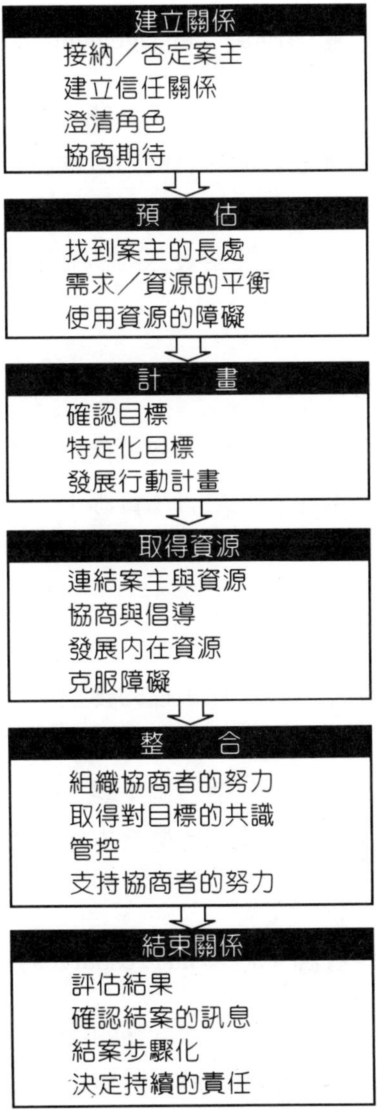

建立關係
接納／否定案主 建立信任關係 澄清角色 協商期待

⇩

預　　估
找到案主的長處 需求／資源的平衡 使用資源的障礙

⇩

計　　畫
確認目標 特定化目標 發展行動計畫

⇩

取得資源
連結案主與資源 協商與倡導 發展內在資源 克服障礙

⇩

整　　合
組織協商者的努力 取得對目標的共識 管控 支持協商者的努力

⇩

結束關係
評估結果 確認結案的訊息 結案步驟化 決定持續的責任

圖 10-3　個案管理之程序

第一階段：建立關係階段（engagement）

建立關係是指建立一個有效工作關係的過程，關係的建立乃是根基於案主對願意協助、有能力協助和很清楚彼此期待的信心。個案管理者主要的角色是爲案主取得資源，讓案主與資源產生連結關係，因此在連結資源前需克服關係之問題（羅秀華，民七九）。

第二階段：預估（assessment）

個案管理者在預估過程需確認三件事：(1)案主需要解決的問題；(2)有效解決案主問題之有用資源；(3)案主使用這些資源之障礙。個案管理者必須列出清單，並進一步排出優先順序。

第三階段：計畫（planning）

計畫階段是個案管理工作過程的轉捩點。計畫是評定與行動間之中介步驟，所以計畫內容必須是建立在周詳、客觀與理性的基礎。計畫形成必須包括四個步驟：(1)形成目標；(2)排出目標之優先順序；(3)選擇達成目標之方法；(4)確定評估成果之時間與程序。

第四階段：取得資源（accessing resources）

取得資源是一種將計畫付諸行動的過程，個案管理者必須採取有效的行動介入資源的取得，連結案主之需要與資源，並克服資源取得過程可能遭遇之障礙。取得資源過程個案管理者經常可運用之策略有三：連結（connecting）、協商（negotiation）及倡導（advocacy）。

第五階段：整合（coordination）

一旦案主之需求與資源連結之後，個案管理者有責任隨時檢視協助是否持續、協助是否有效。

第六階段：結束關係（disengagement）

當案主已具備有效取得資源之能力，並確定待解決的問題，某種程度已經解決了，那麼可考慮將個案轉成不需積極介入之狀態。

第四節　個案管理之工作模式

個案管理工作模式往往因爲擔任個案管理者不同，而有明顯差異（Levine & Fleming, 1984）。通常個案管理工作模式可運用於：⑴由個人或一組團隊；⑵一般治療師或個案管理專家；⑶專職人員（有薪資）或義務工作人員；⑷受過專業訓練者或原本就屬案主體系中之相關他人。

盧明斯（Loomis, 1988）曾經從衛生保健領域，探討個案管理工作模式之運用，最後歸納出三種模式（高迪理，民七九：116-117；張振成，民七九：82-84）：

1. **社會模式**

主要針對居住在社區中情況較佳之個案，其所需要之服務較屬基本之支持協助，而非醫療照顧模式之服務。

2. **初級照應模式**

在於以協調方式來提供適切的服務，並控制該照應之成本。

3. **醫療社會模式**

其服務對象大多是面臨需要住進機構受照應，但藉由整合性之醫療與社會服務提供（如居家服務、居家護理）。

萊福和秀兒（Raiff & Shore, 1993）則提出「確保品質的個案管理模式」（Model of quality case management practice），此一模式涵蓋個案管理功能與整合變項（meta variables）兩個向度。前者包括：預估（assessment）、服務計畫（service planning）、計畫執行（plan implementation）、統籌與監督（coordination & monitoring）、倡導（advocacy）與結案（termination）（楊瑩，民八七：5）；後者包括：個案管理執行過程中所需的能力（competencies）與方法。

目前美國已發展出**五種不同的個案管理工作模式**，這五種模式之間主要之區隔點，乃是依據下列四個向度（楊瑩，民八七：8）：

1. 著重案主問題／缺失或是強調案主的優點。
2. 賦予個案管理者較大的權威或是強調案主自決。
3. 採用團隊個案管理或是個人之個案管理。
4. 採用正式支持系統或是非正式支持系統。

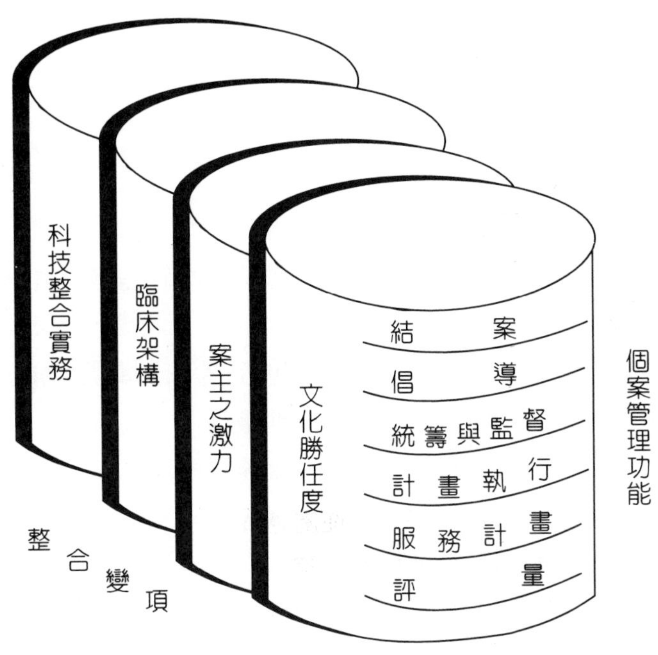

圖 10-4　確保品質之個案管理實務模式

一、自我肯定模式

又稱爲全方位支持模式（full support model）（Solomon, 1992），採用自我肯定社區處遇（Program of Assertive Community Treatment, PACT），著重於評量案主之問題或缺點，使用個案管理團隊是此模式成功的要件。

此模式之處遇方法包括：

1. 以團隊的方式對案主進行處遇，成員通常包括：個案管理

者、護士、精神科醫師。

2. 在案主的家中和其他生活範疇與案主接觸，而非在心理衛生中心。
3. 關注案主日常的實際問題。
4. 以肯定的態度爲案主的利益倡導。
5. 維持可負荷的個案量，一般爲每位個案管理者負責十～十五位個案。
6. 教導重要生活事務之處理方法，包括症狀、服藥與金錢處理。
7. 提供每天二十四小時的危機處理服務。
8. 沒有拒絕提供服務的政策——服務乃取決於案主的需要，而非案主的表現，如不服從處遇等。
9. 讓工作者與案主有足夠的接觸。
10. 個案管理者爲團隊每位個案的最終負責人。
11. 服務的決定乃立基於案主特殊需求、案主特性與案主情境之評量。

二、復健模式（Rehabilitation Model）

此模式著重使用正式社區服務網絡來滿足案主的需求，但比「自我肯定模式」更加強調案主自決。服務規畫乃根據案主技能缺失之評量，個案管理者之工作項目包括（Geoering, Wasylenki, Farkas, Lancee, & Ballanyne, 1998a, 1998b; Solomon,1992）：

1. 進行復健評量。
2. 依案主的需求與自設之目標訂定復健計畫。

3. 協助案主發展技能以達致目標。
4. 提供案主持續的人際支持，直到案主建立起個人的支持網絡。
5. 連結案主與社區資源。
6. 監督案主之進展。
7. 爲案主的需求倡導。
8. 確保案主得到支持以處理危機、因應科層體制所帶來的迷惑、獲得人際與社交技巧。

三、優點轟炸模式（Strength Model）

此模式案主有兩項基本假設：(1)有能力生活的人必然有能力使用與發展自己的潛能，並且可以取得資源；和(2)人類行爲大多取決於個人所擁有的資源。工作原則有六項：

1. 協助之努力乃強調案主之優點、利益與期望。
2. 人具有學習、成長與改變的內在能力。
3. 案主是助人接觸過程的指導者。
4. 案主與個案管理者的關係是助人過程中的關鍵因素。
5. 自我肯定的外展爲較佳的個案管理模式。
6. 社區可能是資源綠洲，而非阻礙。

工作項目包括：

1. 建立助人關係。
2. 優點評量。
3. 建立個別計畫。

4. 爲連結社區而倡導。
5. 認爲積極的外展服務是較佳的干預方法。
6. 監督。
7. 漸進式脫離。

四、通才模式（Generalist Model）

此模式著重評估案主的問題與缺失，給予個案管理者相當程度的權威，並運用正式服務系統來滿足案主需求（Chamberlain & Rapp, 1991）。

所羅門（Solomon, 1992）提出具體的工作方法：

1. 評量案主目前與潛在的優缺點，據此擬定案主所需的資源並發展服務計畫。
2. 轉介案主至正式或非正式的照護系統。
3. 當有需要時爲案主需要之服務與資源倡導。
4. 協助案主運用其問題解決與因應的資源。
5. 較其他模式有較大的個案負荷量。
6. 並不協助案主執行日常功能。

五、臨床個案管理模式（Clinical Case Management Model）

此模式強調案主與個案管理者之間的關係，個案管理即是二者之互動現象，透過這種互動來處理案主的需求與問題（Chamberlain & Rapp, 1991）。

針對前述各項個案管理工作模式之原則與方法，根據四個向度進行比較與分析，歸納出下列幾個特色（宋麗玉，民八七：139）：

1. 五個模式中除了「優點轟炸模式」特別強調運用案主的優點之外，其餘四種皆著重評量案主的問題與缺失。
2. 「自我肯定模式」與「通才模式」給予個案管理者較大的權威，「復健模式」與「優點轟炸模式」則較強調案主自決。
3. 在五種模式中以「自我肯定模式」特別使用團隊式的個案管理。
4. 「優點轟炸模式」特別著重運用案主的非正式支持網絡，其餘則大部分仍是使用正式支持系統。

個案管理之所以普遍被運用於社會個案工作，一方面是受到管理主義興起的影響，另一方面是受到責信制度的影響。個案管理主要運用在多重問題的案主，針對社區內相關之資源做完整的協調與聯繫，以達到有效運用資源、提供案主服務的目標。本章中對個案管理之意義、興起、目的、運用之原則與工作模式等做一完整之介紹，以便社會個案工作人員在提供專業服務時之運用。

第十一章

社會個案工作發展的新趨勢

社會工作專業在西方國家的發展已邁入百年經驗，在台灣也約有三十年的歷史。社會工作專業在這漫長的發展過程中，不僅歷經外在政治、經濟與社會變遷的事實，同時也經歷內在的質變與量變的轉化過程。這種轉化往往也進一步影響社會工作專業理念、知識體系與方法技術的發展，譬如：理論的觀點已經逐漸由傳統單一的典範觀點，發展出多元典範的觀點；電腦科技與管理理念也普遍被運用於專業服務過程；社會變遷過程所衍生的諸種社會問題，使得社會工作專業服務不斷擴張。這些內、外在社會結構的改變與衝擊，對個案工作的發展有何影響？正是本章所要討論的重點。

第一節　全球化發展趨勢的挑戰

在邁入二十一世紀的今日，面對全球化經濟、政治民主化與資訊科技文明的變遷，社會工作專業的衝擊與挑戰爲何？在近一兩年國內、外相關論文中，已明確反映這種全球化發展趨勢可能帶來的挑戰。林萬億（民八八）在社會工作專業人員協會十週年慶會中發表〈二十一世紀台灣社會工作的挑戰〉一文，將這些衝擊與挑戰歸納爲三：

壹、全球性的思考

美國傳統社會工作一直以「國際／國內二分模式」的方式，思考社會工作專業的內涵與發展；然而，全球化與國際化的發展趨勢打破了社會工作傳統思考的疆界。阿斯摩（Asamoah, 1997）在其論文中清楚指出全球化對社會工作專業帶來的衝擊包括：國際秩序重整與全球互賴的社會變遷事實，並建議將社會工作專業界定爲「國際人權專業」（international human rights profession），讓社會工作專業的發展得以具有跨文化的能力，才能達到共同提升「生活水準的普遍性」（引自林萬億，民八八：43）。

貳、高科技的影響

高科技電腦資訊文明及基因遺傳工程的進步，進一步提供了社會工作專業人員在提供專業服務過程處遇模式的選擇，但是這些進步同時也帶來了對助人專業倫理的挑戰（Manning, 1997）。譬如：虛擬實境治療軟體（virtual reality therapeutic software）運用於治療工作（electronic therapies），的確挑戰了重視人的潛能、尊嚴與價值的精神；高科技的發展促進物質文明，但是並不意味著人類精神生活也能夠得到相同的解放。由於這些高科技文明，顛覆了傳統社會工作的認知，而其衍生的社會問題，更是帶給社會工作許多衝擊，因此我們不得不未雨綢繆（林萬億，民八八；李德仁，1998；潘淑滿，民八八；Kreuger, 1997; Reamer, 1998; Zukerman, 1998）。

參、社會工作專業本身的焦慮

二十世紀末的社會工作面對內、外結構社會變遷過程，也產生許多的不確定性，這些人與人、人與環境、人與科技，以及人與制度的不確定性，往往導致社會工作內部的焦慮與外部的緊張關係（馮可立，民八七；陳麗雲，民八七；梁麗清，民八七；劉國裕，民八七）。比斯諾和庫克（Bisno & Cox, 1997）認為社會工作專業與社會環境之間，存著一種緊張、對立的關係；環保主義的興起，對現代化、工業化與資本主義的發展等，對自然環境造成的破壞的批判，企圖運用放諸四海的「異化」（alienation）觀點來解釋；綠色主義的興起，更是讓社會工作必須面對環境問題政治化的社會發展過程，對社會工作人專業的衝擊（黎安國，民八七：371）。管理主義的興起，其所重視成本、效率的本質，也進一步影響社會工作的發展，社會工作專業如何在面對稀少資源的限制之下，又能進一步展現專業的責信能力，也進一步考驗社會工作專業人員的智慧（Austrian, 1998; Skidmore, 1997; Heffernan, 1992）。對於社會變遷過程衍生之社會問題，社會工作的角色如何在倡導者與擁護既有價值者兩種角色之間，取得平衡（林萬億，民八八：44；Abramovitz, 1998; Lundblad, 1995; Skidmore, 1997）。

第二節 社會工作發展的衝擊

面對後工業社會人類共同經驗到全球化、家庭結構改變、人口老化與科技文明變遷所帶來的不確定性，這些發展趨勢對社會工作專業發展的影響大致可整理出下列幾項：

壹、個案類型與服務量急速的擴增

近年來，因應社會變遷過程衍生的諸種社會問題，對社會工作相關服務之需求激增，使得社會工作專業人員開始進入不同領域提供相關服務。譬如：許多大型企業與組織已經開始雇用社會工作人員，在組織內部提供各項服務，協助員工與家屬適應環境（Skidmore, 1997: 377; 丁碧雲 & 沙依仁，民七五：635）；對社會關係壓力與緊張，導致酒癮與藥物濫用急速成長，許多醫療院所也陸續成立酒、藥癮戒斷中心，提供病患及家屬相關之服務；因應社會變遷導致家庭關係之緊張而衍生的諸種婚姻與家庭暴力問題，在各縣市政府也成立家庭暴力防治中心，以社會工作人員為中心，提供各種相關之服務；家庭與人口結構改變及婦女就業率提升，衍生之老人與兒童照顧問題，使得社會工作人員在各個照護機構中，開始扮演重要之角色。

貳、專業認同的危機

社會工作在台灣正是起步的時候，也是正需要營造較強的專業形象的時候。可是近年來，民間各類型的社會福利機構也如雨後春筍般紛紛成立，受限於人力、物力的不足或機構成立之宗旨，許多民間機構或宗教團體只好大量運用半專業人員或義務工作人員來推動各項服務。雖然半專業人員或義務工作人員在某種程度，是可以彌補社會福利機構人力不足的窘境，卻也爲社會工作專業帶來某種程度的認同危機。社會工作人員除了要面對半專業的挑戰之外，同時也要面對社會變遷過程社會大眾對社會工作角色的期待。因此，如何透過在職訓練及相關課程，不斷強化社會工作專業人員的新知能，建構社會工作專業權威，則是目前相當重要之課題（Skidmore, 1997: 378; 丁碧雲等，民七五：636）。

參、繼續教育的變遷

近幾年來，社會工作教育在台灣有不斷擴增與多元化的發展趨勢，由於對社會工作相關服務需求激增，使得愈來愈多的大學不僅陸續成立社會工作學系，同時也開始提供研究所的相關課程，使得社會工作專業教育在台灣的發展，由大學、碩士班、到博士班有一連貫性（陶番瀛＆簡春安，民八六）。社會工作專業教育的變遷除了滿足量的擴增需求之外，同時也面對教育內涵的轉型問題，課程內容設計如何因應時代需求，是當前重要之課題（Skidmore, 1997: 382）。

肆、參與決策權的轉化

社會福利機構的決策權，主要集中行政管理階層如：主管、督導及行政人員等，雖然社會工作扮演工作業務推動的關鍵角色，卻無實質決策權，因此經常衍生出所謂非專業督導或不同專業之間的衝突與矛盾。近年來，一來由於理念改變，二來由於社會工作人員經驗與資格累積，晉升爲督導或管理階層人員，使得整個工作模式已經逐漸轉向由管理人員、工作人員與案主共同參與決策的模式（Rock & Congress, 1999; Skidmore, 1997：383）。

伍、個案管理發展趨勢之影響

管理照護理念的興起帶給社會工作專業相當大的衝擊。面對社會資源的有限性及案主問題的複雜與多重特質，社會工作專業人員如何善用管理學經營理念，以提升個案工作之服務效率，同時又能兼顧增加對社會大眾的責信能力，則是當前社會工作專業相當大的考驗。

陸、倡導角色（advocacy role）的重視

傳統社會工作主要是著重於如何增進個人之社會功能及擁護主流社會價值；近年來，消費者權益抬頭使得愈來愈多的社會工作人員，著重於社會改革的倡導角色（Tower, 1994）。社會工作人員如何運用新的理論知識體系、理念與技術，提供有效的服務，並透過政治行動過程來達到倡導理念與建構新的社會制度的典範，則將是世紀末發展的新趨勢（Abramovitz, 1998; Lundblad, 1995: 661）。

柒、強化社會關係的重要性

在現代社會強調行銷理念與服務包裝的時代，傳統社會工作只重視行動、忽視行銷的本質，不善塑造公共形象與營造公共關係，一直是社會工作專業人員的弱點，因而限制了社會工作的勸募能力。因此，在未來專業化發展過程，必須強化遊說（lobbying）技巧的訓練與公共關係之建立，才能增進社會工作專業的競爭力（Skidmore, 1997: 385; 丁碧雲等，民七五）。

捌、科技合作關係

整個社會發展趨勢愈來愈朝向不同專業之間科技整合的發展方向，未來這種工作模式應該需要進一步強化，社會工作人員如何在合作過程，累積經驗、知識與技術，才能增強對多元問題的應變能力，有效的解決個人、家庭與社會問題（丁碧雲等，民七五：642）。

第三節 社會個案工作發展的新趨勢

社會發展趨勢對個案工作知識理論體系與方法技巧的影響爲何？雷恩（Reid, 1998）清楚的指出這些社會發展趨勢，對個案工作發展的影響表現在五方面：折衷取向的工作模式、短期工作模式、行動導向的方法、研究對實務理論之影響，以及案主與工作者之專業關係等。陸克曼（R. Zukerman, 1999）則將這些內、外部社會結構的變遷過程，對社會個案工作的發展趨勢歸納爲七方面：折衷理論運用、短期干預模式、行動方法、研究快速成長、重視預防概念、重視知識論之建構，及電腦計數之運用等。當然，也有許多學者將管理照護在個案工作運用的發展趨勢，視爲是個案工作發展的新取向（Austrian, 1998;

Harris & Kelly, 1992; 周月清＆尤素芬，民八八）。本文將上述所討論的發展趨勢，歸納為三方面：⑴多重理論典範的發展；⑵個案管理模式的運用；⑶充權理念的建構（廖榮利，民八五；潘淑滿，民八八；Reid, 1997; Zukerman, 1999）。下列僅就此三方面，逐一說明：

壹、多重理論典範的發展趨勢

一、折衷主義的發展趨勢

傳統個案工作主要是運用單一理論模式，隨著社會問題日漸龐雜，運用單一理論模式，已經無法有效的滿足案主的需求；目前，個案工作的發展已經逐漸朝向折衷、整合的工作模式。所謂「折衷取向的工作模式」（prescriptive electicism）是指以案主最佳利益為出發點為考量，個案工作人員根據案主的問題與需要，有系統的整合不同的方法，形成一種明確的理念架構與工作原則，做為提供個案服務之參考（Dorfman, 1998:339-40; Skidmore, 1997; Zukerman, 1999: 37-8）。

至於個案工作人員如何運用整合模式於實務工作過程，或社會工作界對折衷模式的評價如何？根據跩登（Dryden, 1984）的分類，折衷主義運用於個案工作服務過程，可分為下列幾種形式（周玫琪等人，民八四）：

1. 理論式的：採用某一種學派的理論做軸，並輔以其他理論所提供的相關技術。
2. 結構式的：評估案主的狀況，進而選擇適當的理論及技術。
3. 混合式的：混合兩個或兩個以上的理論取向做基礎。
4. 存在主義式的：根據存在主義的處遇原則，如面質案主在其生命中所經歷到的各種根本問題，並採用任何可行的技術與案主共同解決問題，此時工作者的行動往往即會受到其所持的信念及案主問題呈現的狀況影響。
5. 技術式的：並不執著於某一特定理論取向，只要可資應用，即加以採用。
6. 整合式的：分析各種理論的共同特徵，來加以應用。
7. 發展式的：認爲處遇是一連串的階段，而理論在其中的地位是次要的。
8. 偶然式的：選擇理論乃根據工作者個人的偏好。

摩爾（Moore, 1976）指出個案工作者採用折衷主義取向的能力，和其本身的價值、知識及技術有關。既然折衷主義在個案工作之應用是如此的普遍，那麼是否意味著它是最佳的理論取向呢？對此各方意見不同，因此應先了解兩方之意見（周玫琪等，民八四）：

(一)贊成部分

1. 案主可自所有的知識中得益，因此不應限制理論觀點的廣泛應用。
2. (1)關於技術或溝通等方面的實證性知識雖然有效，但卻和理論較無關聯。因此，無論應用任何一個理論，皆可將其納入。

(2)理論亦有其不同的運作層次，所以在此前提上，理論間是可交互應用的。

(3)有些理論並未涵蓋工作的所有面向，因此，理論間必須結合運用，尤其需要關注他們之間如何連結此一議題。

3. 理論所指出的社會工作面向，有許多皆是相同的，例如：開始、中程及結束三階段；評估、診斷、計畫；任務及契約設定的使用，因此應可跳脫理論而建構出一套更廣泛的社會工作取向。

4. 有些理論的焦點是在於討論人類行爲、社會環境及人類處境等面向，而非助人的過程及技術；但有些理論則是恰好相反，故有必要加以結合運用。

5. 社會工作者往往包含了工作者個人的承諾及在與案主的專業關係中發揮個人人格的影響力，因此，如果只固著於單一理論，將令工作者或案主感到不適；即人類的多樣性需要憑藉工作者應用各種可能的理論，才能使社會工作服務個別化的理想成爲可能。

(二)反對部分

1. 案主將不能從目前所有可得到的知識中得益，因爲工作者所具備的知識，並不完全。且折衷主義容易迴避了專業累積及整合社會工作知識的責任。

2. (1)折衷主義取向並未指出使用或選擇某一理論所憑藉的基

礎；使得理論的選擇淪爲個人憑感覺的專斷決定而非理性的決定。

⑵另外折衷主義亦要求工作者必須要了解各種不同的甚至是複雜的理論取向，然而所需的研究及督導時間，並非是多數工作者得以付出的。有時，應用折衷主義理論取向出了錯誤，亦未能被注意或加以修正。

3. 有時爲了要同時使用不同的理論，反而會失去了實務工作的核心。

4. 許多理論雖使用相同的技術，但所立基的合理化基礎卻有不同，或各種理論對社會、對人的理解可能有不同。即理論間彼此在本質上有差異，而此往往最易困惑工作者及案主。

二、短期處遇模式（brief treatment models）

在有限的人力、物力資源及強調效率的壓力下，有計畫的短期處遇工作模式成爲重要的發展取向。雖然有計畫的短期處遇工作模式不見得適合每個人，但卻是一種節省成本、且較易成功的工作模式，未來個案工作模式不只是處遇期間的長短而已，同時也包括多重典範與彈性處遇期間的運用（Dorfman, 1998: 341; Zukerman, 1998: 38）。

三、行動導向的方法（action-oriented methods）

伴隨著短期處遇模式的影響，行動導向的工作模式也漸受到重視。所謂行動導向工作模式不是強調案主的自我覺察或頓悟，而是強調在個案服務過程中，案主需主動參與整個個案工作過程，透過學習與執行等行動步驟，達到成長與解決問題（Dorfman, 1998: 343-6; Zukerman, 1999: 38）。

貳、行爲管理照護模式的運用

行爲管理照護工作模式是將個案工作的理念運用於健康照護之領域，主要目的是縮減日益增加的健康照護成本。可是當管理理念運用於醫療體系的照護工作時，面對傳統生物醫療科技所重視的只是減輕症狀的嚴重性，往往忽略個案工作者所重視的生態系統觀點，強調「人在情境中」的平衡關係，因而衍生出兩大矛盾與挑戰：⑴在健康照護體系，個案工作者如何堅持專業的使命；⑵在健康照護體系，如何實踐人與環境互動關係平衡的理念（Austrian, 1998: 316）。

行爲管理理念的運用，同時也受到資訊文明科技發展的衝擊（Rock & Congress, 1999: 253）。個案工作者永遠希望能夠不斷的尋求新的方式，有效的幫助案主，但是當個案工作者不斷整合新的知識科技提供個案服務時，卻也對傳統社會工作專業價值與信念提出了質疑。譬如：當個案工作者普遍運用電腦資訊科技，有效的協助個案服務時，虛擬實境處遇軟體是否會取代個案工作者的地位，或對案主與社會工作專業造成的衝擊，都是無法預估的（Zukerman, 1999: 40）。

參、充權理念的運用

受到六〇年代末期基變社會工作的影響，為弱勢者增取權利改變受壓迫者的生活條件觀點的影響，社會工作人員開始重視社會環境中經濟、政治和教育體系中不公平的因素，並希望藉由工作者的激發讓案主意識覺醒，並透過集體行動，打破社會結構不公平的事實，爭取合理的生活空間。雖然基變觀點忽略案主立即性的需求，使得漸漸失去實務界的重視，但是基變社會工作所強調的充權的概念和意識覺醒，卻對個案工作產生明顯影響。

「充權」理念主要是改善案主的無力感（powerlessness）。以充權觀點來評估個案工作，則是重視個案服務過程，視案主與工作者間之關係為一種伙伴關係，基於平等、合作、信任與分享的原則，和案主建立一種對話批判的互動方式。充權理念運用於個案工作過程，主要的目標是希望達到一個既開放又合作的關係，能促使案主批判認知的覺醒，有助於達到有效決策的力量（Gutierrez, Parsons & Cox, 1998; 趙善如，民八八：243-4）。

社會個案工作採用充權理念主要的原因包括（周玟琪，八四）：

1. 遠離心理動力理論，重視其他理論，使社會個案工作處遇技巧的焦點清晰，並設定明確的目標及達成目標的方法。

2. 不再以決定論及實證主義概念做為實務工作的基礎，轉而重視人本主義以提升人們生活及環境品質為重點。
3. 重視以開放的態度強調工作者與案主的互動關係，讓案主與工作者一起分享學習的經驗。

在本章中，主要說明全球化經濟與政治發展，及電腦科技資訊文明對社會工作專業的發展所帶來的衝擊與影響，這些影響如何進一步影響個案工作專業理念、知識體系、技巧與方法的發展。

參考書目

一、中文

丁碧雲&沙依仁（民七五）。《社會工作概論》。台北：五南。

刁筱華（民八五）。《女性主義思潮》。台北：時報。

王仁雄等譯（民六七）。《社會個案工作的專業關係》。台中：向上兒童福利基金會。

王玠、李開敏&陳雪貞譯（民八七）。《個案管理》。台北：心理。

王玠（民七九 a）。《個案管理——一個多層面的社會工作模式》。《個案管理》，中華民國社會工作專業人員協會，pp. 3-10。

王玠（民七九 b）。建立社區及醫院的合作關係——談老人照顧系統。《個案管理》，中華民國社會工作專業人員協會，pp.70-80。

王順民（民八八）。「宗教」與「社會工作」的會通——有關社會工作專業倫理的另類思考。《社區發展季刊》，86：182-207.

王麗容（民八四）。《婦女與社會政策》。台北：巨流。

中華兒童福利基金會（民七八）。《社會資源運用與社會工作》。中華兒童福利基金會印行。

江亮演、曾華源&田麗珠（民八四）。《社會工作概論》。國立空中大學。

巫啓明（民八二）。社會工作專業倫理教育之倫理論。《社區發展季刊》，61：24-8。

李增祿（民八五 a）主編。《社會工作概論》。台北：巨流。

李增祿（民七九 b）。社會變遷與社會工作專業化之探討。《張老師月刊》，5 (4)：9-16。

李宗派（民八八）。討論社會工作之倫理原則與問題。《社區發展季刊》，86：47-53。

李德仁（民八七）。大眾文化與社會工作。周永新編，《社會工作新論》。香港：商務印書館。

宋麗玉（民八七）。個案管理之內涵與工作模式——兼論個案工作管理模式在台灣社會工作領域之應用。《社會政策與社會工作學刊》，2 (1)：127-156。

牛格正（民八〇）。《諮商專業倫理》。台北：五南。

中華民國社區發展研究訓練中心（民八一）。《社會工作辭典》。中華民國社區發展研究訓練中心印。

呂民睿（民八五）。李增祿編，《社會工作概論》，pp. 102-103。台北：巨流。

林孟秋（民八七）。周永新編，《社會工作學新論》，pp. 89-111，商務印書館。

林萬億（民八八）。二十一世紀台灣社會工作的挑戰。二十一世紀社會工作研討會，中華民國社會工作專業人員協會。
林啓鵬（民八二 a）。從安撫的觀點談志願工作人員之運用。《社會工作論叢》。台灣省政府社會處編印，288-293。
林啓鵬（民八二 b）。從實務經驗談志願服務制度的設計與執行。《社會工作論叢》。台灣省政府社會處編印，294-296。
周玟琪&葉琇姍譯（民八四）。《當代社會工作理論：批判的倒論》。台北：五南。
周海娟（民八八）。社會工作倫理的兩難：保密問題的考量。《社區發展季刊》，86：38-46。
周永新（民八七）。《社會工作新論》。香港：商務印書館。
邱汝娜（民六七）。社會工作人員反主宜傾向與差異性之研究：當前台灣社會從業人員之分析。台北：台灣大學社會學研究碩士論文。
胡慧嫈（民八六）。《整合社會福利政策與社會工作實務》。台北：揚智。
施宜廷&梁慧雯（民八六）。《社會福利機構組織與管理》。台北：揚智。
高迪理（民七九a）。個案管理在兒童保護工作中之運用。《社會工作論文叢》，2：345-350。
高迪理（民七九 b）。個案管理：一個新興的專業社會工作概念。《個案管理》，中華民國社會工作專業人員協會，pp. 96-129。
陸宛蘋（民八八）。社會工作專要與新聞媒體的倫理關係。《社區發展季刊》，86：237-243。

莫藜藜（民八七）。《醫務社會工作》。台北：桂冠。
梁偉康（1994）。《行政管理與實踐》。香港：集賢社。
徐震＆林萬億（民七一）。《當代社會工作》。台北：五南。
馮可立（民八七）。議會政治與社會工作。周永新編，《社會工作新論》。香港：商務印書館。
陳麗雲（民八七）。社會網絡與社會工作。周永新編，《社會工作新論》。香港：商務印書館。
陳慧娟（民八二）。個案管理的根源與近期發展。《社會工作論文叢》，2：90-107。
陳毓文譯（民八二）。個案管理工作在專業及教育方面之議題。《社會工作論文叢》，2：108-123。
陳耀崑（民八五）。社會作專業人員倫理判斷傾向之調查研究。師範大學公民訓育研究所。
張苙雲（民八七）。《醫療社會學的探索》。台北：巨流。
張景然＆吳芝儀譯（民八四）。《團體諮商的理論與實務》。台北：揚智。
張思忠＆鄭基慧譯（七八）。《社會個案工作》。台中：上向兒童福利基金會。
張宏哲（民八七）。社工處遇中老人的轉移與社工員的反轉移作用。《社會工作實務季刊》，3，中華民國社會工作專業人員協會。
張振成（民七九）。《應用於健康照顧上的個案管理》。中華民國社會工作專業人員協會：80-95。
唐維敏（民八八）。《後現代文化導讀》。台北：五南。

梁麗清（1998）。婦女運動與社會工作。周永新編，《社會工作新論》，商務印書館。

郭江北（民七八）。社會資源運用的原則與技巧。中華兒童福利基金會（民七八），《社會社會資源運用與社會工作》，中華兒童福利基金會出版。

許培溫＆莊淑蕙（民七八）。個案工作與社會資源運用。中華兒童福利基金會（民七八），《社會社會資源運用與社會工作》，中華兒童福利基金會出版。

黃維憲、曾華源＆王慧君（民八四）。《社會個案工作》。台北：五南。

黃碧霞（民八八）。台灣省各縣市社會工作專業體制與社會工作倫理。《社區發展季刊》，86：12-20。

黃惠惠（民八十）。《助人歷程與技巧》。台北：張老師文化。

馬慧君、施教裕（民八七）。志願服務工作者參與類型之初探-以埔里五個團體的志工為例。《社會政策與社會工作學刊》，2（1）：157-194。

葉楚生（民56）。《社會工作概論》。自印。

陶蕃瀛＆簡春安（民八六）。社會工作專業發展之回顧與展望。《社會工作學刊》，4，中華民國社會工作專業人員協會。

陸光（民八十）。我國社會工作人員專業守則制訂之研究。中華民國社區發展研究訓練中心七十九年度報告。

趙善如（民八八）。『增強力量』觀點之社會工作實務要素與處遇策略。《台大社會工作學刊》，1：231-262。

萬育維＆王文娟（民八八），從社會工作基本倫理來分析教養機構管理與案主權益維護之間的困境。《社區發展季刊》，86：123-130。
萬育維（民八六）。《社會工作實務手冊》。台北：紅葉。
楊瑩（民八七）。個案管理整合學程。國立暨南國際大學，人文社會科學改進計畫。
楊孝榮（民八八）。社會工作專業倫理與社會福利體制的專業化。《社區發展季刊》，86：31-37。
曾華源（民八八）。社會工作專業倫理困境與信託責任之探討。《社區發展季刊》，86：54-65。
廖榮利（民七六）。《社會工作理論與模式》。台北：五南。
廖榮利（民七三）。《社會個案工作》。台北：三民。
廖榮利（民八六）。《社會個案工作》。台北：幼獅文化。
鄭怡世（民八八）。社會做專業人員的倫理困境與決策模式初探。《社區發展季刊》，86：244-261。
鄭麗珍（民八六）。變遷中的家庭與社會工作教育。《東吳社會工作學報》，3：157-79。
鄭麗珍（民七九）。個案管理：體系與實務。《個案管理》，中華民國社會工作專業人員協會，18-40。
鄭文義（民八八）。內政部因應社會工作師法之實施概況與社會工作倫理守則。《社區發展季刊》，86：6-11。
蔡淑芳（民七二）。社會工作價值體系之探討。《社區發展季刊》，23：56-63。
蔡啓源譯（民八七）。《社會工作行政》。台北：雙葉書廊。
蔡和賢主編（民 67）。《社會工作的國情化與國際化》。中國文化學院社會工作系印行。
顧燕翎（民八五）。《女性主義理論與流派》。台北：女書。
潘淑滿（民八七）。《社會個案工作》。社會工作專業人員教育訓練教材。
潘淑滿（民八七）。臨床社會工作專業倫理之研究。行政院國家科學委員會研究計畫（NSC:86-2412-H-037-004-T）。
潘淑滿譯（民八八）。二十一世紀臨床社會工作發展的新趨勢：以美國經驗爲例。二十一世紀社會工作研討會世紀末的展望，pp. 35-41。
潘淑滿＆葉明昇（民八八）。精神醫療社會工作者專業倫理之探討。《社會工作學刊》，5：63-93。
潘淑滿、林怡欣（民八八）。醫療體系中社會工作專業倫理發展趨勢之反思。《社區發展季刊》，86：96-108。
劉項愚（民八二）。《後現代的轉向：後現代理論與文化論文集》。台北：時報。
劉國裕（1998）。社區工作與基層組織。周永新編，《社會工作新論》，商務印書館。
鍾美育譯（民八一）。《社會工作的倫理判斷》。台北：桂冠。
蕭孟珠（民七九）。個案管理的理念——談台北社會工作員的角色發展。中華民國社會工作專業人員協會，11-17。
簡春安（民八二）。社會工作者的工作倫理與工作適應。《社會工作論叢第二輯》。
黎國安（民八七）。環境保護與社會工作。《社會工作學新論》，369-378。商務印書館。

個案管理簡介（2000）。http://www.eden.org.tw/monthly/8712/3.htm

二、英文

Abramovitz,M. (1998). Social work and social reform: An arena of struggle. *Social Work, 43* (6): 512-526.

Austrian, S. G. (1998). Clinical social work in the 21st Century: Behavioral managed care is here to stay. *Paradigms of clinical social work.* BRUNNER/MAZEL, 2: 315-336.

Backer, R. L. (1991). *The social work dictionary.* NASW Press.

Banks, S. (1995). *Ethical and Values in social work.* London:Macmillan.

Beckerman, A. T. (1999). Postmodern organizational Analysis: An alternative framework for school social workers. *National Association of social workwes, 21* (3): 177-188.

Biesteck, F. (1957). *The casework relationship.* Chicago: Loyola University Press.

Brennan, J. W. (1995). A short-term psychoeducational multiple-family group for bipolar patients and their families.*Social work, 40* (6): 737-743.

Brammer, L.M. (1985) (3rd ed.). *The helping relationship: process and skills.* New Jersey: Prentice-Hall, Inc.

Brammer, L. M., & Shortom, E. L. (1968). *The helping relationship:*

process and skills. New Jersey: Prentice-Hall.

Browne, C. V. (1995). Empowerment in social work practice with older woman. *Social work, 40* (3): 358-364.

Calasanti, T. M., & Zajicek, A. M. (1993). A Socialist-Feminist Approach to Aging: Embracing Diversity.*Journal of Aging Studies, 7* (2): 117-131.

Carlson, B. E. (1997). Mental retardation and domestic violence: An ecological approach to intervention. *Social work, 42* (1): 79-89.

Carey, K. B. (1998). Treatment Boundaries in the Case Management Relationship: A Behavioral Perspective. *Community Mental Health Journal, 34* (3): 313-7.

Compton, B. R. & Galaway, B. (1979). *Social work processes.* Homewood, Ⅶ.: The Dorsey Press.

Conrad, A. P. (1988). Ethical considerations in the psychosocial process. *Social Work, 69* (10): 603-10.

Croxton, T. A., Jayaratne, S. & Mattison, D. (1998). In response to brenda J. Duncan. *Social Work, 43* (1): 73-74.

Cummings, S. M., & Cockerham, C. (1997). Ethical dilemmas in discharge planning for patients with alzheimer's disease. *Health & Social Work, 22* (2): 101-108.

Diamond, J. (1998). Postmodern family therapy: New voices in clinical social work. *Paradigms of clinical social work.* BRUNNER/MAZEL, 2: 185-226.

Drake, R. E. & Marlowe, N. (1998). *Case managers and boundaries.*

Human Sciences Press.

Dominelli, L., & McLeod, E. (1989). *Feminist Social Work.* Macmillan.

Dorfman, R. A. (1996). *Clinical Social Work: Definition, Practice and Vision.* New York: Brunner/Mazel, Publishers.

Dorfman, R .A. (1998). *Paradigms of clinical social work.* Brunner / Mazel Publishers.

Dowling, M. (1999). Social exclusion, inequality and social work. *Social Policy & Administration, 33* (3): 245-261.

Douglas, T. (1979). *Group processes in social work:A theoretical synthesis.* N.Y.: John wiley & Sons.

Duncan, B. (1998). A response to "Social work professional standards". *Socail Work, 43* (1): 70-72.

Gabor, P. A., Unrau, Y. A. & Grinnell, R. M. (1998). *Evaluation for social workers.* ALLYN AND BACON.

Galambos, C. M. (1997). Resolving ethical conflicts in providing case management services to the elderly.*Journal of Gerontological Social Work, 27* (4): 57-67.

Geismar, L. (1997). The biography of a scale: contextual factors that influence the measurement of family functioning. *Journal Sociology and Social Welfare, 24* (4): 3-13.

Germain,C. B. (1981). *Human behavior in the social environment.* Columbia University Press.

Goldstein, E. G. (1998). Ego psychology and object relations theory.

Paradigms of clinical social work. BRUNNER/MAZEL, 2:19-44.

Hanna, S. M., & Brown, J. H. (1995). *The practice of family therapy: Key elements across models.* Brooks/Cole Publishing Company.

Haroldm, R. D., Mercier, L. R., & Colarossi, L. G. (1997). Eco maps: A tool to bridge the practice-research gap. *Journal of Sociology and Social Welfare, 24* (4): 29-44.

Hartmann, H. (1981). The Unhappy Marriage of Marxism and Feminism: Toward a More Profressive Union." In Sargent, L. (ed.), *Women and Revolution: A Discussion of the Unhappy Marriage of Marxism and Feminism.* Boston: South End Press.

Haynes. D. T. (1999). A theoretical integrative framework for teaching profession social work values. *Journal of Social Education, 35* (1): 39-50.

Haynes, K. S. (1998). The one hundred-year debate: social reform versus individual treatment. *Social Work, 43* (6): 501-509.

Hearn, G. (?). General systems theory and social work. *Social work treatment*: 333-356.

Heffernan, J., Shuttlesworth. G & Ambrosino, R. (1987). *Social work and social welfare-an introduction.* WEST PYBLISHING.

Hepworth, D, H., Farley, O. W., & Griffiths, J. k. (1988). Clinical work with suicidal adolescents and their families, *Social Casework, 69,* 195-203.

Holland, T. P. & Kilpatrick, A. C. (1991). Ethical issues in social work: Toward a grounded theory of professional ethics. *National Asso ciation of Social Work, 36* (2): 138-144. Hugman, R. & Smith,D. (1995 Eithical issues in social work. 1-15. London and New York.

Hollis, F. (1972). *Casework: a psychosocial therapy,* 2nd edition. New York: Randon House.

Hollis, F. (1985). *Casework A Psychosocial therapy.* 南山堂出版社發行。

Horowitz, J., M. A., L. C. S. W & B. C. D. (1998). Contemporary psychoanalysis and social work theory. *Clinical social work Journal, 26* (4): 369-383.

Hugman, R. & Smith, D. (1995). *Eithical issues in social work.* London and NEW YORK.

Intaagliata, J. (1992). Improving the quality of community care for the chronically mentally disabled: The role of case management. *Case management social work practice,* 25-55.

Jayaratne, S., Croxton,T. & Mattison, D. (1997). Social work professional standards: An exploratory study. *National Association of-Social Workers. 42* (2): 187-199.

Johnson, L. C. (1995). *Social work practice.* Allyn and Bacon.

Johnson, P., and Rubin, A. (1983). Case management in mental health: A social work domain. *Social Work, 28* (1), 49-55.

Jordan, C., & Franklin, C. (1995). *Clinical assessment for social workers: Qualitative and qualitative methods.* Chicago: Lyceum Books, Inc.

Keith-Lucas, A. (1972). The giving and taking of help. Chapel Hill University of North Carolina.

Kitchener, K. S. (1984). Intuition,critical,evaluation,and ethical priciples: The foundation for ethical decisions for in counseling psychology. *Counseling Psychologist, 12* (3): 43-55.

Klugman, D. (1997). Existentialism and constructivism: A bi-polar model of subjectivity. *Clinical Socail Work Journal, 25*(3):297-313.

Land, H. (1988). The Feminist Approach to Clinical Social Work. *Paradigms of clinical social work.* BRUNNER/MAZEL, 2: 227-256.

Landau, R. (1996). Preparing for sudden death or organ donation: An ethical dilemma in social work. *International Social Work, 39*: 431-41.

Lankton, S. R. (1998). Ericksonian approaches in social work. Para *digms of clinical social work.* BRUNNER/MAZEL, 2:149-184.

Latting, J. K. (1995). Postmodern feminist theory and social work: A deconstruction. *Social Work, 40* (6): 831-833.

Laws, G. (1995). Understanding Ageism: Lessons from Feminism and Postmodernism. *The Gerontologist, 35* (1):112-118.

Louise C. Johnson, (1995). *Social Work Practice.* Allyn and Bacon.

Lukas, S. (1993). *Where to start and what to ask.* W. W. Norton & Company.

Lunadblad , K. S. (1995). Jane Addams and social reform: A role mod el for the 1990s. *Social Work, 40* (5): 661-669.

Martin, D. G., & Moore, A.D. (1995). *First Steps in the Art of Interview: A Guidebook for Trainees in the Helping Profession.* Brooks/Cole Publishing Company.

McGoldrick, M., & Gerson, R. (1985). *Genograms in family assessment.* New York: W.W. Norton & Company.

Mullaly, B. (1997). *Structural Social Work.* Toronto: Oxford University Press.

Moreau, M. J. (1990). Empowerment through advocacy and consciousness-raising: Implications of a structural approach to social work. *Journal of Sociology & Social Welfare, 17* (2): 53-67.

Moxley, D. P. (1989). *The practice of case management.* Newbury Park, CA: Sage.

Nan, D. B. (1995). *Feminist practice in the 21st century.* NASW press.

Nes, J. A., & Iadicola, P. (1989). Toward a Definition of Feminist Social Work: A Comparison of Liberal, Radical, and Socialist Models. *Social Work, 34* (1): 12-22.

Norceoss, J. C., Beutler, L. E. and Clarkin, J. F. (1998). Prescriptive eclectic Psychotherapy. *Paradigms of clinical social work.* BRUNNER/MAZEL, 2: 315-336.

Pardeck, J. T., Murphy, J. W., & Choi, J. M. (1994). Some Implications of Postmodernism for Social Work Practice. *Social Work, 39* (4): 343-6.

Perman, H.H. (1979). *Relationship: the heart of helping people.* Chicago: Chicago University Press.

Peller, J. & Walter, J. L. (1998). Solution-focused brief therapy. *Paradigms of clinical social work.* BRUNNER/MAZEL, 2: 93-124.

Pozatek,E. (1994). The problem of certainty: Clinical social work in the postmodern era. *Social Work, 39* (4): 396-403.

Raske, M. P. (1997). The NASW teach-in: Contexturalizing social work reform. *Social Work, 42* (1): 7-9.

Reamer, F. G. (1982a). Ethical dilemmas in social work practice. *Social Work, 28*: 31-5.

Reamer, F. C. (1996)The evolution of social work ethics. *Social Work, 43* (6):488-500.

Reamer, F. G. (1995b). *Social work values and ethics.* New York: Columbia University Press.

Reamer, F. G. (1998). The evolution of social work ethics. *Social Work, 43* (6): 488-500.

Reid, W. J. (1998). The paradigms and long-term trends in clinical social work. *Paradigms of clinical social work.* BRUNNER/MAZEL, 2: 337-354.

Reisman, B. (1986). Management Theory and Agency Management: A New Compatibility. *Social Casework*, NY. PAGE.

Rhodes, M. L. (1986). *Ethical Dilemmas in social work practice.* Boston: Routledge & Kegan Paul.

Roberts, C. S. (1989). Conflicting professional values in social work aand medicine. *Health and Social Work, 14* (3): 211-8.

Rock, B., & Congress, E. (1999). The new confidentiality for the 21st century in a managed care environment. *Social Work, 44* (3): 252-62.

Rosembaum, P, King. S., Law, M., King, G. & Evans, J. (1998). *Family-centred service a conceptual framework and research review.* The Haworth Press.

Rubin, A. (1992). *Case management.* In Stephen M. Rose (Eds.),Case management social work practice. New York, NY: Longman.

Rubin, A. (1987). Case management. In A. Minahan. *Encyclopedia of Social work.* Silver Spring, MD: Nationa; Association of social work.

Saulnier, C. F. (1996). Feminist Theories and Social Work: Approaches and Applications. New York: The Haworth Press. Shardlow, S. (1989). *The values of change in social work.* Published: Tavistock Routledge.

Shardlow, S. (1995). "Confidentiality accountability and boundaries of cliend-worker relationships" in Richard Hugamn and Dacid Smith (eds.). *Ethical Issues in social work.* London: Routledge: 65-83.

Schaverien, J. Jung, the transference and the psychological feminine. In Seu, I. B., & Heenan, M. C. (1998) (eds.). *Feminism & Psychotherapy.* London: SAGE Publications.

Schwaryz, A. & Goldiamond, I. (1975). Social casework a behavioral approach. Columbia University Press.Staples, L. H. (1990).

Powerful ideas about empowerment. *Administration in Social Work, 14* (2): 29-42.

Sheafor, B. W., Horejsi, C. R., & Horejsi, G. A. (1994). *Techniques and guildlines for social work practice* (3rd ed.). Boston: Allyn anad Bacon.

Sheldon, B. (1998). Social work practice in the 21st century. *Research on Social Work Practice, 8* (5): 577-588.

Skidmore, R. A.; Thackeray, M. G. & Farley, O. W. (1994). *Introduction to social work.* PRENTICE HALL.

Skidmore, R. A. (1995). *Social Work Administration.* Boston: Allyn and Bacon.

Siporin, M. (1975). *Introduction to social work practice.* N. Y. Macmillan Publishing Co., Inc.

Staples, L. H. (1990). Powerful ideas about empowerment. *Administration in Social Work, 14* (2): 29-42.

Swenson, C. R. (1998). Clinical social work's contribution to a social justice perspective. *Social Work, 43* (6): 527-537.

Thorne-Beckerman, A. (1999). Postmodern Organizational Anlysis: An Alternative Framework for School Social Work. *Social Work in Education, 21* (3): 177-89.

Tower, K. D. (1994). Consumer-centered social work practice: Restoring client self-determination.*Social Work, 39* (2): 191-196.

Warren, K, Franklin. C. & Streeter, C. L. (1998). New directions in systems theory: Chaos and complexity. *Social Work, 43* (4):

357-372.

Wakefield, J. C. (1996). Does social work need the Eco-systems perspective?-part.1. Is rhe perspective clinically useful? *Social service review, 70* (2): 1-13.

Wakefield, J. C. (1996). Does social work need the Eco-systems perspective?-part.2. Does the perspective save social work from incoherence, *Social Service Review, 70* (2): 183-213.

Warren, K., Franklin, C., & Streeter, C. (1998). New directions in systems theory: Chaos and complexity, *Social Work, 43* (4): 357-72.

Weaver, D. & Hasenfeld, Y. (1997). Case management practices, participants' responses, and compliance in welfare-to-work programs. *Social Work Research, 21* (2): 92-100.

Weedon, C. (1997). *Feminist Practice and Poststructuralist Theory.* Cambridge: Blackwell.

Weick, A., & Pope, L. (1988). Knowing what's best: A new look at self-determination. *Social Casework, 69* (1): 10-6.

Weinbach, R. W. (1998). *The Social Worker as Manager: A Practical Guide to Success.* Boston: Allyn and Bacon.

Weil, M., & Karls, J. M. (1985). *Case management in human service practice.* San Francisco: Jossey-Bass.

Welshman, J. (1999). The social history of social work: The issue of the "problem.family", 1974-70. *Social Work., 29,* 457-476.

Zastrow, C. & Ashman, K. K. (1990). *Understanding Human Beha-*

vior and the social environment. Nelson-Hall Publishers.

Williams, J., & Swartz, M. (1998). Treatment Boundaries in the Case Management relationship: A Clinical Case and Discussion. *Community Mental Health Journal, 34* (3): 299-311.

Wolmark, A. & Sweezy, M. (1998). Kohut's self psychology. *Paradigms of clinical social work.* BRUNNER/MAZEL, 2: 45-70.

Van Hoose, W. H., & Jottler, J. A. (1997). *Ethical and legal issues in counseling and psychotherapy.* California: Jossey & Bass.

Zastrow, C. (1993). *Social work with groups.* Nelson-Hall Publishers.

Zukerman, R. (1999). Trends in clinical social work in the 21st century: The American experience. 二十一世紀社會工作研討會論文集，中華民國社會工作專業人員協會。

國家圖書館出版品預行編目資料

社會個案工作／潘淑滿著. --初版.--
臺北市：心理, 2000（民 89）
面；　公分.--（社會工作系列；31009）
參考書目：面
ISBN 978-957-702-383-4（平裝）

1. 社會個案工作

547.2　　89009585

社會工作系列 31009

社會個案工作

作　　者：潘淑滿
總 編 輯：林敬堯
發 行 人：洪有義
出 版 者：心理出版社股份有限公司
地　　址：台北市大安區和平東路一段 180 號 7 樓
電　　話：(02) 23671490
傳　　真：(02) 23671457
郵撥帳號：19293172　心理出版社股份有限公司
網　　址：http://www.psy.com.tw
電子信箱：psychoco@ms15.hinet.net
駐美代表：Lisa Wu（tel: 973 546-5845）
排 版 者：臻圓打字印刷有限公司
印 刷 者：翔盛印刷有限公司
初版一刷：2000 年 8 月
初版十刷：2013 年 9 月
I S B N：978-957-702-383- 4
定　　價：新台幣 450 元